Reinventar a los clásicos

Reinventar a los clásicos
Las aventuras de René Zavaleta Mercado en los marxismos latinoamericanos

Diego Giller
Hernán Ouviña (eds.)

ALMENARA

CONSEJO EDITORIAL

Luisa Campuzano   Waldo Pérez Cino
Adriana Churampi   Juan Carlos Quintero Herencia
Stephanie Decante   José Ramón Ruisánchez
Gabriel Giorgi   Julio Ramos
Gustavo Guerrero   Enrico Mario Santí
Francisco Morán   Nanne Timmer

© los autores, 2018
© Almenara, 2018

www.almenarapress.com
info@almenarapress.com

Leiden, The Netherlands

ISBN 978-94-92260-31-4

Imagen de cubierta: © W Pérez Cino, 2018

All rights reserved. Without limiting the rights under copyright reserved above, no part of this book may be reproduced, stored in or introduced into a retrieval system, or transmitted, in any form or by any means (electronic, mechanical, photocopying, recording or otherwise) without the written permission of both the copyright owner and the author of the book.

DIEGO GILLER | HERNÁN OUVIÑA
René Zavaleta Mercado, un imprescindible 7

HERNÁN OUVIÑA
I. René Zavaleta, frecuentador de Gramsci. 15

LUÍS TAPIA MEALLA
II. Consideraciones sobre el trabajo teórico de Zavaleta
a partir de la obra de Marx. 73

ELVIRA CONCHEIRO BÓRQUEZ
III. El análisis concreto de situaciones concretas:
Lenin en la obra de René Zavaleta 91

LUCIO OLIVER COSTILLA
IV. René Zavaleta: la teoría en situaciones de doble poder . . 115

	Diego Giller	
v.	El Mariátegui de Zavaleta. Entre Marx y el nacionalismo revolucionario	.135
	Jaime Ortega Reyna	
vi.	Horizonte(s) de visibilidad: sujeto y autoconocimiento. Lukács y Zavaleta en la construcción epistemológica del marxismo	.165
	Omar Acha	
vii.	Clase y multitud en la obra tardía de René Zavaleta Mercado: interferencias thompsonianas.	.191
	James Dunkerley	
viii.	*Bolivia, hoy*, treinta años después.	209
	Jorge Viaña	
ix.	Zavaleta, Reinaga y la lucha por la construcción de prácticas y pensamiento emancipativo en el actual ciclo estatal boliviano	.229
	De los autores	.261

René Zavaleta Mercado, un imprescindible

Diego Giller (IDH-UNGS) | Hernán Ouviña (IEALC-UBA)

Alguna vez el argentino José Aricó (1994) sugirió la idea de que América Latina es un continente *leninista*. Con ello no quería significar la existencia de una corriente política y organizativa que fuese una alternativa concreta al mundo capitalista, sino la verificación de un universo categorial que, ya sea por afirmación o por negación, se mueve dentro del espectro leninista. ¿Acaso no podría decirse, con la misma ironía que Aricó, que Bolivia resulta un país *zavaletiano*? Basta con pasar revista a las más importantes producciones de las izquierdas intelectuales bolivianas posteriores a la heroica «guerra del agua» y al cerco indígena a la ciudad de La Paz del año 2000, para poder advertir cómo el mundo conceptual acuñado por René Zavaleta Mercado (1937-1984) se impone como un núcleo de «buen sentido» en las ciencias sociales de dicho país. Nociones como «Estado aparente», «formación abigarrada», «Estado del 52», «irradiación», «ecuación social», «forma primordial» o «momento constitutivo», construidas por Zavaleta en su persistente obstinación por pensar el problema del poder, el Estado, la nación, las clases sociales, el desarrollo, la dependencia y la democracia, sobrevuelan el espectro de interrogaciones e inquietudes que las ciencias sociales bolivianas intentan habitar en estos convulsionados, apasionantes y originales últimos quince años.

En Bolivia, el Zavaleta más visitado es el político y el teórico, el que fue ministro de Minas y Petróleo en el gobierno del Movimiento Nacionalista Revolucionario (MNR) y el que profundizó en una intensa vida académica fuera de su país en los años del exilio, que lo llevó a ser el primer Director Académico y Administrativo de la Facultad Latinoamericana de Ciencias Sociales (FLACSO). No obstante, no fueron esas las únicas instancias en las que nuestro autor intervino con intensidad. En una entrevista de 1978, decía:

> Viví pues entonces del periodismo, tal como lo había hecho en Bolivia antes de ser diputado y ministro. Pero ni entonces ni nunca he dejado de escribir en periódicos y revistas. Ahora mismo, aunque la índole de mis funciones es de otra naturaleza, escribo en la revista *Proceso* que dirige Julio Scherer en México. Pero si apunto esto es para quejarme de algo. Jamás he logrado que se mencione mi nombre entre los de los periodistas bolivianos. En determinado momento, ingrato por demás, se impidió mi sindicalización, aunque, como está a la vista, esta es mi segunda profesión. (Zavaleta 2015: 67)

La exclusión de su nombre en el mundo del periodismo boliviano no será la única sustracción que su abigarrada obra sufriría. Si aceptamos aquello de que en su tierra natal sus conceptos se convirtieron en «núcleo de buen sentido» al momento de analizar la realidad sociopolítica, esa corroboración pareciera extinguirse cuando trascendemos las fronteras del país andino-amazónico. Sin dejar de ser «radicalmente boliviano» –como lo definió alguna vez su amigo Carlos Toranzo Roca–, los exilios en Uruguay, Chile y México –con un breve interregno en Inglaterra– transformaron a Zavaleta en un hombre profundamente latinoamericano. No obstante, las resonancias de su obra quedaron prácticamente inaudibles en el resto del continente. Su nombre no aparece glosado por la historiografía latinoamericana de las ideas; tampoco en las antologías del esquivo marxismo latinoamericano.

Hace muchos años Fernando Mayorga (1985) sostuvo que un «gran pensador» es aquel que logra establecer tres diálogos al mismo tiempo: con los clásicos, con sus contemporáneos y con la realidad en la que le tocó vivir. Atendiendo a estas tres lógicas dialógicas, esta compilación busca inscribir a Zavaleta como un «gran pensador latinoamericano», o mejor, como un «gran marxista latinoamericano».

Su mencionada e injustamente perimida faceta de periodista, pero también sus intensos y profundos análisis de los diferentes acontecimientos por los que irían transitando su Bolivia natal y sus hermanos países latinoamericanos, confirman el diálogo que Zavaleta mantuvo con su propio tiempo. Por su parte, el diálogo con los clásicos del marxismo –pero también con autores de suma relevancia, aunque ajenos a esta corriente, como Max Weber o Hans Kelsen– se imponía como una necesidad teórico-política: «es evidente que es un interés de la clase obrera replantear su pensamiento desde el punto de vista de los clásicos del marxismo. A veces pasamos por alto demasiado fácilmente a los clásicos antes de haberlos conocido» (Zavaleta 2015: 58). En base a esa convicción, que se profundizaba en su lucha con aquel «marxismo de cocina» –como gustaba llamar a las vulgarizaciones y dogmatizaciones que esta corriente adquiría en Bolivia y en América Latina–, Zavaleta encaró un profundo estudio de las obras de Marx, Engels, Lenin, Lukács, Gramsci, Trotsky y Mariátegui, haciendo lo propio con marxistas contemporáneos como Thompson, Althusser o Poulantzas. Dicho estudio se trató menos de una descripción acrítica o pretendidamente «objetiva» de los clásicos y contemporáneos del marxismo, que de una disputa real en el plano de la teoría. *Junto a* –pero muchas veces en *contra de*– ellos, Zavaleta se arrojó a la aventura de reinventar a los clásicos como un modo de construir nuevos senderos en la esquiva tradición de los marxismos latinoamericanos.

En Zavaleta la lucha política en el ámbito de la teoría cobra un peso específico, ya que para él el pensamiento es una forma de acción, así como la acción es una forma de pensamiento: «El conocimiento es una lucha política: El conocimiento es la lucha de clases practicada a nivel de las ideas» (2015: 81), por lo que aparece como una instancia tan decisiva como necesaria: «El marxismo crece mediante las pugnas ideológicas. La lucha política, incluso en el seno de las organizaciones, es vital para el marxismo [...] Está en la índole del marxismo florecer en la discusión teórica» (Zavaleta 2015: 57). Esa querella ideológico-política fue llevada adelante, y esto vale aclararlo, no al modo de un comentarista o un especialista en marxismo –un «marxólogo»–, sino como un apropiador –en el mejor sentido del término– de conceptos. Vale decir, como un pensador que incorpora ideas, nociones y categorías, *traduciéndolas* a las necesidades de sus realidades específicas y de su tiempo presente.

Elaborado en el marco del Instituto de Estudios de América Latina y el Caribe de la Universidad de Buenos Aires (UBA-IEALC), el libro que el lector tiene ante sí pretende recuperar el merecido lugar de Zavaleta al interior del marxismo latinoamericano. En esta ocasión, hemos optado privilegiar las posibles influencias e interferencias que contornearon su pensamiento y su praxis.

En el primer ensayo, Hernán Ouviña realiza una breve caracterización de los diversos momentos del itinerario intelectual de Zavaleta, para luego leerlo –sobre todo al que podríamos llamar el «último Zavaleta»– como un «frecuentador» de la obra de Antonio Gramsci. De este modo, el par Marx-Gramsci viene a desplazar «lentamente» al par Marx-Lenin que habría dominado las lecturas del Zavaleta de mediados de los años setenta. Así, la figura del sardo sería la referencia fundante del proyecto de traducción y nacionalización del marxismo zavaletiano.

En el segundo trabajo, Luís Tapia trabaja sobre las posibles lecturas que Zavaleta hiciera de la obra de Marx, sobre todo en lo relativo a las condiciones de posibilidad para producir conocimiento social –o pensamiento crítico– en formaciones sociales abigarradas, donde se configurarían «puntos ciegos» para el conocimiento social. En esas condiciones, dirá Tapia leyendo a Zavaleta, sólo es posible reducir ese «margen de visibilidad» a través de la constitución de un sujeto político capaz de articular un conocimiento multisocietal.

El tercer capítulo, a cargo de Elvira Concheiro, formula una interpretación contraria a la esbozada en el primero: si en Ouviña había un desplazamiento de Lenin a Gramsci, aquí hay una vuelta a Lenin en tanto que «referencia fundante». Con ello Concheiro no está desconociendo las influencias gramscianas en la obra de Zavaleta, sino que las descentra, colocándolas, en todo caso, al lado de la primordial interferencia leniniana.

El cuarto texto, de Lucio Oliver, profundiza la línea trazada por Concheiro. Aquí las referencias al Lenin de Zavaleta las encontraremos a través de la idea del poder dual y sus originales encarnaduras en dos procesos por demás interesantes, como fueron el Chile de la Unidad Popular y la Bolivia de la Asamblea Popular.

En el quinto capítulo, Diego Giller recobra la importancia que tuvo José Carlos Mariátegui para el marxismo zavaletiano. En esta interpretación, Mariátegui aparece como aquel que le permite a Zavaleta establecer las coordenadas para pensar las relaciones entre lo nacional y lo universal, entre la nación y las clases sociales, entre el nacionalismo revolucionario y el marxismo. En este trabajo se privilegia una lectura marxista de la cuestión nacional.

En el sexto de los ensayos, de Jaime Ortega, se trabaja sobre las influencias del «marxista más importante después de Lenin»: György Lukács. El vínculo entre ambos vendría dado por el concepto de «margen de conocimiento». Así, tanto en Zavaleta como en Lukács, el horizonte de visibilidad de la totalidad social sólo sería posible de ser explotado desde la clase (léase: el proletariado). Si en el trabajo anterior el privilegio epistemológico estaba puesto en la contradicción entre lo nacional y lo universal, aquí ese lugar será ocupado por la contradicción entre clase y totalidad orgánica, sin que ello implique, para los dos casos, el desconocimiento de los dos polos en tensión trabajados.

La perspectiva de clase en la obra de Zavaleta es continuada en el trabajo de Omar Acha, pero esta vez bajo la «interferencia» del marxista inglés Edward Palmer Thompson. Si bien ambos destinos teóricos estarían atados por las nociones de clase y multitud, por sus disputas contra el marxismo del «materialismo histórico» de alcance universal y por el carácter historicista de sus intervenciones, Acha postula que el vínculo entre Zavaleta y Thompson no es armónico sino conflictivo, o, para usar su propia expresión, que se produce como una «colisión».

El octavo trabajo que compone esta compilación aborda al «Zavaleta tardío», según la nominación de Acha. James Dunkerley problematiza la obra de Zavaleta a partir de la producción de un libro, *Bolivia, hoy*. A treinta años de aquella publicación, en la que Zavaleta ofició como editor para Siglo XXI, Dunkerley nos hace revivir la trama en la que dicha obra fue gestada, mostrándonos la pléyade intelectual que allí intervino: Silvia Rivera, Horst Grebe López, Luis Antezana y Guillermo Lora. Todo esto sin dejar de descubrir las posibles vinculaciones entre Zavaleta y el marxista alemán Ernst Bloch, a través de la noción de abigarramiento.

Por último, en el noveno capítulo, Jorge Viaña también recupera al «Zavaleta tardío», pero desde un ángulo diferente al de los anteriores: se trata del Zavaleta crítico del colonialismo. Para ello lo pone en relación con la obra del indianista boliviano Fausto Reinaga, sosteniendo una posible ligazón entre ambos a través de la puesta en práctica de un revisionismo histórico que se presenta como uno de los máximos aportes para comprender las formas de dominación en Bolivia, con capacidad de producción de una epistemología emancipatoria.

Para finalizar queremos insistir en la hipótesis que sostiene que muchos aspectos de la larga e intensa obra de Zavaleta llegaron a convertirse en una suerte de «núcleo de buen sentido» de la intelectualidad boliviana. Con ello no se quiere postular que las lecturas e interpretaciones que se vienen realizando de la obra de Zavaleta sean unívocas y homogéneas. Desde Luís Antezana hasta García Linera, pasando por Silvia Rivera Cusicanqui, Luís Tapia, H.C. Mansilla o Hugo Rodas, el legado de su obra fue asumido desde diferentes ángulos y perspectivas, las cuales, ni ingenuas ni despolitizadas, buscan incidir en las realidades concretas en las que son efectuadas. Quizá contra dicha hipótesis quiso rebelarse la *Antología del Pensamiento Crítico boliviano*, preparada para CLACSO por Rivera y Virginia Aillón (2015). Cuando uno recorre y se sumerge en esa compilación, se encuentra con una pléyade de nombres y corrientes intelectuales del más diverso pelaje, pero el de Zavaleta brilla por su ausencia. Si es que aquella fue la intención, disentimos con esa para nada inocente omisión, porque nos abriga la certeza de que sus lecturas, aportes y reinvenciones son piezas *imprescindibles* del pensamiento crítico boliviano, pero también latinoamericano. Este libro, entonces, trata de una conjuración: restituir la obra de Zavaleta a su destino continental.

Bibliografía

Aillón Soria, Virginia & Rivera Cusicanqui, Silvia (eds.) (2015): *Antología del pensamiento crítico boliviano contemporáneo*. Buenos Aires: CLACSO.

Aricó, José (1991): «Democracia y socialismo en América Latina». En Cueva, Agustín (ed.): *Ensayos sobre una polémica inconclusa. La transición a la democracia en América Latina*. México: Consejo Nacional para la Cultura y las Artes, 41-50.

Mayorga, Fernando (1985): *El discurso del nacionalismo revolucionario*. Cochabamba: CIDRE.

Zavaleta Mercado, René (2015a): «René Zavaleta Mercado: "Todo lo que es Bolivia hoy no es sino el desplegamiento de 1952"» [Entrevista]. En Souza Crespo, Mauricio (ed.): *Obra completa. Tomo III: Volumen 2. Otros escritos 1954-1978*. La Paz: Plural editores, 65-75.

— (2015b): «Clase obrera y marxismo en Bolivia» [entrevista]. En Souza Crespo, Mauricio (ed.): *Obra completa. Tomo III: Volumen 2. Otros escritos 1954-1984*. La Paz: Plural Editores, 55-64.

— (2015c): «La universidad en América Latina: Entrevista con René Zavaleta Mercado». En Souza Crespo, Mauricio (ed.): *Obra completa. Tomo III: Volumen 2. Otros escritos 1954-1978*. La Paz: Plural editores, 77-84.

I.

René Zavaleta, frecuentador de Gramsci

Hernán Ouviña (UBA-IEALC)

Abordar la producción intelectual de René Zavaleta Mercado no resulta una tarea sencilla. Su escritura exquisita y por momentos encriptada, así como su interpretación tan rigurosa como original de los acontecimientos y procesos históricos de América Latina y Bolivia, constituyen densos desafíos para quienes asumimos, según la bella expresión de Jean Paul Sartre, al marxismo como el horizonte insuperable de nuestro tiempo. El presente capítulo no busca agotar esta titánica tarea, sino conectar ciertas reflexiones e hipótesis esbozadas por Zavaleta con algunas categorías y postulados volcados por Antonio Gramsci en sus *Cuadernos de la Cárcel*. Nos proponemos, pues, revisitar críticamente los núcleos centrales de su pensamiento teórico-político, haciendo especial hincapié en sus análisis centrados en la especificidad histórica de la génesis y del devenir de las sociedades y Estados en nuestro continente, pero sobre todo en Bolivia, a partir de la original revisión del marxismo que efectúa durante su intensa vida intelectual, teniendo como principal referencia las categorías formuladas por Gramsci durante su período de encierro. En tal sentido, nuestro objetivo principal será analizar la vigencia y potencialidad de su corpus conceptual, tanto para la elaboración de una teoría marxista construida *desde* América Latina, como para desentrañar ciertas dimensiones de la realidad social y política contemporánea en la región. Nuestra hipótesis es que Gramsci oficia como referencia fundante del proceso de traducción y nacionalización del marxismo que produce Zavaleta desde su lugar en el mundo.

No obstante, antes de remitirnos a los aportes que ha efectuado al marxismo latinoamericano, cabe reseñar una serie de características que lo hacen distintivo y casi excepcional: en primer lugar, podemos mencionar que estamos en presencia de una vida por demás intensa y trashumante, truncada por una muerte relativamente precoz; asimismo, su antidogmatismo (entendiendo al marxismo no como un sistema cerrado y escolástico, sino en tanto teoría subversiva en constante enriquecimiento y complejización, basada en una dialéctica del cambio y en una producción siempre *situada*), y su humanismo socialista, son producto no sólo de su vertiginosa formación intelectual, sino también de su aguda experiencia política, a lo que habría que sumarle el haber intentado contribuir a la difusión del marxismo cálido en –y desde– América Latina, caracterizando a la revolución en este continente, a la vez, como socialista y anti-imperialista. Por último, al igual que otro intelectual olvidado como fue el argentino José María «Pancho» Aricó, Zavaleta constituye uno de los más originales lectores del pensador italiano, «frecuentador de Gramsci como el que más», al decir del autor de *La cola del diablo*, en la medida en que ha tenido a lo largo de su obra una afición permanente por «traducirlo» (más allá de la acepción filológica del término) a la realidad latinoamericana, poniendo en juego y recreando sus categorías más fructíferas. Comenzaremos, pues, detallando de forma sintética lo que consideramos constituyen tres grandes momentos en su recorrido político-intelectual, para luego adentrarnos en el estudio de algunas categorías e interpretaciones esbozadas por Zavaleta, en especial durante la última década de su vida, que tienen su raíz última en las elucubraciones gramscianas entre rejas, y que consideramos contribuyen a enriquecer el pensamiento crítico ligado a una vocación emancipatoria de reinvención de la política, en este convulsionado siglo XXI que habitamos.

Biografía en tres actos: breve itinerario de su derrotero político-intelectual[1]

René Zavaleta Mercado nace en 1937 en Oruro, una hermosa ciudad boliviana caracterizada históricamente por su fuerte ligazón a los grandes centros mineros de la región andina. Hacía solo dos años de finalizada la cruenta guerra del Chaco, en la cual Bolivia había resultado derrotada por Paraguay. Durante 1954, a la temprana edad de 16 años, publica sus primeros artículos periodísticos, entre los que cabe mencionar «El porvenir de América Latina», que en su propio título deja traslucir un profundo interés por el destino de nuestro continente. En su serpenteante itinerario biográfico-intelectual, este será el momento a partir del cual comience a abrazar poco a poco, en la clave de actos que proponemos a modo de ordenamiento, el *nacionalismo revolucionario* como tendencia ideológico-política, desde una perspectiva que algunos autores han denominado «culturalismo telúrico», debido al rol sustancial que le otorga a las élites culturales como fuerza motriz de la redención histórica de las naciones oprimidas[2].

---

[1] Para un desarrollo de esta caracterización, véase Luis Antezana (1991), Mauricio Gil (1994) y Luís Tapia (2002b). Desde ya, estos períodos no deben leerse en clave «etapista», sino más bien sobre la base de una dialéctica del cambio, lo que supone —algo que excede a la vocación del presente texto— delimitar tanto las continuidades como las posibles rupturas y reformulaciones del pensamiento y la praxis política de Zavaleta, intentando no caer en un derrotero lineal ni «evolutivo» de su obra (que implicaría un punto de partida y un supuesto punto de llegada, por definición superador del anterior), aunque tampoco cabe menospreciar las enseñanzas y aportes que el propio devenir histórico le otorga a las reflexiones de Zavaleta, así como la notable traducción y recreación que realiza del marxismo, en particular durante la última década de su vida.

[2] Es interesante mencionar a ésta como una de las tantas «afinidades electivas» de René Zavaleta con respecto al pensamiento del joven Gramsci, quien profundamente influenciado por la corriente vitalista de Giovanni Gentile y Benedetto Croce, otorgará un rol similar al elemento cultural en el devenir histórico.

En los años sucesivos se dedicará a estudiar Derecho, abocándose simultáneamente a la actividad periodística en diferentes medios nacionales y extranjeros. Ello no le impedirá desempeñarse como Agregado Cultural de la Embajada de Bolivia en Uruguay (1958-1960), Diputado Nacional (1962-1963) y finalmente ministro de Minas y Petróleo durante 1964, en la última etapa del gobierno del Movimiento Nacionalista Revolucionario (MNR). Tras el golpe de Estado en noviembre de ese mismo año, decide exiliarse en Montevideo, donde se vuelca nuevamente a la producción periodística e intelectual, publicando en 1967 su primer libro importante: *La formación de la conciencia nacional*. A partir de una radicalización de su pensamiento nacionalista, en él plantea la necesidad de distinguir entre la «nación fáctica» y la «nación para sí», momento en el cual acudiendo al socialismo deja de ser un simple dato de la realidad y se elige a sí misma. Ya entre 1969 y 1971, redactará una serie de escritos en torno a las iniciativas de Ernesto Che Guevara en Bolivia, que evidencian su simpatía –si bien teñida de agudas críticas– con aquella cercenada experiencia guerrillera. Es en esta coyuntura de agudización de la lucha de clases a escala continental que tendrá un progresivo acercamiento al marxismo como teoría de análisis de la realidad latinoamericana.

Desde comienzos de 1970 cabe por lo tanto hablar de un segundo acto en su derrotero, ligado a un *marxismo ortodoxo* sumamente sugestivo, que no dejará de ser molesto para el pensamiento de la izquierda dogmática de aquel entonces, en especial la estalinista. Quizás no sea del todo errado calificarlo como un personaje heterodoxo que produce y habita en los márgenes internos de la ortodoxia. Será éste un momento por demás prolífico de producción intelectual y contacto directo con procesos revolucionarios inéditos en América Latina, como el del Chile de Salvador Allende (donde vivirá entre 1971 y 1973) y la Bolivia de la Asamblea Popular, ambos truncados por cruentos golpes de Estado, que lo obligan una vez más a exiliarse

—esta vez asumiendo, sin saberlo, un camino sin retorno— hacia la patria mexicana. No obstante, de la interpretación rigurosa de esas experiencias anómalas de construcción socialista saldrá a la luz en 1974 el libro *El poder dual*, en donde a partir de la recuperación crítica de las enseñanzas de Lenin y Trotsky alrededor de la situación de «dualidad de poderes», analizará —como veremos, no sin ciertas reminiscencias gramscianas— las similitudes y diferencias entre ambos proyectos políticos. También durante este año y 1975 se preguntará por las posibilidades de un conocimiento científico en una sociedad «atrasada», recuperando para ello el pensamiento del joven Lukács, para quien el proletariado cuenta con un punto de vista que le permite, por su condición social específica, tener un horizonte de visibilidad más amplio. Artículos como «Movimiento obrero y ciencia social» o «Clase y conocimiento» esbozan de forma magistral este planteo, que postula a la crisis de toda formación social como una escuela de (auto)conocimiento integral.

Ya a partir de la segunda mitad de los años setenta, la matriz de intelección de Zavaleta pasará lentamente del eje Marx-Lenin al par Marx-Gramsci. Y aquí comienza en forma progresiva un tránsito hacia la producción de un *marxismo latinoamericano original*, como tercer e inconcluso acto en su devenir biográfico. Este proceso de apropiación, traducción y recreación crítica de las mejores corrientes del marxismo occidental (centralmente Gramsci, pero también Lukács, Bloch, Althusser, Marcuse, Poulantzas, Miliband, Thompson y Holloway, por nombrar sólo los más relevantes), encontrará a Zavaleta en una ardua polémica —si bien no exenta de diálogos enriquecedores— con las tradiciones teóricas gestadas desde nuestra realidad latinoamericana, como el desarrollismo y la teoría de la dependencia, lo que redundará en una genuina nacionalización del marxismo. Su estancia en México lo encontrará abocado a la difusión del pensamiento crítico, irradiando sus reflexiones más allá de esa tierra que lo acogió. Allí funda la Facultad Latinoamericana de

Ciencias Sociales (FLACSO), de la cual supo ser su primer director entre 1976 y 1980, dictando en ella y en la Universidad Nacional Autónoma de México (UNAM) diversos cursos y seminarios sobre el pensamiento de Marx, en el marco de los cuales llegará a delinear una concepción de la democracia en tanto autodeterminación de masas que escandalizaría a más de un politólogo. En 1984, con sólo 47 años, fallece en México. Dos años después se publicará en el país azteca su inconcluso ensayo *Lo nacional-popular en Bolivia*, en el que se encontraba trabajando cuando lo asaltó de imprevisto la muerte.

El desafío de traducir y nacionalizar el marxismo a nuestra realidad

Puede resultar paradójico que a pesar de constituir una referencia ineludible para repensar desde una perspectiva crítica el marxismo latinoamericano, la figura de Zavaleta se encuentre, salvo escasas excepciones, prácticamente ausente en los libros y documentos que refieren a él. Sin embargo, su espectro sobrevuela las reflexiones en torno a aquellas experiencias más emblemáticas de construcción política alternativa surgidas en nuestro continente durante la segunda mitad del siglo XX y lo que va del nuevo siglo, y el corpus teórico que llegó a desarrollar en su inconclusa obra resulta de una potencialidad casi inigualable a la hora de intentar analizar estos procesos –así como los abiertos en las últimas dos décadas en varios países de la región– y su contradictorio vínculo con lo estatal.

Quizás esta ambigua presencia espectral se deba a que a lo largo de su búsqueda intelectual, Zavaleta supo tomar distancia de los dos flagelos –o tendencias opuestas pero paradójicamente coincidentes– que al decir de Michael Löwy (1980) desde un comienzo signaron el derrotero del pensamiento político y filosófico en nuestro continente: por un lado, el *exotismo*, que absolutizaba la especificidad de América Latina (su cultura, su historia, su estructura social, etcétera), acabando por enjuiciar al propio marxismo como doctrina exclusivamente europea. Por el otro, el *europeísmo*, que tendía a trasladar mecánicamente —y sobre la base de una concepción unilineal de la historia— a esta realidad las categorías y modelos de desarrollo económico y social occidentales en su «evolución» histórica, intentando encontrar de cada aspecto de la realidad europea su equivalente en Latinoamérica. Parafraseando a José Carlos Mariátegui, podemos decir que más que un *itinerario* preconcebido o una Filosofía de la Historia, para Zavaleta el marxismo —en tanto filosofía de la praxis— constituía una frágil *brújula* para orientar el análisis y la transformación en nuestro continente desde una óptica propia.

Así pues, un rasgo de honestidad intelectual era reconocer sin tapujos el «hueco» teórico existente en las reflexiones de Marx y Engels alrededor de Nuestra América. Menosprecio o indiferencia son los adjetivos que utiliza por ejemplo José Aricó (1988) para dar cuenta del vínculo que establecieron los fundadores de la filosofía de la praxis frente a la naturaleza *específica* de las sociedades latinoamericanas. Su carácter «atípico» era visto por ellos como transitorio; coyuntural desvío respecto del derrotero inevitable delineado a partir del «modelo clásico» descrito en *El Capital*[3]. Y si bien existen textos

---

[3] En el Prólogo a su segunda edición, Marx llegó a expresar por ejemplo que «el país industrialmente más desarrollado no hace más que mostrar al menos desarrollado la imagen de su propio futuro». Quizás sea este uno de los párrafos al que aludió el joven Gramsci al caracterizar a la revolución rusa de 1917 como una «revolución contra *El Capital*», denunciando que el libro escrito por Marx contenía «algunas incrustaciones positivistas» que hicieron posible una lectura etapista y burguesa del cambio social en aquel país. En igual sentido, Zavaleta impugnará la tesis de que «el carácter más avanzado de un proletariado está vinculado a su colocación productiva», llegando a afirmar que «Marx mismo, a propósito de Inglaterra, pensó cosas semejantes y es toda la tradición de un cierto economicismo que existe en torno al análisis de las clases sociales que contiene al mismo tiempo una visión que sitúa el desiderátum de la historia en los países centrales» (Zavaleta 1983b: 220). Para un contrapunto con este tipo de interpreta-

y borradores redactados por ambos en sus respectivos períodos de madurez que resultan un notable aporte para entender ciertas sociedades de la periferia capitalista, tales como los materiales escritos en torno al problema irlandés o a la comuna rural rusa[4], ellos no suplen la necesidad de edificar un pensamiento anticapitalista de raigambre autónoma, que pueda dar cuenta de los problemas y desafíos presentes en nuestro continente, sin acudir –por más herético y «revolucionario» que se nos presente– a modelo enlatado alguno.

De ahí que, a contrapelo de aquellos dos vicios invariantes de la izquierda durante el siglo xx, Zavaleta haya intentado generar una confluencia creativa entre pensamiento crítico y realidad latinoamericana e incluso específicamente boliviana, postulando que si bien el marxismo nunca ha producido una revolución en la región, sí ha cumplido un rol descollante como acicate de ella en aquellos casos en que *supo leer en cada historia nacional la formación o génesis subterránea de un cambio social radical*, aportando así a la configuración de una praxis genuinamente latinoamericana, que al decir de José Carlos Mariátegui no fuera «calco ni copia». Es que el análisis de nuestra realidad amerita despojarse de la matriz colonial que desde los tiempos de la conquista subsume toda reflexión a la óptica occidental europea, porque como gustaba decir Zavaleta, *lo concreto y lo específico es la manera de ocurrir de los hechos sociales*, por lo que no se resguarda al marxismo generalizando su uso sino haciendo explícito sus márgenes de aplicabilidad (Tapia Mealla 2002b). Este precepto epistémico-político nos reenvía sin duda a Gramsci, para quien

---

ciones dogmáticas de la obra de Marx con las que confrontan Gramsci y Zavaleta, véase el intercambio epistolar que el propio Marx realiza en sus últimos años de vida con diversos populistas rusos, incluido en Shanin 1990.

[4] Al respecto, pueden consultarse, entre otras, las siguientes compilaciones de textos de Marx y Engels: *Imperio y Colonia: escritos sobre Irlanda* y *El porvenir de la comuna rural rusa*, ambos editados en México a instancias de José Aricó, en el marco de los imprescindibles Cuadernos de Pasado y Presente.

toda verdad, incluso si es universal y también si puede ser expresada con una fórmula abstracta de tipo matemático (para la tribu de los teóricos) debe su eficacia al ser expresada en los lenguajes de la situaciones concretas particulares: si no es expresable en lenguas particulares es una abstracción bizantina y escolástica, buena para el pasatiempo de los rumiadores de frases. (Gramsci 1986: 45)

En este sentido, en la senda gramsciana, para él la labor del pensamiento crítico radica en realizar un constante ejercicio de *traducción* y recreación del marxismo, que permita dar cuenta de sus límites en tanto «modelo de regularidad», sobre la base de la dimensión propiamente local que supone una síntesis específica, imposible de universalizarse en términos de leyes y teorías suprahistóricas. De acuerdo a sus propias palabras, no caben para nada en política «leyes herméticas», debido a que «se refiere a la evaluación de un ámbito que no es cognoscible con la "exactitud propia de las ciencias naturales", o lo que Gramsci llamaría la autonomía de lo político» (Zavaleta 2006: 38). Desde esta perspectiva, en su póstumo *Lo nacional-popular en Bolivia* llegará a expresar incluso que «es la propia necesidad la que hace que cada modo de ser convoque a una forma de conocimiento, con lo que cual será discutible hablar de un método de conocimiento general a todas las sociedades» (Zavaleta 1986: 21). Antes bien, ella «resulta al menos una posibilidad tan remota como la de una teoría general del Estado» (Zavaleta 1986: 21). Será esta misma matriz de intelección la que le permitirá afirmar en un texto previo y de forma un tanto provocativa que «en último término la teoría del Estado, si es algo, es la historia de cada Estado» (Zavaleta 1990b: 180). A ello aludía precisamente Gramsci (1999) al definir a la filosofía de la praxis como historicismo *absoluto*, Althusser (1982) al hablar del marxismo en los términos de una teoría *finita*, o Mariátegui al expresar sin tapujos que «no es, como algunos erróneamente suponen, un cuerpo de principios de consecuencias rígidas, iguales para todos los climas históricos y todas las latitudes sociales» (1975: 112). Este ejercicio de constante traducción, recreación y «nacionalización» de la teoría crítica marxista, requiere según Zavaleta de la composición desaxiomatizada de originales fórmulas conceptuales y verbales, que permitan aprehender y dar cuenta de una realidad irreductible, que se nos muestra difícil de asir y siempre escamotea la generalización y mera reproducción de esquemas preestablecidos.

Para entender mejor este ejercicio herético de reinvención crítica, quizás resulte pertinente acudir a la frase lanzada en una de sus notas por Gramsci (que, en rigor, retoma de un autocrítico Lenin que percibe, en el marco del IV Congreso de la Internacional Comunista, el carácter erróneo de la generalización de fórmulas y estrategias, más allá de la situación concreta que le dio origen en Rusia), y cuyo título es precisamente *Traducibilidad de los lenguajes científicos y filosóficos*: «no hemos sabido traducir nuestra lengua a las lenguas europeas» (Gramsci 1986: 317), se lamentaba el jorobado sardo. Por supuesto, no se refería sólo, ni principalmente, a la traducibilidad en un sentido lingüístico, sino sobre todo a la acuciante necesidad de *traducir* estrategias políticas, culturas y formas de concebir la realidad misma. Partiendo de esta máxima, podríamos invertirla y plantear que, salvo notables excepciones, como latinoamericanos/as no hemos sabido traducir, entre otros, el lenguaje europeo —en particular al propio marxismo producido del otro lado del atlántico— a nuestras propias lenguas y realidades. A contrapelo de esta trágica invariante que signó el derrotero del continente, consideramos que Gramsci brinda algunas pistas para advertirnos sobre este enorme flagelo. En este punto, hacemos propias las palabras del ensayista argentino Héctor Agosti, para quien «la intraducibilidad no alude a una imposible traslación a otra lengua [o territorio] de lo originalmente escrito en nuestro idioma, sino a la dificultad de trasponer su espíritu completo sin que resulte lesionado en la quirurgia» (1965: 134).

Sin renegar entonces de los aportes de los clásicos del marxismo, Gramsci postulaba la necesidad de «desuniversalizar» las experiencias revolucionarias y las reflexiones generadas en esos contextos. De ahí que podamos afirmar que su ruta de navegación estuvo signada por la *invención permanente*, aunque sin desechar como combustible para esta travesía –en los casos que fuese necesario, y desde ya, ejercicio de traducción mediante– aquellos conocimientos y saberes generados por fuera de su territorio específico, o bien en una coyuntura distinta a la que le tocó vivir. En este punto, resultan sorprendentes las afinidades de Zavaleta con Gramsci e incluso con Mariátegui: si a Gramsci su intensa estancia en Rusia le permite entender las diferencias y matices con respecto a la compleja realidad italiana y occidental, y al Amauta su errante viaje por esas latitudes transoceánicas le abrirá los ojos acerca de lo específico y original de la realidad peruana y, por extensión, del continente como un todo endeble y a problematizar desde una matriz no eurocéntrica, en el caso de Zavaleta su periplo por buena parte de América Latina le incitará no sólo a impugnar el «calco y copia» de las tradiciones construidas en otros territorios, sino incluso a poner en cuestión el carácter unitario y homogéneo de nuestra región, a tal punto que llegará a postular como necesaria la producción de un conocimiento, *local* y *situado*, de la propia realidad de Bolivia, al igual que lo hizo Gramsci con la original configuración de Italia y Mariátegui con la de Perú.

En este punto, cabe por tanto asumir con Paul Ricoeur (2009) el abandono del sueño de una «traducción perfecta», debido a la diferencia insuperable entre «lo propio y lo extranjero». Y esto no vale solamente para el ejercicio de traducción de lo europeo (por caso, el pensamiento marxista y sobre todo gramsciano por parte de Zavaleta) *desde* Nuestra América, sino también para la resignificación y apropiación crítica de aquellas reflexiones e iniciativas prácticas generadas, desde este continente, o inclusive a partir de una realidad tan diferente como inherente a él, aunque *en otra época histórica*. Porque como sugiere Arturo Roig, América Latina se nos presenta como una, pero también *es* diversa. Y esa diversidad «no surge solamente en relación con lo no-latinoamericano, sino que posee además una diversidad que le es intrínseca» (Roig 2009: 38). En consonancia con esta caracterización, José Aricó (1999) solía definir a nuestro continente como una *unidad problemática*: *Unidad*, en la medida en que hay un «fondo común» o sustrato compartido, más allá de las especificidades de cada nación, país y región (lamentablemente, más ligado al espanto que al amor, para invertir la certera máxima borgeana); *problemática*, porque esas particularidades han obturado la posibilidad de constituir, definitivamente, un pueblo-continente que, si bien se nutra y fortalezca a partir de esa diversidad de historias, culturas y saberes múltiples que lo constituyen e identifican, no reniegue de la necesidad de construir un lenguaje inteligible compartido, para dejar atrás de una vez por todas el estigma de ser considerado una Babel sin destino común.

Retomando la propuesta gramsciana de «traducción», lo interesante para la lectura de Zavaleta es poder *compatibilizar lo autóctono* (que no resulta ser, necesariamente, algo homogéneo, sino más bien una comunidad de destino habitada por lo múltiple), *con lo que se nos presenta como algo ajeno*, en pos de encontrar, en este último, elementos plausibles de ser universalizables, sin caer en el eclecticismo ni opacando aquello que resulta original y específico de nuestra irreductible realidad. Zavaleta, pues, intenta *decir lo mismo que Gramsci, aunque de otra manera*. Desde esta óptica crítico-creativa, nuestro autor no busca copiarlo ni calcarlo, como tampoco apela a la cita canónica, sino que intenta resignificar sus enseñanzas, confrontándolas con los inéditos desafíos analíticos que le deparaba una realidad tan compleja e intrincada como la latinoamericana y –sobre todo– la boliviana. A esto aludía Octavio Paz (1973) cuando pregonaba que *el ideal de traducción consiste siempre en producir con medios diferentes efectos análogos*. Por eso el escritor mexicano insistía en que traducción y creación son operaciones gemelas, y entre ambas no puede haber sino una continua y mutua fecundación. En suma:

para Zavaleta no cabe pensar en la traducción del marxismo, si en paralelo no se genera un proceso de producción de conocimiento local, de elaboración de conceptos a partir de un *análisis concreto de la realidad situada*, poniendo en tensión y articulando a la vez lo que denominará la «lógica del mundo» y la «lógica del lugar».

Esta distinción sumamente fructífera ya está presente en su libro *El poder dual*, donde cita de manera explícita en numerosas ocasiones a Gramsci entre sus autores de referencia teórica[5]. Si bien su foco va a estar puesto aquí en el análisis de las reflexiones de Lenin y Trotsky[6], no tanto como referencias homologables, sino –en la senda

---

[5] Como él mismo admitirá en las páginas finales de este libro refiriéndose a las complejas coyunturas vividas en el Chile de Allende y en la Bolivia de Torres, «algunas geniales observaciones de Antonio Gramsci, que son utilizadas en este trabajo resultan inexcusables para desenmarañar este conjunto de situaciones» (Zavaleta 1987: 270).

[6] Véanse los textos «Las tesis de abril» y «La dualidad de poderes», redactados por Lenin en 1917, y el capítulo «La dualidad de poderes» de *Historia de la Revolución Rusa*, escrito por Trotsky en 1930. Tal como comentamos en la breve reseña biográfico-intelectual, René Zavaleta escribió el ensayo *El poder dual...* durante su segundo momento teórico, ligado al marxismo de raigambre clásica aunque tendiente a su recreación bajo un prisma crítico, y profundamente condicionado por la agitada coyuntura política que se vivía entre 1969 y 1973 en Chile y Bolivia, de manera tal que –como relata Horst Grebe López en el prólogo a la tercera edición de esta obra en el país andino– «representa una fase de tránsito intelectual y político, donde se salda cuentas con la militancia previa en el MNR y se preparan las bases para la posterior afiliación al Partido Comunista de Bolivia» (Grebe López 1987: V). Su eje es, por lo tanto, el estar adherido a esta inusitada realidad latinoamericana en curso, signada por una fase ascendente de la lucha de clases, que encuentra a Zavaleta analizando de cerca los procesos de configuración de sujetos políticos encarnados por un lado en la revolución de 1952 y en la práctica de la Asamblea Popular de 1971 en el país andino y, por el otro, en el triunfo de la Unidad Popular en 1970 en Chile. Lo interesante del ejercicio teórico que realiza es que, si bien recupera los debates clásicos en torno a la dualidad de poderes generados en Rusia, lejos de intentar encontrar equivalencias y aplicar mecánicamente las reflexiones de Lenin y Trotsky a estas experiencias, apunta a

gramsciana– atendiendo a sus matices y diferencias en lo referente a la caracterización de la *dualidad de poderes*, Zavaleta se valdrá de ellas para el estudio de dos realidades disímiles como son las de Chile y Bolivia a principios de los años setenta, para sopesar los rasgos distintivos de toda situación signada por el hecho de ser una fase transitoria por definición, que supone la emergencia –en el marco de un proceso revolucionario– de dos poderes con vocación estatal (uno de carácter principal, el otro embrionario y surgido desde abajo a partir de la iniciativa de las masas), alternativos e incompatibles entre sí, donde lo que debía producirse sucesivamente en términos temporales (revolución democrático-burguesa primero, revolución socialista tiempo después), acontece de una manera paralela, generando por lo tanto una dinámica de contemporaneidad cualitativa de lo anterior y lo posterior. Sin embargo, cabe aclarar que lejos de pensar como idénticas las conjeturas de los líderes de la revolución rusa, Zavaleta intenta dar cuenta de sus contrastes. De ahí que, rescatando el planteo de Gramsci en sus notas carcelarias (donde describe a «Bronstein» como cosmopolita, es decir, superficialmente nacional, por contraste a «Ilich», quien era en cambio profundamente nacional)[7], postule que mientras para Trotsky la dualidad de

---

dar cuenta de sus respectivas particularidades y diferencias, vale decir, a qué hay de específico e irreductible en ellas. Esto lo distancia de intérpretes del marxismo que –como el trotskista boliviano Guillermo Lora– tienden a la aplicación del materialismo histórico más que a desarrollarlo teóricamente (al respecto, véase Tapia Mealla 2002b).

[7] Zavaleta se vale de la distinción establecida por Gramsci en sus notas carcelarias para plantear una diferenciación –e incluso contrapunto– entre Lenin y Trotsky. La referencia textual a la que apela en *El poder dual en América Latina* es la siguiente: «Se podría decir que Bronstein, que aparece como "occidentalista", era en cambio un cosmopolita, es decir, superficialmente nacional y superficialmente occidentalista o europeo. Ilich, en cambio, era profundamente nacional y profundamente europeo» (Véase Zavaleta 1987: 56). A partir de esta definición, y englobando curiosamente dentro de una misma matriz interpretativa a Lenin,

poderes constituye una inevitable ley social transtemporal, que no se vincula a ningún tipo específico de revolución, sino que es propio de todo «episodio característico de la lucha entre dos regímenes», para Lenin resulta un hecho anómalo y excepcional, producto de la especificidad de la realidad rusa y «sin precedentes en la historia» (Zavaleta 1987: 58).

Según Zavaleta, el meollo de la diferencia entre ambos se sitúa, retomando la caracterización formulada por Gramsci durante su período de encierro, en «la especificidad o localismo de Lenin y el alocalismo y universalidad de Trotsky en cuando a sus visiones acerca de la dualidad de poderes», que él define respectivamente como la lógica del *lugar* (que remite a la peculiaridad de la historia de cada sociedad) y la del *mundo* (lo comparable de la historia a escala planetaria). Cierto es que las situaciones en la realidad concreta son más complejas e impuras de lo que puede caber en una frase. No obstante, frente a estas dos maneras de interpretar e intentar transformar una sociedad específica, para el autor de *El poder dual en América Latina* «la lógica del lugar suele derrotar a la lógica del mundo». Con esta contundente expresión pretende afirmar la necesidad de explicar los rasgos distintivos de las sociedades latinoamericanas (en este caso la boliviana y la chilena) sin desechar la teorización más general presente en los clásicos del marxismo, aunque sí poniendo en cuestión las lecturas ortodoxas que subsumen la historia viva y única de cada sociedad al patrón mundial del sistema capitalista que las condiciona, licuando de esta forma todo rasgo distintivo.

Stalin y Gramsci, dirá que «Trotsky tendía a ver con más lucidez o transparencia los aspectos de la unidad de la historia del mundo [...] mientras que Lenin o Stalin y el propio Gramsci podían comprender más fácil y exhaustivamente la diferencia o peculiaridad de la historia del mundo, actitud sin la cual un movimiento revolucionario no puede vencer ni ahora ni nunca. La lógica del lugar, ciertamente, suele derrotar a la lógica del mundo» (Zavaleta 1987: 55).

Frente a esta tentación, Zavaleta nos propondrá en sus sucesivos textos —agudizando por cierto el precepto gramsciano de *entender al marxismo como historicismo absoluto*— relativizar los márgenes de validez de lo que denomina «modelo de regularidad». El conocimiento de aquello que se pretende transformar requerirá por lo tanto de un complejo proceso de apropiación crítica o «nacionalización» del marxismo en función de la lógica de lugar, es decir, del territorio específico en el cual se lucha. No otro ejercicio propusieron, a su modo, tanto Gramsci como Mariátegui al plantear la necesidad de *traducir* y adecuar la estrategia global formulada por la Internacional Comunista durante la primera mitad de la década del veinte a la realidad específica de cada sociedad y región, encontrando equivalentes sin omitir particularidades ni desestimar elementos novedosos. El inconcluso estudio *La cuestión meridional* y los *Siete ensayos de interpretación de la realidad peruana* pueden ser leídos como originales respuestas, en Italia y Perú respectivamente, a este desafío teórico-político que Zavaleta definirá como «producción de conocimiento local».

De manera análoga, en su libro *El poder dual en América Latina* intentará pensar las experiencias bolivianas y la chilena no en tanto réplica autóctona de la situación vivida en Rusia en 1917, sino bajo el prisma del desarrollo específico de los sujetos políticos y la «ecuación particular» entre Estado y sociedad que cada país supone, aunque sin aislarlo de la coyuntura continental y mundial. Lo que expresaron ambas situaciones revolucionarias fue más bien el *germen* de un poder dual, sin que éste llegue a desarrollarse en los términos antes mencionados de una fase por definición transitoria de constitución de un poder diferenciado y antagónico al del Estado capitalista. Nuevamente aquí apela a la reflexión del Gramsci entre rejas para reivindicar una lectura prefigurativa —o anticipatoria— del poder popular: en el partido, el comité de fábrica o el soviet, el régimen proletario «comienza a existir y a organizarse como sistema desde el momento más precoz». Esto, afirmará, «fue dicho por Gramsci pero de una manera más completa que la que encontramos en Trotsky (Zavaleta 1987: 74-75)[8]. Si en el 52 se había logrado destruir al ejército (verdadera «síntesis» del Estado, al decir de Zavaleta) pero tendió a predominar la hegemonía burguesa en el seno de la clase obrera boliviana, durante 1971 ocurrió algo inverso: la enorme potencialidad de irradiación de la hegemonía proletaria y del programa que encarnaba la Asamblea Popular tropezó con el poder del brazo armado del Estado. En ambos casos, lo que existió fue un *esbozo* y no la figura misma de poder dual. En cuanto al Chile de la Unidad Popular (que combina la paradoja de un armazón estatal altamente desarrollado con una formación económica endeble y subdesarrollada), lo que acontece en buena medida tiene lugar dentro de la estructura legal del Estado (coexistencia y tensión entre dos fuerzas beligerantes a su interior) y no por fuera de ella, más allá de la importancia tenida por los incipientes cordones industriales y los comandos comunales.

Esta lectura crítica no le impedirá aventurar, en un postfacio escrito tras el golpe de Pinochet, que «la cuestión del fracaso-éxito del sistema político de Allende se continúa en una obra de magnitud más ancha y compleja. A saber, la de si el proyecto socialista puede desarrollarse de un modo completamente externo a la democracia burguesa, es decir, a la sociedad burguesa desarrollada en su forma moderna» (Zavaleta 1987: 204), concluyendo que sin un grado de internalidad con relación a ella –léase, en tanto parte integrante y a la vez negación de esta sociedad– resulta imposible siquiera pensar en la organización de los trabajadores como clase antagónica. Pero simultáneamente, una de las enseñanzas principales de estos procesos latinoamericanos truncos es la necesidad de apuntar a lo que Zavaleta

---

[8] Las citas específicas de los *Cuadernos* que Zavaleta transcribe para validar su hipótesis, expresan, por un lado, que el partido mismo desde un principio será «un Estado en potencia que va madurando, antagonista del Estado burgués», y por el otro, que «una clase políticamente dominante [...] puede conquistar la hegemonía antes de la conquista del poder político» (Zavaleta 1987: 78-80).

definirá más tardíamente como »acumulación en el seno de la clase»[9], en donde al calor de la construcción de una correlación de fuerzas cada vez más favorable, los sectores subalternos vayan conquistando una creciente autonomía ideológica y política (el «espíritu de escisión» del que hablaba Gramsci) respecto de la burguesía y el Estado que es garante de sus privilegios. En suma: todo movimiento revolucionario deberá cabalgar sobre la dialéctica que se despliega en este proceso contradictorio condensado por un lado en luchas por reformas cotidianas y, por el otro, en una estrategia de radical cambio global que las oriente, de forma tal de ser lo suficientemente interno a la realidad que se pretende transformar de raíz, y «lo suficientemente externo [a ella] como para dejar de pertenecerle».

Al margen del original análisis de estas dos situaciones en Chile y Bolivia, lo que nos parece sustancial y precursor en este texto es que Zavaleta explicita y pone en juego estas dos lógicas (la del «mundo» y la del «lugar»), a partir de un interesante ejercicio de *traducción* de

---

[9] En «Las masas en noviembre», uno de sus últimos textos antes de su temprano fallecimiento, Zavaleta (1983) intentará despegarse –con claras resonancias thompsonianas– de las acepciones más deterministas del concepto de *clase* (a las que, en parte, adscribe durante su momento reflexivo previo, y que se evidencian por ejemplo en ciertos pasajes de su libro *El poder dual*), aseverando que «la propia experiencia vital dice que la clase es su colocación estructural o económicamente estratégica más su propia historia, intimidad o acumulación, es decir que debe constituirse aún para ser lo que ya es en potencia, construir su acto» (Zavaleta 1983a, 43). Asimismo, en su póstumo *Lo nacional-popular en Bolivia* complementará está relectura crítica con una revalorización del campesinado en tanto sujeto revolucionario, llegando a afirmar que «la idea del campesinado como clase receptora y del proletariado como clase donante […] no sigue sino un lineamiento dogmático. En realidad, todo indica que el campesinado tenía su propia acumulación de clase y también, si se quiere, su propia historia de clase dentro de la historia de las clases» (Zavaleta 1986: 14). Para un desarrollo de las posibles afinidades de Zavaleta con respecto al marxismo británico de E. P. Thompson, véase el artículo de Omar Acha en esta misma compilación, titulado «Clase y multitud en la obra tardía de René Zavaleta Mercado: interferencias thompsonianas».

las reflexiones y los postulados del marxismo clásico, en función de la historia *específica* de cada realidad nacional. Como veremos en los siguientes apartados, este trabajo será profundizado en los escritos posteriores de Zavaleta, donde ahondará en su lectura del marxismo desde una matriz neogramsciana, con el propósito de recrear sus principales categorías para realizar un estudio detallado de la realidad boliviana y, en menor medida, latinoamericana[10]. Al rescate de sus elucubraciones durante este período nos abocaremos precisamente a continuación.

La piedra angular del marxismo: entender la sociedad como bloque histórico o totalidad orgánica

Al momento de abordar la lectura de los *Cuadernos de la Cárcel* y la influencia que ellos tienen en la obra de Zavaleta durante sus últimos diez años de vida, cabe insistir en *el carácter inconcluso* de aquellos apuntes. No está de más apelar al conocido párrafo en el que el tozudo militante italiano plantea la importancia de distinguir los textos terminados y revisados por un autor, de los que resultan *provisionales*:

> Entre las obras del pensador estudiado, hay que diferenciar [...] las que él mismo ha terminado y explicado, de las que ha dejado inéditas por no estar consumadas y luego han sido publicadas por algún amigo o discípulo, no sin revisiones, reconstrucciones, cortes, etc. O sea, no sin una intervención activa del editor. Es evidente, que el contenido de estas obras póstumas tiene que tomarse con mucha discreción y cautela, que no puede considerarse definitivo. (Gramsci 1999: 249)

---

[10] Tal como afirma Luís Tapia, «se puede suponer que René Zavaleta incorporó el pensamiento gramsciano en la segunda mitad de los años setenta, en especial a partir de su llegada a México. Cabe conjeturar, entonces, que es en México donde estudia y profundiza en la obra de Gramsci y empieza a incorporarla de manera sistemática a su pensamiento» (Tapia Mealla 2013: 87).

Este tipo de *llamado de atención* debe ser tenido en cuenta cada vez que se analiza lo que él mismo consideraba un «material todavía en elaboración», como es el caso de *Lo nacional-popular en Bolivia*, tan relevante para entender la obra zavaletiana. Caso contrario, podemos caer en lecturas como la que formula el historiador inglés Perry Anderson, quien en su clásico ensayo *Las antinomias de Gramsci* denuncia la existencia de una serie de contradicciones y matices conceptuales a lo largo de los *Cuadernos* gramscianos (Anderson 1981), como si estos fueran documentos acabados y plausibles de ser interpretados como volúmenes «en sí», dotados por tanto de una plena coherencia cada uno de ellos. A contrapelo, el propio Gramsci no se cansó de aclarar que lo suyo era un ejercicio tan imperfecto y transitorio como antidogmático. Así, por ejemplo, a uno de los *Cuadernos* más importantes, el XI, escrito entre 1932 y 1933, lo antecede una «Advertencia» (tal es el sugestivo título que Gramsci le coloca):

> Las notas contenidas en este cuaderno, como en los otros, han sido escritas a vuelapluma, para apuntar un breve recordatorio. Todas ellas deberán revisarse y controlarse minuciosamente, porque ciertamente contienen inexactitudes, falsas aproximaciones, anacronismos. Escritas sin tener presentes los libros a que se alude, es posible que después de la revisión deban ser radicalmente corregidas porque precisamente lo contrario de lo aquí escrito resulte cierto. (Gramsci 1986: 237)

Más allá de cierta exageración y cautela deslizada en su párrafo final, esta aclaración no debe resultar ociosa, aunque tampoco amerite desestimar las reflexiones vertidas en los *Cuadernos* por Gramsci por el simple hecho de pensarse como inacabadas. Debemos tener presente, simultáneamente, aquella aspiración a elaborar algo *für ewig* (de mayor sistematicidad y destinado a perdurar) que, no obstante, resulta *en permanente construcción*, y que de acuerdo al lenguaje de Zavaleta nos remite a un «modelo de regularidad» por definición provisional, debido a que debe ser complejizado, ejercicio de traducción mediante, en función de la producción de conocimiento local. Por ello quizás valga la pena recuperar una definición lanzada provocativamente por «Pancho» Aricó –uno de los primeros traductores de Gramsci tanto a la lengua castellana como a la particular realidad latinoamericana. Este original pensador autodidacta calificó a los *Cuadernos de la Cárcel* como un verdadero «cortazariano modelo para armar». La irónica analogía con *Rayuela* y *62. Modelo para armar* –ambos, del notable escritor argentino Julio Cortázar– pretendía dar cuenta del desafío que se nos presenta al momento de intentar adentrarnos en la compleja y dispersa escritura del Gramsci entre rejas.

Al margen de la mayor o menor productividad de cada uno de los conceptos que habitan los *Cuadernos*, creemos que todos ellos forman parte de una vocación estratégica: *recrear el marxismo sobre nuevas bases*. En efecto, las diversas nociones que Gramsci despliega y resignifica en sus *Cuadernos* pueden ser leídas como parte de un corpus más denso y universal como es la *filosofía de la praxis*. No resulta casual que el significante «materialismo histórico» deje de ser utilizado por Gramsci con el transcurrir de los años y pase a ser sustituido por uno que abreva en la unidad indisoluble entre teoría y acción, reflexión crítica y práctica transformadora. No estamos en presencia, por lo tanto, de una mera modificación semántica. Antes bien, lo que se evidencia en ese laboratorio vivo que son los *Cuadernos* es una crítica radical del marxismo ortodoxo y vulgar predominante en la URSS, así como la necesidad de desarrollar, a partir de un «encadenamiento dialéctico» de conceptos, una *concepción del mundo* antagónica a la capitalista, que actualice lo mejor del marxismo, aunque sin caer en una defensa enconada y mecánica de sus planteamientos teórico-políticos. Será esta original interpretación del marxismo la que le permitirá a Zavaleta tomar distancia de sus versiones más esquemáticas y deterministas.

Como es sabido, uno de los conceptos centrales en los *Cuadernos de la Cárcel* es el de bloque histórico. A tal punto resulta relevante para Gramsci, que autores como Hugues Portelli (1973) han planteado que constituye la columna vertebral que ordena y dota de sentido a las dispersas notas escritas entre rejas. Pero más allá de este debate aún abierto en torno a cómo leer la producción de Gramsci y en qué medida existen conceptos-clave que garantizarían la intelección de las reflexiones vertidas en sus *Cuadernos*, lo cierto es que dicho concepto es consecuencia de la sugestiva reformulación que realiza durante su período de encierro del clásico y tan vulgarizado Prólogo que Marx escribe para su libro *Contribución de la Crítica de la Economía Política*. Una de nuestras hipótesis es que la lectura que Zavaleta realiza de este famoso Prólogo está mediada por la «traducción» que de él hace Gramsci, quien apela al conocido texto redactado por Marx en 1859, aunque —a contrapelo de las lecturas predominantes, que tienden a interpretarlo desde una óptica economicista y unicausal— en su caso lo retoma con el propósito de reforzar una perspectiva que busca caracterizar a la sociedad en tanto *totalidad orgánica*.

En efecto, su original categoría de *bloque histórico* implica concebir a la sociedad de manera tal que «contenido económico social y forma ético política se identifican concretamente en la reconstrucción de los períodos históricos» (Gramsci 1986: 137). Lo cual supone tomar distancia de aquellas interpretaciones que han intentado parangonar el Prólogo de Marx con un discurso determinista que se asimila al de las ciencias naturales, ya que

> [...] la referencia a las ciencias en el materialismo histórico y el hablar de «anatomía» de la sociedad era sólo una metáfora y un impulso de profundizar las investigaciones metodológicas y filosóficas. En la historia de los hombres, que no tiene la misión de clasificar de manera naturalista los hechos, el «color de la piel» hace «bloque» con la estructura anatómica y con todas las funciones fisiológicas; no se puede pensar un individuo «desollado» como el verdadero individuo,

pero tampoco el individuo «deshuesado» y sin esqueleto. (Gramsci 1999: 137)[11]

De manera análoga y con referencias explícitas a su deuda intelectual con Gramsci, Zavaleta postulará un vínculo dialéctico y de reciprocidad entre ambas dimensiones o momentos constituyentes de la sociedad. Según su original lectura, plasmada en el borrador titulado *Formas de operar del Estado en América Latina*, «la simultaneidad de la base y la superestructura es el hecho central del conocimiento social, o sea, que la sociedad en el capitalismo ocurre como una totalidad esencialmente orgánica» (Zavaleta 2006: 35). En plena sintonía, tanto en otro de sus textos más lúcidos, *Las formaciones aparentes en Marx*, como en su inconcluso *Lo nacional-popular en Bolivia*, formulará una sugestiva manera de entender la articulación entre ambas dimensiones, que implica una triple «simultaneidad»: cronológica, topológica y causal. «La idea de la simultaneidad de la totalidad» —dirá— «debe reemplazar a la existencia de la sociedad como regiones» (Zavaleta 1986: 102). Mientras la primera de estas simultaneidades supone que la dimensión considerada estructural no precede a la superestructura, sino que son co-constitutivas, lo cual rompe con «la falacia de suponer que la economía existe antes» (Zavaleta 1988: 214), la segunda postula la imposibilidad de escindir a ambas esferas, salvo en un plano estrictamente analítico, debido a

---

[11] En un *Cuaderno* posterior, retomará esta lectura de la metáfora de Marx, para afirmar irónicamente que «en el cuerpo humano ciertamente no puede decirse que la piel (e incluso el tipo de belleza física históricamente prevaleciente) sean simples ilusiones y que el esqueleto y la anatomía sean la única realidad, sin embargo, durante mucho tiempo se dijo algo parecido. Dando valor a la anatomía y a la función del esqueleto nadie ha querido afirmar que el hombre (y mucho menos la mujer) puedan vivir sin ella. Continuando con la metáfora, se puede decir que no es el esqueleto (en sentido estricto) lo que nos hacer enamorarnos de una mujer, pero que no obstante se comprende hasta qué punto el esqueleto contribuye a la gracia de los movimientos» (Gramsci 1999: 202).

que al igual que supo afirmar Gramsci, «la sociedad en el capitalismo ocurre como una totalidad esencialmente orgánica» (Zavaleta 2006: 37). A su vez, la tercera establece la interdeterminación de ambas dimensiones o momentos, lo que puede leerse bajo la óptica de un mutuo juego de acciones y reacciones, donde lo estatal cumple un rol activo y particularizado. Esto lo lleva a afirmar que «cuando existe el acto económico o la relación productiva, existen a la vez dentro de ellos, y no como un mero rebote, las relaciones estatales y los episodios de representación social» (Zavaleta 2006: 35). En efecto, de acuerdo a su lectura «no sólo no hay una correspondencia inmediata entre ambas [estructura y superestructura] sino que la manera misma de la correspondencia, según cuál sea la forma superestructural, puede ser crítica o sucesiva» (Zavaleta 2006: 36). Así, tomando distancia de lo que considera es una interpretación dogmática y errónea del famoso Prólogo redactado por Marx, concluirá que

> la superestructura puede obedecer a varios órdenes o determinaciones que ocurren en tiempos diferentes, que vienen de la sociedad civil y puede, además, tener diferentes capacidades de respuesta a tales determinaciones [...] la fuerza de la determinación (léase: la llamada base material) resulta tan importante como la sensibilidad o la receptividad de la superestructura determinada. (Zavaleta 1988: 216)

Como buen gramsciano, Zavaleta «traduce» el concepto de bloque histórico y lo renombra como «ecuación social». No es un capricho teórico ni una pedantería intelectual, sino que, en función de su interés principal, conocer la realidad boliviana y «la manera abigarrada que tienen las cosas al entrelazarse» en este tipo de sociedades, resulta imperioso dotar de un mayor carácter concreto a dicha categoría, para tornarla más operativa en un plano histórico-analítico[12]. Precisamente

---

[12] Como expresará en *Lo nacional-popular en Bolivia*: «se diría aquí que una agregación local, debida o a un encadenamiento causal propio o aun al azar tal

atendiendo a este desafío que le supo presentar Bolivia y también otras realidades específicas de América Latina, es que dirá que

> [...] el concepto de ecuación social [...] es una de las acepciones que daba Gramsci al bloque histórico; el grado en que la sociedad existe hacia el Estado y lo inverso, pero también las formas de su separación o extrañamiento. El análisis mismo del Estado como aparato y como ultimidad clasista sugiere la forma de su relación con la sociedad civil. Por razones propias de cada caso, hay ecuaciones en las que la sociedad es más robusta y activa que el Estado, ecuaciones donde el Estado parece preexistir y dominar sobre la sociedad, al menos durante períodos determinados, y sistemas donde hay una relación de conformidad o ajuste. (Zavaleta 1990b: 177)

Lejos de toda pretensión universal de caracterizar de antemano a las «ecuaciones sociales», la cualidad de cada una de ellas «sólo puede ser dada por su historia interior» (Zavaleta 1990b: 168). Por ecuación Zavaleta entiende así

> el modo de entrecruzamiento entre la sociedad civil, las mediaciones y el momento político-estatal [...] La propia sociedad civil, con todo, puede tener una constitución con mayor o menos concurrencia estatal. Es un hecho que la sociedad más sana, desde el punto de vista capitalista, es aquella en que la burguesía ha podido implantar su hegemonía sin el recurso al Estado, como ocurrió en la Francia prerrevolucionaria. Por el contrario, el grado de autonomía societaria del acto hegemónico es casi un coeficiente del desarrollo estatal, porque el Estado debe intervenir más donde hay menos desarrollo de la sociedad civil [...] *El Estado y la sociedad, por eso se invaden, se reciben y se reinterpretan de*

---

cual, es la forma en que se cumplen aquellos requisitos universal-reiterables que afectan la historia del poder. Estas son como las coartadas necesarias de un pensamiento que, de otra manera, habría quedado clausurado en el universo hermético de sus grandes ideas centrales; *sin ellas la misma concepción de las totalidades no habría podido traducirlas jamás a lo concreto*» (Zavaleta 1986: 102; énfasis mío).

acuerdo con las circunstancias de la realidad concreta, aunque es cierto que pueden detectarse tendencias largas o histórico-estratégicas. (Zavaleta 1990b: 178-179; énfasis mío)

En consecuencia, según la caracterización de nuestro autor, «la ecuación o el bloque tiene elementos verificables de historicidad y azar, no es una estructura predicha [...] la definición estática de estos escalones es la ruina del análisis político» (Zavaleta 1990b: 179-180). De ahí que concluya que el bloque implica siempre a su interior relaciones que pueden ser de conformidad, ajuste, dominio, preexistencia o bien mayor dinamismo y robustez de uno de los momentos o dimensiones, es decir, «supone un movimiento y por eso es tan absurdo hacer clasificaciones finales sobre ello. La cualidad estatal, no estatal o intermedia de una instancia depende de su momento» (Zavaleta 1990b: 177).

Lo interesante del planteo zavaletiano es que toma distancia de la lectura «reproductivista» que realiza Althusser del Estado y de las sociedades mismas como un «todo estructurado», donde la combinación de aparatos represivos e ideológicos se coaligan, casi sin fisura alguna y a partir de una definición meramente teórica, para perpetuar el orden capitalista (interpretación, por cierto, de la que supo ser tributario en su fase inmediatamente anterior de teorización). En efecto, en sus últimos escritos polemiza de manera abierta con esta conceptualización, debido a que no permite entender el papel complejo y *situado*, por ejemplo, de los sindicatos en la realidad boliviana, como mediaciones en el marco de una «ecuación social» o bloque histórico *particular*. Si bien en países como México o (quizás más parcialmente) Argentina, las asociaciones gremiales han podido ser leídas desde el prisma althusseriano como aparatos del Estado, en Bolivia esto dista de ser posible:

> Si se tomara esta situación haciendo un corte estático, debería concluirse, como quería Althusser: demasiado cooptados, leales y sumer-

gidos en el sentido del Estado, serían en la práctica verdaderos aparatos ideológicos del Estado (y también políticos). Por su función, devienen en efecto brazos del Estado y sus dirigentes en funcionarios de éste. Pero eso no ocurre de la misma manera en Bolivia donde los sindicatos han existido siempre contra el Estado, ni ocurre desde luego con los sindicatos argentinos después de Perón. Las mediaciones tienen entonces un contenido aleatorio o mutante. (Zavaleta 1990a: 177)

Momento constitutivo, crisis orgánica y relevo hegemónico: cuando las cosas comienzan a ser como son

¿Pero de qué depende que, en Bolivia, a diferencia de otras realidades latinoamericanas, los sindicatos resulten refractarios o ajenos al Estado y no un mero apéndice de él? Para entender esta y otra infinidad de *situaciones originales* que se dan al interior de un bloque histórico nacional, Zavaleta apelará nuevamente a Gramsci y planteará un concepto por demás sugerente como es el de *momento constitutivo*. A los efectos de comprender en toda su complejidad esta noción, transcribimos un extenso párrafo donde define en forma clara y concisa a qué se refiere:

> La idea misma de bloque histórico o ecuación habla de la relación entre la sociedad civil y el Estado actuales, o sea, que dentro de una misma determinación final las cosas pueden suceder sin embargo de distintas maneras, con repercusiones grandes hacia adelante. Entre tanto, lo que corresponde analizar es de dónde viene este modo de ser de las cosas: las razones originarias. Hay un momento en que las cosas comienzan a ser lo que son y es a eso a lo que llamamos el momento constitutivo ancestral o arcano o sea su causa remota. (Zavaleta 1990b: 180)

El momento constitutivo remite pues a un episodio epocal –entendido desde ya de manera *procesual*– en donde el conjunto de la población vive, como «efecto de la concentración del tiempo histórico […] una instancia de vaciamiento o disponibilidad universal y otra de interpelación o penetración hegemónica. En términos capitalistas, se supone que el resultado de esa combinación ha de ser la reforma intelectual» (Zavaleta 1990b: 183). Con un claro lenguaje gramsciano, Zavaleta intenta dotar de centralidad a aquellos momentos o coyunturas históricas en las que se produce «la transformación ideológico-moral o sea la imposición del nuevo sentido histórico de la temporalidad [...] una suerte de vacancia o gratuidad ideológica y la consiguiente anuencia a un relevo de las creencias y las lealtades» (Zavaleta 1990a: 132). Si bien no lo explicita, resulta evidente que está aludiendo a situaciones que, al decir de Gramsci, se identifican con las *crisis orgánicas* en el seno de un bloque histórico: aquellas coyunturas críticas de una sociedad donde la hegemonía, hasta ese entonces arraigada en las masas, se resquebraja y deja de oficiar como concepción predominante del mundo para ellas[13].

Pero Zavaleta va más allá del planteo gramsciano, e incluye dentro de esta diversidad de momentos constitutivos a lo que Marx denominó «acumulación originaria», apuesta interpretativa por cierto muy sugerente para entender la configuración específica del capitalismo (condicionada por supuesto por lo que define como la «historia del mundo») en una región periférica como ha sido y es América Latina, atendiendo a la dinámica de despojo y privatización de las tierras,

---

[13] Incluso arriesgamos como hipótesis que, en el desarrollo del concepto de *momento constitutivo* por parte de Zavaleta, puede rastrearse como antecedente fundante y complementario una nota carcelaria de Gramsci, sugestivamente titulada Momentos de vida intensamente colectiva y unitaria de desarrollo nacional del pueblo italiano". En ella, el autor de los *Cuadernos* define a este tipo de momentos como aquellos que en los que al pueblo «se le ha planteado para resolver una tarea al menos potencialmente común, en los que habría podido tener lugar una acción o un movimiento de carácter colectivo (en profundidad y extensión) y unitario. Estos momentos, en las diversas fases históricas, pueden haber sido de distinta naturaleza y distinta importancia nacional-popular», destacando como ejemplos «guerras, revoluciones, plebiscitos, elecciones generales de particular significado» (Gramsci 1999: 382).

así como a la constitución de las bases socioeconómicas del mundo moderno, pero también dotando de centralidad al proceso a través del cual se internaliza como «prejuicio popular» la hegemonía emergente de la época, vale decir, su puesta en orden para reorganizar la conciencia de los hombres y mujeres, «que es como el fondo histórico de la revelación del valor o sea del cálculo social» (Zavaleta 1990f: 28).

Los momentos constitutivos remiten entonces a crisis generales donde se plasman o bien se refundan las características y rasgos más destacados de una determinada sociedad por un tiempo relativamente prolongado: la configuración o genealogía profunda de un determinado *bloque histórico nacional*. Además de la acumulación originaria como ejemplo típico y genealógico, Zavaleta menciona la revolución mexicana iniciada en 1910, el proceso insurreccional vivido en Bolivia durante abril de 1952, o en el caso de Argentina, el año 1880 –y en un plano más reciente, los acontecimientos en torno al 17 de octubre de 1945[14]– ,todos ellos entendidos como episodios epocales que suponen, además de una *articulación específica* entre Estado y sociedad, la creación –o relevo hegemónico– de un tipo particular de intersubjetividad u horizonte de sentido. Por lo tanto, «cada sociedad vive varios momentos constitutivos de diferente intensidad» (Zavaleta 1990e: 51).

De acuerdo a Zavaleta, la *crisis* constituye no sólo un concepto fundamental dentro del corpus marxista, sino a la vez un método de conocimiento en *sociedades abigarradas* como la boliviana, caracterizadas por una superposición de tiempos y realidades heterogéneas, desarticuladas entre sí y por lo tanto mucho más complejas que las

---

[14] Respecto de la experiencia fundante del peronismo, Zavaleta (1990a) dirá que «engendra o expresa (esto es algo a precisar) una nueva sociedad y también un nuevo canon estatal». Para utilizar una bella metáfora esbozada por Luís Tapia (2002b), y que se aplica por demás al caso argentino, «el momento constitutivo es como un gran horno en el que participa casi toda una sociedad, unos más activamente que otros, en la elaboración del pan que van a comer por un largo tiempo».

europeas. Las crisis que se desencadenan en el devenir histórico de estas sociedades son, por tanto, momentos propicios para que las clases subalternas las conozcan y, al mismo tiempo, se autoconozcan. En ciertas ocasiones, Zavaleta identifica las crisis orgánicas –instantes anómalos en la vida de una sociedad, de acuerdo a su caracterización– con una «situación revolucionaria». En todo caso, más allá de que quepa la homologación, en este tipo de coyuntura crítica estamos siempre en presencia de una *crisis nacional general*, que en sus propias palabras «exige la caducidad de la capacidad de dominación por parte de la clase a la que sirve el Estado y a la vez cierta incapacidad coetánea por parte de los oprimidos en cuanto a la construcción de su propio poder, incapacidad siquiera momentánea» (Zavaleta 1998: 32). Subyacen aquí, por supuesto, las definiciones de crisis dadas por el Marx de *El XVIII Brumario* y por el Lenin estratega político, pero también –y no menos importante– las del Gramsci de los *Cuadernos*. De acuerdo a Zavaleta, tanto el desencadenamiento como la resolución de este tipo de crisis está condicionada por el tipo de relación de fuerzas y la situación específica –la ecuación social particular– del país o territorio que la vivencia o padece. De ahí que afirme que «quien ocupe el centro hegemónico del momento o sea quien "interpele" a la nación definirá su suerte por un largo período. Las consecuencias de este momento son enormes» (Zavaleta 1990e: 59). Una hegemonía, dirá, «nunca existe de una vez y para siempre», y si de manera ineludible «las hegemonías envejecen» (Zavaleta 1983a), en el caso específico de Bolivia –nación inconclusa signada por una historia de ciclos cortos–, esta máxima se exacerba con creces.

Las variantes de resolución o remate de una crisis general también nos reenvían en Zavaleta a Gramsci. Revolución pasiva, cesarismo o revolución social son algunas de las formas que según él pueden asumir las salidas de una situación de crisis orgánica. Más allá de que apueste, como buen marxista, por su superación a través de un acontecimiento político como es «la revolución socialista como momento constitutivo de conversión» (Zavaleta 1990e: 54), en el que en esta sustitución ideológica o edificación de una nueva hegemonía «el protagonismo es el de las masas mismas» (Zavaleta 1990g: 107), lo cierto es que, en la larga y trágica historia del capitalismo, y de América Latina en particular, han primado –salvo escasas excepciones– las otras opciones y no aquella vocación autodeterminativa. En efecto, en la medida en que «la revolución es la catástrofe generalizada de la superestructura y se mueve en la diversidad específica y no en la media ideal, no caben para ella, ni para nada de la política, leyes herméticas» (Zavaleta 2006: 38).

Así, tal como lo han hecho notar otros gramscianos en nuestra región (Aricó 1988; Coutinho 1999), la *revolución pasiva* ha sido una de las modalidades más recurrentes de superación de las crisis en este continente, e incluso de constitución de las propias bases societales «desde arriba», a partir de un hecho estatal[15]. En palabras de Zavaleta,

---

[15] De acuerdo a Zavaleta, la debilidad estructural –anclada en el fuerte condicionamiento del sistema capitalista mundial como modelo de regularidad– ha implicado que sea el Estado quien se hiciera cargo, en gran medida, de la generalización mercantil del valor y de la producción de una identidad colectiva en América Latina. En este sentido, la conformación de clases sociales en términos nacionales no fue un proceso acabado como en Europa. De ahí que en el caso de nuestro continente no pueda considerarse al Estado una mera entidad «superestructural», tal como la define cierto marxismo esquemático, sino en tanto verdadera *fuerza productiva*, es decir, «como un elemento de atmósfera, de seguro y de compulsión al nivel de la base económica» (Zavaleta, 1988a). «La peor vulgarización» –dirá en el breve escrito titulado *La burguesía incompleta*– «es la que supone que el Estado puede existir sólo en la superestructura, como si se colgara al revés. Sin una acción extraeconómica, es decir, estatal de algún modo, es poco concebible la destrucción de las barreras que hay entre hombres y hombres, entre partes de un territorio sin embargo continuo (es decir, potencialmente "nacional"), etc. Aquí tenemos un reverso de lo anterior: no la nación como asiento material del Estado nacional sino el Estado como constructor de la nación». Como ya hemos visto, lejos de otorgarle un rol secundario y de simple «reflejo» del nivel de lo económico, Zavaleta le adjudica al Estado

por revolución pasiva –categoría que, en ciertas ocasiones, decide renombrar como «nacionalización pasiva»– debemos entender

> aquel desplazamiento ideológico que ocurre por actos autoritarios y verticales sin iniciativa de proposición por parte de las masas. Esto contiene enormes repercusiones y tiene que ver con el problema de la imputación de la iniciativa revolucionaria. Un derrumbe del sistema de las creencias [de la hegemonía] es necesario aunque es cierto que puede ocurrir de un modo más o menos catastrófico, más o menos metódico. No hay duda de que dicho derrumbe, origen de la disponibilidad, debe apelar a ciertos soportes factuales o acontecimientos de asiento. Pero si este elemento interno del hecho revolucionario (la revolución ideológica o de creencias) no ocurre, pueden cumplirse los actos aparentes de la transformación (como por ejemplo la estatización general de la economía) pero no su elemento central que consiste en que los hombres se autotransformen y dejan de ser lo que son o sea que se eligen pero desde un determinado punto de vista. (1990g: 107-108)[16]

---

un papel central en la estructuración de nuestras sociedades, debido a que «las burguesías latinoamericanas no sólo no se encontraron con esas condiciones resueltas ex ante, sino que no existían ellas mismas o existían como semillas. En gran medida, se puede decir que tuvieron que ser construidas desde el hecho estatal» (1988a: 89). Esto es algo que al decir de José Aricó (1983; 1988) supo anticipar teóricamente el propio Gramsci desde sus notas de encierro. En uno de los primeros *Cuadernos de la Cárcel*, postula como uno de los rasgos que han caracterizado el proceso de configuración de los Estados latinoamericanos la evidente incapacidad de autoconstitución de la sociedad.

[16] En palabras de Gramsci, «Tanto la "revolución-restauración" de Quinet como la "revolución pasiva" de Cuoco expresarán el hecho histórico de la falta de iniciativa popular en el desarrollo de la historia italiana, y el hecho de que el progreso tendría lugar como reacción de las clases dominantes al subversivismo esporádico e inorgánico de la masas populares como "restauraciones" que acogen cierta parte de las exigencias populares, o sea "restauraciones progresistas" o "revoluciones-restauraciones" o también "revoluciones pasivas"» (Gramsci 1986: 205).

Asimismo, otra modalidad de resolución de una crisis general que Zavaleta recupera de Gramsci es la del *cesarismo*[17]. Precisamente su sugestivo borrador titulado *Formas de operar del Estado en América Latina* comienza con la siguiente frase:

> Fue Gramsci quien identificó al bonapartismo, al que él llamaba cesarismo, con el empate catastrófico. Esto tiene sin duda un significado amplio porque opta, desde el principio, por la vinculación de la figura o forma con su remate carismático. Era obvio que en la filosofía de la praxis no podía acoger, sin más, el supuesto de un advenimiento mítico de lo carismático y debía buscarse en cambio su causalidad objetiva. (Zavaleta 2006: 33)

Al igual que en las reflexiones vertidas en los *Cuadernos de la Cárcel*, aquí se intenta trascender —aunque sin restarle por supuesto relevancia— la figura del líder con cualidades excepcionales, para adentrarse en el proceso socio-político en el que éste emerge al interior de un determinado bloque histórico, y ahondar en las bases «estructurales» que permiten explicar, en función de una genealogía profunda, los porqués de esta dinámica cesarista que asume la salida

---

[17] «Se puede decir —afirmará Gramsci— que el cesarismo o bonapartismo expresa una situación en la que las fuerzas en lucha se equilibran de modo catastrófico, o sea que se equilibran de modo tal que la continuación de la lucha no puede concluir más que con la destrucción recíproca [...] En el mundo moderno el equilibrio de perspectivas catastróficas no se da entre fuerzas contrarias que en último análisis podrían fundirse y unificarse, aunque fuese después de un proceso fatigoso y sangriento, sino entre fuerzas cuyo conflicto es irremediable históricamente y se profundiza aún más especialmente con el advenimiento de formas cesaristas. El cesarismo tiene, sin embargo, un margen más o menos grande, según los países y su significado en la estructura mundial, porque una forma social tiene "siempre" posibilidades marginales de ulterior desarrollo y ordenamiento organizativo, y especialmente puede contar con la debilidad relativa de la fuerza antagonista y progresiva, por la naturaleza y el modo de vida peculiar de ésta» (Gramsci 1986: 102-106).

de la crisis. Dejemos que sea el propio Zavaleta quien lo fundamente, a partir de un aporte clave de Gramsci como es su apotegma de la autonomía relativa del Estado:

> La contribución más fuerte del modelo nos parece que es la elaboración de la teoría de la autonomía relativa del Estado en su relación con las masas no autorrepresentables. La autonomía tiene así dos sentidos. En primer lugar, el que se deriva de la valorización, es decir, de la lógica de recomposición permanente a que debe estar sometido el Estado para "controlar" las tendencias estáticas de su carácter; o sea que hay aquí una suerte de autonomía relativa respecto de la base económica, que está en el fundamento de la reproducción ampliada. En segundo lugar, la autonomía relativa del Estado se refiere a la separación entre el poder del Estado o naturaleza de clase y el aparato del Estado o administración factual. Esto es la condición de la hegemonía o legitimación moderna: es por este desdoblamiento o formación aparente que el Estado moderno puede servir a los intereses estratégicos de la burguesía como conjunto, aunque niegue los intereses concretos de la burguesía. Es lo que le da su carácter final y no instrumental. (2006: 39)

Nuestro autor es contundente al momento de aseverar este tipo de desenlace de no pocos momentos críticos en la historia de América Latina. Por ello no duda en expresar que

> en los hechos, la revolución pasiva ha existido, la vía junker ha existido y ha existido sin duda la nacionalización reaccionaria o nacionalización forzosa así como existe la hegemonía negativa y los pueblos suelen ser los actores tardíos de procesos a los que han sido llamados en términos predefinidos e irresistibles. La constitución estatalista de la nación tiene sin duda que ver con esta índole del avance o postulación de las cosas. (Zavaleta 1986: 123)[18]

---

[18] En otro de sus textos tardíos, afirmará en un sentido similar, apelando a una original categoría «oxímoron» como es la de *hegemonía negativa*, que «el

Estado ampliado, forma primordial e irradiación

Además de las categorías reseñadas, otra de las mayores apropiaciones que realiza Zavaleta del corpus gramsciano es aquella que remite a la *ampliación del Estado*, en función de la incorporación de un concepto clave como es el de *hegemonía*, para concebir de manera más compleja y equilibrada la supremacía de la burguesía en la sociedad capitalista. A pesar de los notables aportes realizados por Gramsci en su período pre-carcelario, será durante sus años de encarcelamiento que desarrollará buena parte de su bagaje conceptual en este aspecto, si bien de manera un tanto ambigua y dispersa. Y no resulta ocioso agregar que sus reflexiones al respecto no tuvieron que ver con inquietudes erudito-académicas, sino ante todo con la dramática situación histórica que le tocó vivir, comprometido con el ascenso revolucionario de masas en el norte de Italia (en Turín en particular) durante los años inmediatamente posteriores a la Primera Guerra Mundial, con el devenir del movimiento comunista europeo en un plano más general, así como con la creciente complejidad que fue asumiendo la dominación estatal en las sociedades capitalistas occidentales, que obligaba a replantear teóricamente las estrategias clásicas de transformación del orden social existente.

En este sentido, aventuramos que sus dispersas notas deben ser leídas como una respuesta contundente e innovadora a las diferentes corrientes deterministas y vulgares de la época, que reducían al marxismo a un dogma anquilosado cuyo núcleo central radicaba en la primacía total de lo económico sobre el resto de las esferas sociales. La visión catastrofista de la crisis del treinta que tenían sus camara-

---

momento constitutivo (que puede ser un pacto o no, porque también existe la hegemonía negativa, es decir, la construcción autoritaria de las creencias) contiene una implantación hegemónica. Esto supone la creación de un tipo particular de intersubjetividad, o al menos la calificación eficaz de la preexistente» (Zavaleta 1990b: 184).

das, al establecer una relación inmediata entre colapso económico y político, omitía, según él, la complejidad que habían adquirido los Estados modernos, tornando caduca la estrategia revolucionaria que reducía el cambio social a una abrupta «toma del poder» por parte de una tan reducida como decidida vanguardia «iluminada» de «pocos, pero buenos».

Desde esta perspectiva, el punto de partida de Gramsci en su análisis del Estado y la dominación es muy distinto al del pensador alemán Max Weber (de quien, por cierto, también se vale Zavaleta para el análisis de la realidad boliviana). Sin embargo, como ha señalado Mabel Thwaites Rey (2008), ambos se refieren al mismo problema de *la construcción del poder*. Porque a Gramsci también le preocupa desentrañar la naturaleza de la relación de dominación que escinde a gobernantes y gobernados. Pero el marxista italiano, a diferencia del autor de *Economía y Sociedad*,

> no se contenta con encontrar los mecanismos formales que hacen de una relación de poder, de un ejercicio de la fuerza, una dominación aceptada o legítima. Lo que le interesa ante todo es saber cómo, a través de qué mecanismos, la dominación se convierte en hegemonía, es decir, incluye la aceptación del dominado, deviniendo en consenso activo. (Thwaites Rey 2008: 176)

Sin duda la ampliación del concepto de Estado y la consiguiente reformulación de la noción de hegemonía producida por Gramsci, es uno de los aportes más significativos a la teoría política contemporánea. Aun cuando varios marxistas rusos ya habían utilizado a finales del siglo XIX el concepto de hegemonía, siempre lo hacían para referirse al rol «dirigente del proletariado», en su alianza con resto de los sectores populares (sobre todo al campesinado), a nivel estrictamente *político*. Si bien Gramsci reconoce su deuda intelectual con Lenin, complejiza esta categoría al extenderla, como antítesis de dominación o ejercicio de la fuerza, al análisis de las clases fundamentales que componen a la sociedad capitalista.

En los *Cuadernos de la Cárcel*, si por un lado el término remite al liderazgo y supremacía de la burguesía sobre las restantes clases y grupos sociales, por el otro supone la generación de consenso y compromiso cultural e ideológico, a la vez que material, logrando un reconocimiento general como la clase más idónea para articular los intereses de toda la sociedad, plasmado en la construcción temporal de una voluntad colectiva de carácter nacional. Así, en sus *Notas sobre Maquiavelo* el Estado es entendido como una compleja articulación entre dominio y consenso («hegemonía acorazada de coerción»), por contraposición a cómo es comprendido generalmente: en tanto sociedad política o mera superestructura coercitiva. De acuerdo con Gramsci, por Estado «debe entenderse no sólo el aparato gubernamental sino también el aparato privado de hegemonía o sociedad civil» (1984: 105). La combinación de ambos es producto entonces de la inestable equivalencia entre, por un lado, la sociedad política y, por el otro, la sociedad civil. Esta doble perspectiva, que remite tanto a la vida estatal como a la acción política, puede presentarse en diversos grados, desde los más elementales hasta los más agregados, aunque Gramsci explicita que «pueden reducirse teóricamente a dos grandes grados fundamentales, correspondientes a la doble naturaleza del Centauro maquiavélico, ferina y humana, de la fuerza y el consenso, de la autoridad y de la hegemonía» (1999: 30)[19].

Zavaleta hará propia esta lectura del Estado ampliado (a la que llegará a definir como «metáfora maestra acerca del Estado moderno») y de la importancia de la hegemonía en varios de sus textos. Así, por ejemplo, en sus «Notas sobre fascismo, dictadura y coyuntura de disolución», escritas a finales de los años setenta en pleno debate alrededor de cómo caracterizar a los regímenes profundamente represivos instaurados a sangre y fuego en el cono sur de América Latina,

---

[19] Para un análisis detallado de la metáfora maquiavélica del Centauro y sus derivaciones en el pensamiento de Antonio Gramsci, véase Grüner 2003.

expresará que si bien «la dictadura es el carácter del Estado. No solo un incidente de concentración del recurso estatal sino un elemento constitutivo del Estado como tal» (Zavaleta 1989: 10), esta violencia es «una violencia que no tiene viabilidad sino en la medida en que corresponde al nivel de hegemonía de la clase que contiene, lo cual significa que la verdadera eficacia de la violencia radica en la instancia de dominación ideológica», por lo que concluye que la forma dictatorial

> está lejos de ser la superestructura más favorable para el desarrollo del capitalismo [...] Responde o al atraso de una clase dominante, que no es capaz de racionalizar una relación de poder correspondiente al modo de apropiación del excedente o a la falta de unidad del bloque dominante o a la necesidad de acelerar el proceso de acumulación en un sentido determinado o a un pathos de salvación del capitalismo ya acosado. (Zavaleta 1990c: 12)

De ahí que concluya aseverando en una idéntica clave gramsciana que «la dominación de un estado avanzado es siempre ideológica» (Zavaleta 1983a: 30). En igual sentido, en *Lo nacional-popular en Bolivia* se valdrá de las metáforas bélicas presentes en diversas notas de los *Cuadernos de la Cárcel*, para reivindicar una concepción integral del Estado:

> El «sistema de trincheras» no es así sino el conjunto de mediaciones, estructuras y soportes, mediante las cuales existe la sociedad civil frente al estado y el estado político ante la sociedad civil o sea aquella fase intermedia sin la cual la voluntad consciente de la política o irresistibilidad (el estado) y la sociedad (o sea el espacio de ofrecimiento de las circunstancias a la voluntad política o el de recibimiento de ella) no se pueden conocer una a la otra. Es claro, por lo demás, que cuando se menciona la «superficie exterior» del estado, se refiere a su vieja forma de coerción violenta o al aparato represivo, en tanto que la «línea defensiva todavía eficiente» es la zona de la eternidad o terquedad de la constitución ideológica del hueso hegemónico. (Zavaleta 1986: 62)

En efecto, Gramsci apela a la metáfora militar de las «casamatas» (que de acuerdo a la perspectiva bélica son fortificaciones destinadas a defender tanto la artillería como las tropas) para aludir a aquellos espacios, instituciones y territorios, tanto ajenos como propios, que constituyen a la sociedad civil, y que pueden definirse como instancias que «amurallan», resguardan, o bien pueden desmembrar al núcleo del poder estatal. Es importante aclarar que para Gramsci este tipo de «trincheras», si bien no son neutrales, deben ser concebidas como ámbitos contradictorios de disputa y lucha cotidiana, donde cabe librar una batalla también ideológico-cultural, desde la perspectiva emancipatoria de las clases y grupos subalternos. Nuevamente desde el lenguaje militar, Gramsci denomina a este tipo de estrategia revolucionaria como un proceso complejo, prolongado y multifacético de despliegue de una «guerra de posiciones».

Fiel a su oficio de «traductor», Zavaleta enriquecerá así al concepto de Estado ampliado con el término de «eje estatal», agregándole complejidad al planteo de Gramsci al sumar lo que denomina *estructuras de mediación* como parte del Estado integral. «Por eje estatal» –dirá– «entendemos el tipo de relación que hay entre la sociedad civil, las estructuras de mediación y el Estado político» (Zavaleta 1990a: 147). Asimismo, en su artículo «Cuatro conceptos de la democracia», advertirá que

> aunque el Estado no es en sí mismo material sin una relación, con todo, hay ciertos síntomas o soportes corpóreos sin los cuales el Estado está inédito. La burocracia y los agentes en general son la corporeidad del Estado. Por la opuesta, aunque por sociedad civil se ha definido siempre a las clases y al conjunto de los aspectos materiales de la estructura cuando todavía no han sido inflamados del flujo estatal, no hay duda de que en su seno (en la sociedad civil) están asentadas las mediaciones. Ahora bien, las mediaciones son como un enclave de poder político en una zona que, en principio, se define como de no poder político, es decir, algo estatal in partibus en una parte no estatal. (Zavaleta 1990d: 89)

Las *mediaciones* cumplen, pues, un papel fundamental en la difusión e internalización de la concepción burguesa del mundo, ya que garantizan en el marco de una relación hegemónica «la transformación de la furia del oprimido en una parte del programa del opresor» (Zavaleta 1983a: 43), convirtiendo aquel «deber ser» o moralidad propia de las clases dominantes en costumbre y premisa de la vida cotidiana de los grupos subalternos[20].

Asimismo, si bien no podemos profundizar en su análisis, vale la pena mencionar otros dos conceptos elaborados por Zavaleta para entender la especificad de cada sociedad, en particular en América Latina, como son los de *forma primordial* y *determinación dependiente*, en tanto pares contrarios y combinables que en cierta manera remiten a la dialéctica entre la lógica del lugar y la unidad del mundo descritas anteriormente, y que también se alimentan de la crítica gramsciana al vicio del cosmopolitismo, que tiende a subsumir toda configuración y dinámica interna de un bloque histórico nacional, a las férreas «leyes» globales. Si la *forma primordial* permite dar cuenta de en qué medida se ha logrado la mencionada ecuación social existente entre Estado y sociedad al interior de un territorio y en el marco de una historia local, definiendo «el grado en que la sociedad existe hacia el Estado y lo inverso, pero también las formas de su separación o extrañamiento»

---

[20] Zavaleta explicará que «tanto Marx como Gramsci utilizan el término moral, a la manera de "histórico-moral" o "reforma intelectual o moral" [...] en ambos casos está el principio de la acción conforme a fines, la transformación del deber ser en la vida cotidiana y la internalización hegemónica de las premisas actuales de lo social» (Zavaleta 1986: 51). En un plano más general, argumentará en otro texto que el *bloque histórico* es precisamente el «contrato» en el que debe ocurrir dicha reforma intelectual: «Por este concepto entendemos nosotros, quizá abusando del léxico gramsciano, la instalación de una visión racional y materialista del mundo, lo cual contiene las ideas de antropocentrismo, eclecticismo político, sistematización popular de la ciencia y autodeterminación a todos los niveles, desde las regiones hasta las mujeres y los indios, o sea el dogma democrático» (Zavaleta 1983a: 27).

(Zavaleta 1990b), por lo que resulta otra manera menos abstracta y más situada de delimitar y analizar al *bloque histórico* y a los variados niveles de autodeterminación que pueda tener una historia nacional, atendiendo a la correlación de fuerzas, las tensiones y dinámicas coyunturales de construcción política en su seno, la *determinación dependiente* refiere al conjunto de condicionamientos externos que ponen un límite (o margen de maniobra) a los procesos de configuración endógenos. Es que, de acuerdo a Zavaleta,

> cada sociedad, incluso la más débil y aislada, tiene siempre un margen de autodeterminación; pero no lo tiene en absoluto si no conoce las condiciones o particularidades de su dependencia. En otros términos, cada historia nacional crea un patrón específico de autonomía, pero también engendra una modalidad concreta de dependencia. (1986: 67)

Por último, un concepto gramsciano de suma relevancia, como es el de hegemonía, será recreado por Zavaleta bajo la denominación de *irradiación*, en la medida en que remite a la capacidad de una clase, fuerza social o grupo subalterno, de incidir o generar influencia más allá de su entorno inmediato, con el propósito de aportar a una articulación hegemónica que logre expandirse al conjunto de la sociedad y trascienda su condición particular y sus demandas específicas. Si en un plano general Zavaleta afirmará que «la medida de la hegemonía, o sea del óptimo, consiste en que las contradicciones pueden ser absorbidas en ella, es decir, en algo que está más allá de los sujetos o dentro de un sujeto que es capaz de comprender a todos los demás» (1986: 258), respecto del caso específico de la supremacía burguesa, dirá que «es un ejercicio hegemónico en el cual el factor dominante "aprende" (aprehende) las formas pertinentes de su dominación en el propio dominado o sea que el argumento del opresor aspira de un modo sofisticado a contener, en su propio argumento, el argumento del oprimido» (1986: 204). No obstante, al igual que Gramsci, hará extensivo dicho concepto a la vocación de la clase trabajadora por constituir una voluntad colectiva de carácter articulatorio y cohesionador a nivel nacional. De ahí que

> el concepto de masa debe estar vinculado al problema del medio compuesto o irradiación de la clase obrera, a la propia cuestión llamada de la mayoría de efecto estatal. Se puede sostener que el propio horizonte de visibilidad de la clase obrera no alcanza su perspectiva total sino cuando está circunscrito por sus consecuencias o circunstancias preproletarias y extraproletarias. Porque es cierto que ser es ser en el mundo y que lo que es proletario suele venir de lo que no es proletario. (Zavaleta 2006: 46-47)

Por lo tanto, la conformación de una voluntad colectiva de carácter hegemónico remite de manera ineludible a la capacidad de amalgamar intereses y trascender todo tipo de lógica corporativa, esto es, de producir un proceso político auto-constitutivo, de recomposición y unidad creciente de las fuerzas y grupos subalternos, cuya característica invariante es –de acuerdo a Gramsci– el estar disgregados. Como nos recuerda Juan Carlos Portantiero,

> el eje de toda estrategia revolucionaria se construye alrededor de la capacidad que tiene el grupo que se postula como hegemónico para construir un programa de transición que implique un nuevo modelo de sociedad y que articule la totalidad de las prácticas institucionales de las clases, fracciones, categorías y estratos de población que conforman, en una etapa histórica dada, al «pueblo», haciendo que sea la ideología socialista la que opere como principio ordenador del conjunto. (1999: 158)

En este punto, dirá Zavaleta, «el concepto de irradiación desliza el campo del análisis de la descripción estructural a la sistematización de la política como lógica de coyunturas» (1983b: 226). Para completar este tipo de análisis, que requiere «ascender hacia lo concreto» como síntesis de múltiples determinaciones, Zavaleta introduce un concepto adicional como es el de *medio compuesto*. Es que

Mientras que por clase social se entiende un objeto lógico-formal, el medio compuesto es ya el ámbito en que las clases y los estratos no clasistas ocurren o sea que se refiere a una hibridez [...] Es un concepto que de suyo nace de la imposibilidad del análisis clasista con el mero manejo de categorías analíticas. Lo que importa entonces es el aspecto que define lo compuesto del medio porque se supone que aquí la diferencia de los factores debe concluir en una *unidad hegemónica*. A ello sumamos nosotros el concepto que designaremos de manera provisional como el acto de irradiación (Zavaleta 1983b: 225; énfasis mío)

Por lo tanto, el medio compuesto permitiría auscultar la compleja y densa realidad histórica de una formación económico-social, sin anclar el análisis meramente en lo que se considera la «colocación estructural» de los sujetos (por caso, el lugar que ocupan en el seno de un proceso productivo, a partir del cual se inferiría de manera automática su «centralidad»), sino atendiendo tanto a la «acumulación en el seno de la clase» (su formación subjetiva), como a la capacidad de irradiación hacia –y potencial fusión con– los restantes actores y grupos subalternos, entendidos no de binaria y esquemática, sino como parte fundamental de un bloque histórico nacional en permanente (re)constitución y movimiento.

No otra fue justamente la vocación intelectual e investigativa de Zavaleta: indagar en las formas histórico-concretas que asumió la realidad boliviana a lo largo del siglo XX. Los diversos escritos y borradores producidos en sus últimos años de vida, intentan dar cuenta de las intrincadas y originales coyunturas vividas entre 1952 y 1980, aunque en la búsqueda de explicaciones causales haya tenido que remontarse hasta momentos como la guerra del Pacífico (1979-84). Como veremos, para ello se valdrá con creces del corpus elaborado por Gramsci entre rejas, aunque una vez más, fiel a su *historicismo absoluto*, afirmará que este tipo de categorías «carecen de utilidad analítica sino no son subsumidas en el análisis histórico» (Zavaleta 1986: 136).

El devenir histórico de Bolivia bajo el prisma gramsciano

De acuerdo a Zavaleta, la historia boliviana no está exenta por supuesto de *momentos constitutivos*. Antes bien, es a partir de la delimitación de ellos que, en sus principales trabajos teórico-interpretativos, decide dotar de coherencia al devenir del contradictorio siglo XX en su país de origen[21]. «Para Bolivia» –dirá– «la formación del Estado nacional y de la nación es algo no concluido en absoluto» (Zavaleta 1990e: 45). En efecto, el rasgo distintivo del país andino es que en él se superponen, sin confluencia alguna, mundos, culturas, memorias, temporalidades e historias diversas, por lo que podríamos decir que ha existido –no sin un dejo de ironía– desarrollo desigual, aunque sin combinación, esto es, no articulándose sino en su momento más formal. Dejemos que sea el propio Zavaleta quien detalle a qué se refiere con esta noción de *abigarramiento*:

> Si se dice que Bolivia es una formación abigarrada es porque en ella no sólo se han superpuesto las épocas económicas (las del uso taxonómico común) sin combinarse demasiado, como si el feudalismo perteneciera a una cultura y el capitalismo a otra y ocurrieran sin embargo en el mismo escenario o como si hubiera un país en el feudalismo y otro en el capitalismo, superpuestos y no combinados sino en poco. Tenemos, por ejemplo, un estrato, el neurálgico, que es el que proviene de la construcción de la agricultura andina o sea de la formación del espacio; tenemos de otra parte (aun si dejamos de lado la forma mitimae)

---

[21] A tal punto cobra relevancia el método de análisis gramsciano en Zavaleta que –partiendo de concebir a la sociedad boliviana como bloque histórico signado por sucesivas crisis orgánicas y momentos constitutivos– da inicio al Capítulo I de *Lo nacional-popular en Bolivia* con un epígrafe del propio Gramsci que reza: «Es necesario, en suma, hacer un esbozo de toda la historia italiana, sintético pero exacto» (Zavaleta 2013: 159). Extrañamente, la frase fue suprimida en la primera publicación de este libro a cargo de la editorial Siglo XXI (Zavaleta 1986: 21). Sostenemos como hipótesis que este inconcluso libro de Zavaleta, tiene como vocación realizar un *esbozo* similar al propuesto por Gramsci, aunque en este caso centrado en la intrincada *historia boliviana*.

el que resulta del epicentro poto sino, que es el mayor caso de descampesinización colonial; verdaderas densidades temporales mezcladas no obstante no sólo entre sí del modo más variado, sino que también con el particularismo de cada región porque aquí cada valle es una patria, en un compuesto en el que cada pueblo viste, canta, come y produce de un modo particular y hablan lenguas y acentos diferentes sin que unos ni otros puedan llamarse por un instante la lengua universal de todos. En medio de tal cosa ¿quién podría atreverse a sostener que esa agregación tan heterogénea pudiera concluir en el ejercicio de una cuantificación uniforme del poder? (1983a: 17).

Este tipo de países, en los que persiste una «falta de unidad convencional», serían, a diferencia de Argentina –donde el genocidio indígena, si bien no fue total, resultó por demás extensivo–, *multisocietales*, en la medida en que cobijarían en su interior varias civilizaciones, ni plenamente disueltas ni del todo integradas, sino subsumidas bajo un único patrón colonial basado en el mestizaje «castellano hablante e individuado» propio de las élites urbanas (Tapia Mealla 2003a). Como consecuencia de este *apartheid político-cultural de hecho*, los Estados que allí se han configurado deben ser considerados según Zavaleta como «aparentes», debido a la conjunción de mecanismos de exclusión étnica que, desde su génesis, han desplegado a nivel cotidiano, y que van desde la imposición del español como único idioma oficial[22] al desconocimiento total de las maneras de organización comunitaria, formas locales de autoridad y toma de decisiones colectiva que ejercen los pueblos y naciones originarias en sus territorios ancestrales. Lo que emerge entonces es «un poder político jurídicamente soberano sobre el conjunto de un determinado territorio pero que no tiene relación

---

[22] A modo de ejemplo, cabe mencionar que en Bolivia existen por lo menos treinta idiomas y/o dialectos regionales y dos idiomas que son la lengua materna de al menos el 37% de la población (quechua y aymara), a lo que se suma el hecho de que más del 55% se identifica con algún pueblo originario (García Linera 2003).

orgánica con aquellas poblaciones sobre las que pretende gobernar» (Tapia Mealla 2002b: en línea), que implica que buena parte de los habitantes sólo se sienten integrante de esa sociedad por la fuerza de las circunstancias, estando en presencia de «esqueletos estatales» sin nación, entendida ésta en tanto arco de solidaridades que cohesione y contenga a la totalidad de la población.

Producto de este mestizaje inestable y temporal, en las sociedades abigarradas existe una yuxtaposición no solamente de diferentes «modos de producción», tal como define cierto marxismo clásico a las *formaciones económico-sociales*, sino también diversidad de tiempos históricos incompatibles entre sí, como el agrario estacional condensado en los ayllus andinos (en tanto comunidades pre-estatales endógenas), y el homogéneo que pretende imponer y universalizar la ley del valor. Una característica central de los «Estado aparentes» es, por tanto, la posesión parcialmente ilusoria de territorio, población y poder político, a raíz de la persistencia de civilizaciones que mantienen –si bien en conflicto y tensión permanente con la lógica mercantil que tiende a contaminarlas– dinámicas comunitarias de producción y reproducción de la vida social, antagónicas a las de la modernidad capitalista.

Si asumimos junto con Zavaleta que Bolivia no resulta, debido a su configuración *abigarrada,* un país plenamente cognoscible en su cotidianeidad, serán entonces los momentos constitutivos, de ruptura y de «remate» de una *crisis orgánica,* aquellos a partir de los cuales es viable «explotar» en mayor medida el horizonte de visibilidad[23]. A su vez, este

---

[23] En diversos escritos, Zavaleta apela a Georg Lukács y a su concepción del marxismo como ciencia vertida en su libro *Historia y conciencia de clase*. Si bien el proletariado resulta sujeto y objeto de su propio conocimiento, en tanto sujeto cognoscente no constituye la totalidad, sino una parte de ella que ostenta una colocación privilegiada para la reflexión y el análisis crítico-transformador de la realidad, lo que le otorga una mayor capacidad para «explotar» el horizonte de visibilidad en términos de conocimiento social. Nuevamente, Zavaleta establece un cruce con los aportes gramscianos, al aseverar que «la explotación del horizonte otorgado por la clase obrera permite al intelectual orgánico explotar ese horizonte

tipo de crisis no sólo «revela lo que hay de nacional en Bolivia, sino que es en sí misma un acontecimiento nacionalizador» (Zavaleta 1983a: 19), que habilita la posibilidad de constituir o bien refundar un *bloque histórico* como unidad de lo diverso. Además de la guerra del Chaco (episodio de «gran intensidad patética», según sus propias palabras), dos de los más emblemáticos han sido, sin duda, la rebelión indígena encabezada por Zarate Willka en 1899 y la revolución de 1952.

A pesar del profundo cataclismo socio-político que se vive durante estos intensos procesos de síntesis, lo cierto es que ni las élites dominantes lograron –mejor dicho: quisieron– edificar una hegemonía que siente las bases de un Estado superador de su condición señorial, ni las clases subalternas tuvieron la capacidad de devenir fuerza hegemónica en un sentido pleno. En el primer caso, en *Lo nacional-popular en Bolivia*, Zavaleta (1986) llega a postular que históricamente en Bolivia la burguesía resulta burguesa soló en ciertos aspectos muy específicos, como en cuanto a su riqueza, más no en los términos de un proyecto hegemónico de alcance nacional. Esta «paradoja señorial» implica que la clase o casa secular «resulta incapaz de reunir en su seno ninguna de las condiciones subjetivas ni materiales para autotransformarse en una burguesía moderna, quizás porque es una burguesía que carece de ideales burgueses o porque todos los patrones de su cultura son de grado precapitalista» (Zavaleta 1986: 15).

---

y aplicarlo al conocimiento de una sociedad por primera vez calculable» (Zavaleta 1999f: 22). Por lo tanto, el marxismo, en tanto *utilización científica del horizonte de visibilidad*, constituye un arma fundamental en la disputa por una nueva hegemonía «en una sociedad en la que la dominación ideológica es mucho más importante que la coerción misma» (Zavaleta1999f: 25 y 33). Si la situación de la burguesía la induce a ésta a oscurecer el conocimiento de la realidad como histórica (y por tanto transitoria), el punto de vista de la clase trabajadora (así como del campesinado y de los pueblos indígenas, como reconocerá Zavaleta en sus últimos años) será más revolucionario cuanto más se distancie de su influencia «mistificadora», es decir, en la medida en que logre construir un «espíritu de escisión» respecto de la hegemonía burguesa. «Pensar –rematará Zavaleta–, en efecto, es cuestionar el mundo. No lo puede hacer hasta sus últimas consecuencias un hombre *situado* en lo previo» (Zavaleta 1999f: 30).

Curiosamente, a lo largo de las páginas de *Lo nacional-popular en Bolivia* apelará también a una comparación por contraste, que reenvía a la interpretación realizada por Gramsci de la historia reciente italiana: por una serie de «dificultades hegemónicas», dirá, no ha habido en la realidad boliviana una referencia equivalente al Piamonte. Recordemos que, en sus notas carcelarias, Gramsci sostendrá que el Piamonte supo fungir de núcleo dirigente en el marco del *Risorgimento*, garantizando la unidad del nuevo Estado nacional italiano (Gramsci 1999: 232). A diferencia de Italia, de acuerdo a Zavaleta en Bolivia se produjo una «falsa nacionalización», que dio lugar a lo que denominará un «Estado aparente»[24]. Este Estado oligárquico, encarnación de una endeble ecuación social, renunció a la producción de una voluntad general en la clave gramsciana, en tanto los mencionados momentos constitutivos se basaron en un «estatuto de expulsión» del grueso de la población, así como en un truncado proyecto de mercado nacional, tan débil como inconexo. Y al no producirse de manera plena lo que Zavaleta describe como «estado de separación», un sector considerable (y hasta mayoritario) de la población no se ha sentido parte de aquel arco de solidaridades (o cemento social identitario) sino por la fuerza de las circunstancias. Este rasgo lo lleva a afirmar, con una evidente matriz gramsciana, que tanto en su país como en otras partes de América Latina «existe una anorexia hacia la soberanía por parte de las clases dominantes», una «incapacidad hegemónica de la burguesía» (Zavaleta 1986: 176)[25].

---

[24] En varias ocasiones Zavaleta remite a esta analogía: «La Revolución federal fue el intento frustráneo de dar al departamento de La Paz el papel del Piamonte» (Zavaleta 1986: 20). «Si volvemos a la comparación, Chuquisaca, que quería dominar, pero no conducir, o sea contener los intereses del conducido de un modo hegemónico, no cumplía entonces lo que se ha llamado "la función del Piamonte"» (Zavaleta 1986: 165).

[25] Planteo éste que ha resultado premonitorio respecto de la actitud asumida en la coyuntura de «empate catastrófico» vivida durante la primera década del

Asimismo, en cuanto a la dificultad de las clases subalternas de devenir fuerza hegemónica (en particular el proletariado minero durante la revolución de 1952), dirá que esto se ha debido, entre otros factores, a la tendencia al corporativismo «obrerista» predominante en el proletariado boliviano. En efecto, este «obrerismo» o tendencia al aislamiento del que estaba imbuida la Central Obrera Boliviana (COB), ha sido una de las mayores limitaciones del proletariado minero para ejercitar el necesario acto de *irradiación* de su concepción de mundo y sus demandas no solamente «sobre su propio medio ambiente o atmósfera inmediata» sino de cara al conjunto de la sociedad, y a la vez asumir como propias las identidades y reivindicaciones del campesinado y los pueblos indígenas (los cuales formarían parte neurálgica de lo que denomina «contorno hegemónico»), de manera tal que le permita convertirse en clase *nacional*[26]. Es que las clases, de acuerdo a Zavaleta, son tanto *aquello que pueden como aquello que no pueden*. Y si el poder constituye, «en último término, la unidad entre la posibilidad objetiva y la conciencia subjetiva de esa perspectiva» (Zavaleta 2009: 151), resulta entonces fundamental delimitar en qué medida coinciden, una y otra, en determinaciones coyunturas de crisis orgánica. En el caso del proletariado boliviano, el balance zavaletiano es contundente: si bien ha logrado avanzar

---

siglo XXI por parte del empresariado cruceño boliviano, que ha desechado la posibilidad de dar una disputa hegemónica a escala *nacional*, optando por replegarse y demandar la «autonomía» de los departamentos de la llamada «medialuna».

[26] Basta mencionar que las famosas *Tesis de Pulacayo*, a pesar de resultar uno de los materiales más ricos e interesantes de la historia popular boliviana, no contienen un sólo fragmento siquiera, que aluda a la profunda explotación y opresión étnica que padecían los pueblos y comunidades indígenas del país. Zavaleta caracterizó a esta limitación bajo el término de *soledad clasista*: «Ni el más rabioso obrerista –llegó a expresar respecto de este sintomático olvido– podría [...] suprimir el hecho de que la Tesis de Pulacayo [...] es del mismo año que la mayor agitación campesina del siglo, si quitamos la fase del Temible Willka y la conmoción orgánica de 1952» (Zavaleta 1983a: 49).

mucho en tanto clase con capacidad de irradiación, y durante varias décadas ostentó una *centralidad* descollante en la configuración de lo nacional-popular en Bolivia, ha perdido la ocasión de devenir fuerza estatal e instaurar una nueva hegemonía en aquellos momentos de agudo cataclismo socio-político. Dos de los mayores resultaron ser, sin duda, el de abril de 1952 (cuando a pesar de vivirse por un breve lapso de tiempo una «fase de la hegemonía de las masas», y el proletariado lograr configurarse como la clase materialmente vencedora, no pudo ni supo edificar e irradiar una concepción del mundo propia, como reforma intelectual *general*), y la de 1971 (donde en la corta pero intensa experiencia de la Asamblea Popular, se evidencia la «acumulación en el seno de la clase» a través de esta original forma de autodeterminación que, a pesar de su radicalidad, no llegó a sostenerse en el tiempo).

Lo sugerente del análisis de Zavaleta es que toma distancia de las lecturas meramente economicistas y –al igual que Gramsci– pone el foco de interpretación también en la dimensión ideológico-cultural de disputa por la hegemonía, para entender el porqué del desenlace truncado de la insurrección de 1952: «incluso el triunfo físico de la clase obrera –dirá tempranamente– significaba muy poco cuando no está acompañado de la imposición de la ideología proletaria» (Zavaleta 1987: 104). De ahí el rol tan relevante, aunque no *hegemónico*, de los obreros en las transformaciones democráticas que se sucedieron tras la insurrección victoriosa de abril del 52. Esta es, por cierto, una de las mayores *obsesiones* a la que intentará responder durante sus últimos diez años de vida Zavaleta, tanto en sus reflexiones teóricas como en sus estudios e investigaciones de carácter histórico-concreto: cómo puede gestarse una coyuntura que habilite el derrumbe del sistema de creencias y ceda paso a un momento constitutivo de sustitución o relevo hegemónico, en el cual se logre «la transformación de la movilización democrática en conciencia socialista» (Zavaleta 1990g: 107).

Algunas palabras finales

Como hemos intentando demostrar, la batería de conceptos y el propio método de análisis gramsciano resultaron claves en la recreación del marxismo durante la última década de vida intelectual de Zavaleta. En particular, los años signados por la redacción de los borradores de *Lo nacional-popular en Bolivia* y por la escritura de textos como los compilados por él en *Bolivia Hoy*, pueden ser leídos como parte de un momento histórico de tránsito o crisis de tipo gramsciana, donde lo viejo (por caso, la centralidad proletaria, pero también el Estado del 52) no terminaba de morir y lo nuevo (un sujeto campesino e indígena desprendido de la tutela estatal y con capacidad creciente de irradiación) aún estaba naciendo[27].

Como ocurre con la crisálida, las categorías y formas de aprehender estos inéditos procesos emergentes desde finales de la década del setenta en el abigarrado territorio boliviano no podían sino mutar y asumir en el mundo zavaletiano contornos, temporalidades y tonos aún difusos. Su obra se evidenció así *inconclusa*, no sólo ni principalmente por su abrupta y temprana muerte en México, en pleno proceso de producción de un nuevo universo teórico-interpretativo, sino debido al carácter constitutivamente dinámico, endeble y provisional de la propia realidad de la de formaba parte, y a la que pretendía comprender y transformar como intelectual marxista despojado de todo dogmatismo.

Luego de la larga noche neoliberal que asoló a América Latina durante los años ochenta y noventa, volvió a ponerse en evidencia la

---

[27] Anticipándose al derrotero campesino e indígena de los años siguientes, Zavaleta expresará en uno de sus últimos escritos que «la creciente presencia política de los campesinos provocó (impuso) el abandono de los mitos anticampesinos de la clase obrera, que durante tanto tiempo habían prevalecido. Esto significa que la muralla china que parecía separar a unos de los otros se había derrumbado» (1981: 381).

productividad de las categorías neogramscianas de Zavaleta para el análisis de la realidad andina —e incluso continental—, sobre todo a partir de la dramática crisis orgánica vivida en Bolivia durante las llamadas guerra del agua (2000) y del gas (2003). Núcleos intelectuales críticos como el grupo *Comuna* supieron generar, al calor de estos procesos de movilización y ascenso de masas, numerosos materiales de análisis teórico y proyección política durante una coyuntura tan álgida como anómala, valiéndose para ello de una potente matriz zavaletiana. En varias de estas producciones colectivas, se ahondará en una hipótesis que existía en ciernes en los últimos escritos del propio Zavaleta: en Bolivia, debido al tipo de configuración abigarrada, han primado históricamente situaciones de «fluidez estatal» signadas por una dominación sin hegemonía (o a lo sumo por una «hegemonía negativa», que es casi afirmar lo mismo), y más que frente a movimientos sociales, durante la aguda crisis que se vive a partir del año 2000, se ha estado en presencia de verdaderas *sociedades en movimiento,* vale decir, *movimientos societales* o civilizaciones que —emergiendo desde lo más profundo de un país imaginario y mestizo delineado por las élites urbanas— han sido oprimidas por un Estado «monocultural» y homogeneizante, aunque sin haber sufrido un desmembramiento total de sus formas de vida, culturas, temporalidades rurales, lenguas, tradiciones y dinámicas de producción comunitarias. El crisol de resistencias indígenas, campesinas y populares que desde ese entonces ha irrumpido en Bolivia, así como en otras partes de la región, y que ha llegado a desplegar prácticas insurreccionales en diversas latitudes, remite precisamente a esta subalternidad superpuesta y en constante antagonismo que subyace a aquel complejo entramado de abigarramiento que hemos descrito.

El derrotero de estas luchas indígenas-populares y los procesos de autodeterminación de masas durante los años que se sucedieron tras la debacle radical del «Estado aparente», entre 2000 y 2005, dotaron de mayor potencialidad aún al corpus zavaletiano en el territorio boliviano y hasta en otras realidades del continente. No obstante, si bien la amalgama de los aportes de Gramsci y Zavaleta ha permitido reconstruir de manera detallada los ciclos estatales vividos en Bolivia en el último siglo (Viaña 2014) y caracterizar el proceso político abierto tras el ascenso de Evo Morales a la presidencia como un nuevo *momento constitutivo* de disponibilidad y relevo hegemónico, lo cierto es que –por curioso y paradójico que parezca– los análisis hechos por autores como Álvaro García Linera y Luís Tapia respecto a esta coyuntura resultan no sólo diferentes sino además antagónicos. A pesar de traducir y poner en práctica de manera rigurosa los conceptos y reflexiones de los dos autores que hemos abordado a lo largo de nuestro texto, en un caso se habla de una nueva hegemonía indígena-popular de corte emancipatorio y de un «Estado integral», como óptimo social en el marco del ciclo emergente que se inicia entre 2000 y 2006 (García Linera 2010), al tiempo que, en el otro, se define al período en curso en los términos de una revolución pasiva signada por un transformismo sumamente regresivo, que ancla a su vez en una hegemonía de tipo negativa (Tapia Mealla 2011).

Lejos de toda respuesta facilista, y más allá de estas lecturas contrapuestas o de las variadas reinterpretaciones –por demás sugerentes– que hoy se formulan alrededor del inédito proceso vivido en Bolivia, algo resulta claro: el pensamiento de Zavaleta se nos presenta como sumamente imperecedero para el análisis pormenorizado de nuestro tiempo histórico. Actualizarlo y recrearlo al calor de los enormes desafíos que nos depara la nueva coyuntura que parece abrirse en América Latina en 2017 constituye un ejercicio tan necesario como urgente. Eso sí: más que nunca, deberemos ver «al mundo como problema y no como conjunto de verdades reveladas» (Zavaleta 1990f: 31), tal como supo expresar nuestro autor en sus últimos años de vida.

Bibliografía

Agosti, Héctor (1965): *Cuaderno de Bitácora*. Buenos Aires: Lautaro.
Althusser, Louis (1982): «El marxismo como teoría "finita"». En Althusser, Louis *et alia*: *Discutir el Estado. Posiciones frente a una tesis de Louis Althusser*. México: Folios, 11-21.
Anderson, Perry (1981): *Las antinomias de Gramsci*. Barcelona: Fontamara.
Antezana, Luís (1991): *Dos conceptos en la obra de René Zavaleta Mercado: Formación abigarrada y democracia como autodeterminación*. Maryland: Latin American Studies Center.
Aricó, José (1983): *Marx y América Latina*. Buenos Aires: Catálogos Editora.
— (1988): *La cola del diablo. Itinerario de Gramsci en América Latina*. Buenos Aires: Punto Sur.
— (1999): *La Hipótesis de Justo. Escritos sobre el socialismo en América Latina*. Buenos Aires: Sudamericana.
Coutinho, Carlos Nelson (1999): *Gramsci. Um estudo sobre seu pensamento político*. Rio de Janeiro: Civilização Brasileira.
García Linera, Álvaro (2003): «Autonomías regionales indígenas y Estado pluricultural». En Aa.Vv.: *La descentralización que se viene*. La Paz: Plural.
— (2010): *Del Estado aparente al Estado integral*. La Paz: Presidencia de la Asamblea Legislativa/Vicepresidencia del Estado Plurinacional.
Gil, Mauricio (1994): *Zavaleta Mercado. Ensayo de una biografía intelectual*. Cochabamba: UMSS.
Gramsci, Antonio (1984): *Cuadernos de la Cárcel. Tomo 3*. México: Era.
— (1986): *Cuadernos de la Cárcel. Tomo 4*. México: Era.
— (1999): *Cuadernos de la Cárcel. Tomo 5*. México: Era.
— (2000): *Cuadernos de la Cárcel. Tomo 6*. México: Era.
Grebe López, Horst (1987): «Prólogo». En Zavaleta Mercado, René: *El poder dual en América Latina. Problemas de la Teoría del Estado en América Latina*. La Paz: Los amigos del libro.
Grüner, Eduardo (2003): «La astucia del zorro y la fuerza del león. Maquiavelo, entre la verdad política y la política de la verdad». En

Borón, Atilio (ed.): *La filosofía política clásica. De la antigüedad al Renacimiento*. Buenos Aires: CLACSO, 267-284.

Löwy, Michael (1980): *El marxismo en América Latina*. México: Era.

Mariátegui, José Carlos (1975): *Ideología y Política*. Lima: Amauta.

Ouviña, Hernán (2010): «Traducción y nacionalización del marxismo en América Latina. Un acercamiento al pensamiento político de René Zavaleta». En *Revista OSAL* 28: 194-207.

Paz, Octavio (1973): *El signo y el garabato*. México: Joaquín Mortiz.

Portantiero, Juan Carlos (1999): *Los usos de Gramsci*. Buenos Aires: Grijalbo.

Portelli, Hugues (1973): *Gramsci y el bloque histórico*. Buenos Aires: Siglo XXI.

Ricoeur, Paul (2009): *Sobre la traducción*. Buenos Aires: Paidós.

Roig, Arturo (2009): *Teoría y crítica del pensamiento latinoamericano*. Buenos Aires: Una Ventana.

Shanin, Teodor (ed.) (1990): *El Marx tardío y la vía rusa*. Madrid: Editorial Revolución.

Tapia Mealla, Luís (2002a): *La condición multisocietal. Multicultural, pluralismo, modernidad*. La Paz: Muela del diablo.

— (2002b) *La producción del conocimiento local. Historia y política en la obra de René Zavaleta Mercado*. La Paz: Muela del diablo.

— (2011): *El Estado de derecho como tiranía*. La Paz: CIDES/UMSA/Autodeterminación.

— (2013): «Lo nacional-popular y la forma primordial: desarrollos a partir de Gramsci». En *Estudios Latinoamericanos* 32: 85-99

Thwaites Rey, Mabel (2008): «Legitimidad y hegemonía. Distintas dimensiones del dominio consensual». En Thwaites Rey, Mabel (comp.): *Estado y marxismo. Un siglo y medio de debates*. Buenos Aires: Prometeo, 161-189.

Viaña, Jorge (2014): *Configuración y horizontes del Estado Plurinacional*. La Paz: Centro de Investigaciones Sociales/Vicepresidencia del Estado Plurinacional.

Zavaleta Mercado, René (1967): *Bolivia: el desarrollo de la conciencia nacional*. Montevideo: Diálogo.

— (1981): «Bolivia: algunos problemas acerca de la democracia, el movimiento popular y la crisis revolucionaria». En AA. VV: *América Latina: Democracia y movimiento popular*. Lima: DESCO.
— (1983a): «Las masas en noviembre», en *Bolivia, hoy*. México: Siglo XXI, 11-59.
— (1983b): «Forma clase y forma multitud en el proletariado minero en Bolivia». En Zavaleta Mercado, René (ed.): *Bolivia, hoy*. México: Siglo XXI, 219-240.
— (1986): *Lo nacional-popular en Bolivia*. México: Siglo XXI.
— (1987): *El poder dual en América Latina. Problemas de la Teoría del Estado en América Latina*. La Paz: Los amigos del libro.
— (1988a): «La burguesía incompleta». En *Clases sociales y conocimiento*. La Paz: Los amigos del libro, 157-163.
— (1988b): «Las formaciones aparentes en Marx». En *Clases sociales y conocimiento*. La Paz: Los amigos del libro, 213-264.
— (1990a): «Problemas de la determinación dependiente y la forma primordial». En *El Estado en América Latina*. La Paz: Los amigos del libro, 111-149.
— (1990b): «El Estado en América Latina». En *El Estado en América Latina*. La Paz: Los amigos del libro, 161-203.
— (1990c): «Notas sobre fascismo, dictadura y coyuntura de disolución». En *El Estado en América Latina*. La Paz: Los amigos del libro, 3-17.
— (1990d): «Cuatro conceptos de la democracia». En *El Estado en América Latina*. La Paz: Los amigos del libro, 61-89.
— (1990e): «Notas sobre la cuestión nacional en América Latina». En *El Estado en América Latina*. La Paz: Los amigos del libro, 43-60.
— (1999f): «Problemas de la cultura, la clase obrera y los intelectuales». En *El Estado en América Latina*. La Paz: Los amigos del libro, 19-42.
— (1990g): «Algunos problemas ideológicos actuales del movimiento obrero». En *El Estado en América Latina*. La Paz: Los amigos del libro, 91-110.
— (1995): *La caída del M.N.R. y la conjuración de noviembre*. Los amigos del libro: La Paz.
— (1998): *50 años de historia. Consideraciones generales sobre la historia de Bolivia, 1932-1971*. La Paz: Los amigos del libro.

— (2006): «Formas de operar del Estado en América Latina». En Aguiluz Ibargüen, Maya y Ríos Méndez, Norma (comp.): *René Zavaleta Mercado: ensayos, testimonios y re-visiones*. Buenos Aires: Mino y Dávila, 33-54.
— (2009): «El proletariado minero en Bolivia». En Tapia Mealla, Luís (ed.): *La autodeterminación de las masas*. Bogotá: Siglo del Hombre Editores / CLACSO, 147-206.

II.

CONSIDERACIONES SOBRE EL TRABAJO TEÓRICO DE ZAVALETA A PARTIR DE LA OBRA DE MARX

Luís Tapia Mealla (CIDES-UMSA)

INTRODUCCIÓN

Planteo de manera sintética y selectiva diez puntos de análisis sobre el modo en que René Zavaleta Mercado incorpora el trabajo teórico de Marx en el suyo. Zavaleta no convirtió a Marx en su objeto de estudio, lo incorporó para desarrollar las problemáticas que más le preocuparon. En sus trabajos no hay exposiciones amplias del trabajo de Marx. Hay una recuperación selectiva, que es expuesta con rigor teórico, al empezar las consideraciones teóricas que plantea para desarrollar nuevas categorías o una utilización del marxismo para pensar la especificidad de sociedades que han pasado por procesos de colonización y explotación capitalista.

1. LA PREGUNTA SOBRE LAS CONDICIONES DE POSIBILIDAD DEL CONOCIMIENTO SOCIAL O LA CONSTITUCIÓN DEL PENSAMIENTO CRÍTICO

Kant planteó que la crítica consiste en preguntarse sobre las condiciones de posibilidad del conocimiento. Su respuesta se centró en pensar que estas *condiciones estaban dadas por algunas categorías trascendentales de la razón*, es decir, *a priori*, que anteceden a la experiencia histórica, que serían parte de la naturaleza humana. En ese sentido, se piensan las condiciones de generalidad de las ideas elaboradas por la razón. Marx desplazó la cuestión de las condiciones de posibilidad a las condiciones socio-históricas. En breve, planteó que son las condiciones de configuración de las sociedades modernas en torno al modo de producción capitalista las que crean las condiciones para tener una conciencia crítica e histórica de la producción de lo social, en tanto se puede elaborar una explicación histórica de la emergencia y, por tanto, de la contingencia de todas las formas o tipos de sociedad y modos de producción. En particular, pensó la dimensión del sujeto articulador de ese conocimiento, que identificó con el proletariado. Se puede conocer más desde la posición de los sujetos que transforman la naturaleza y, así, también la suya; pero a partir de un proceso de constitución como un sujeto político, que implica un proceso de unificación, de articulación con otros sujetos sociales, que es lo que permite articular un margen de visión de la totalidad social. Esto se liga también a la configuración de una visión cosmopolita, en la medida en que el modo de producción capitalista tiende a expandirse a través de las fronteras estatales, por lo que la visión crítica de esta configuración histórico-social no es local sino más bien cosmopolita.

Este es uno de los rasgos que caracterizó la constitución del proletariado como movimiento obrero y político durante los siglos XIX y XX. Es esta perspectiva la que retoma Zavaleta para plantearse la pregunta sobre las condiciones de posibilidad del conocimiento de lo que él llama formaciones sociales abigarradas. Zavaleta considera el margen de modernidad constituido en Bolivia como un horizonte a partir del cual, desde algunas posiciones sociopolíticas, se puede articular un conocimiento crítico.

Zavaleta también retoma el segundo componente de esta visión, que se refiere a una faceta de la centralidad proletaria. En Bolivia existió un movimiento obrero que se convierte en el principal sujeto político que articula una parte significativa de la sociedad civil. A partir de la historia de ese movimiento obrero y de cómo interviene en la historia nacional y las articulaciones que establece con la sociedad civil, se reescribe una historia del país y se articula un conocimiento crítico de las misma.

Para Zavaleta, igual que para Marx, el proletariado es el sujeto cognoscente o es la posición histórico-política en movimiento, a partir de la cual se puede articular un horizonte de cognoscibilidad y de crítica de la constitución de lo social en estos territorios, que da cuenta de la contingencia de sus estructuras y procesos (Zavaleta 1974 y 1975).

2. Los límites cognitivos o los puntos ciegos

La modernidad en tanto un conjunto de procesos de separación entre economía y política –que se vuelve concentración estatal–, entre religión, Estado y economía, entre la temporalidad de los procesos de producción y reproducción respecto de los ciclos estacionales de la naturaleza, entre otros, crea algunas condiciones, no por primera vez, para un grado de reflexividad, es decir, de pensamiento crítico. En particular, a partir de la constitución de un sujeto al que le interesa conocer los mecanismos por los cuales se organiza la explotación de su trabajo, que a través de la acción y unificación política se puede generalizar como conocimiento social.

Leyendo a Marx, la posibilidad de plantear ideas o teorías generales según Zavaleta depende del grado de homogeneización de la sustancia social, que es el proceso o tendencia histórica que generaliza el capitalismo. Otra conclusión que saca Zavaleta de este argumento es que allá donde no hay homogeneización se configuran puntos ciegos para el modo dominante de pensar el mundo social. Lo que existe como vida social no se puede ver o conocer a sí misma por el tipo de heterogeneidad sobrepuesta que existe. No es la incompletitud o insuficiencia de las teorías la que no permite producir conocimiento, sino las mismas condiciones sociales, que son las que generan la imposibilidad de producir conocimiento social a partir de una sola matriz teórica o de una sola teoría general. En este sentido, allá donde existe heterogeneidad social también hay problemas de imposibilidad de conocimiento, en términos relativos. Uno de los modos de reducir ese margen tiene que ver con la constitución de sujetos sociales y políticos que articulen, a través de diferentes civilizaciones, culturas, tipos de sociedad y estructuras políticas, elementos que permiten enunciar un conocimiento más complejo, y por lo tanto, multisocietal. Esto significa que allá donde hay heterogeneidad social, la formulación de las explicaciones no puede ser monocultural, o cuando lo es, como ocurre de manera predominante, sólo contiene en parte capacidad explicativa y en parte velamiento y distorsión.

Por un lado, la ley del valor, que sería la teoría general o modelo de regularidad según Zavaleta, genera un horizonte de visibilidad, allá donde hay homogeneidad social. Ahondando sobre esta perspectiva, Zavaleta se plantea trabajar en torno a los puntos ciegos: pensar allá y desde los momentos y lugares históricos donde hay heterogeneidad social y abigarramiento, esto es, pensar con la ley del valor más allá de ella.

3. Las formas aparentes como obstáculo cognitivo

Marx planteó que en la constitución de un tipo de sociedad capitalista se generan un conjunto de formaciones aparentes, esto es, un conjunto de representaciones y de discursos por medio de los cuales la realidad social aparece como trastocada. Esto tiene que ver con un rasgo general en las formas de nombrar el mundo moderno y de legitimarlo. A diferencia de las sociedades estamentales precedentes, en las que la estratificación, la desigualdad y la jerarquía eran nombradas de manera explícita –ya que esto estaba acompañado también de mecanismos de legitimación–, en las sociedades modernas hay un cambio estructural que implica la introducción de la universalidad o el universalismo en la formulación de los discursos a través del racionalismo y la ilustración, esto es, la idea de la igualdad en tanto seres racionales e igualdad ante la ley.

Los principales discursos filosóficos y jurídico-políticos empiezan a plantear este universalismo discursivo. Así, los discursos cumplen una función de legitimación de las estructuras existentes, funcionando también como una promesa de igualdad y libertad, bienestar, cuando en la práctica aquello a lo que están refiriendo más bien consiste en formas de explotación, dominación, discriminación y exclusión. La producción de formas aparentes es un rasgo estructural y permanente de las sociedades capitalistas (Zavaleta 1978).

En gran parte, la vida social en condiciones modernas se nombra y se describe a través de un conjunto de formas aparentes. En este sentido, las formas aparentes funcionan como una capa de protección y legitimación de estructuras de desigualdad, explotación y dominación. La producción de conocimiento implica el desmontaje de las formas aparentes. El trabajo de la ciencia social consiste en desmontar las formas aparentes y mostrar tanto su contingencia como su función de ocultamiento y legitimación del dominio existente. Zavaleta piensa y practica la ciencia social como una crítica o desmontaje de las formas aparentes, en particular en el campo de la teoría política y de manera especial en torno a la historia, ya que la mayor parte de las versiones dominantes de las historias nacionales son una articulación de formas aparentes. En este ámbito, Zavaleta formó parte de un grupo de intelectuales nacionalistas que se planteó rescribir la historia de Bolivia reinterpretando los hechos y sustituyendo la valencia de los sujetos populares que no tenían capacidad de producción de sentido en las versiones oligárquicas.

4. Configuraciones de la temporalidad y modos de producción

Por lo general, la teoría de la historia elaborada por Marx se presenta a partir del concepto de modo de producción y las categorías con las que se lo articula, esto es, las nociones de fuerzas productivas y relaciones de producción, que darían lugar a la configuración de diversos modos de producción de acuerdo al tipo de régimen de propiedad, apropiación del excedente, saber productivo y articulación de los procesos de producción con la reproducción simple y ampliada. Esto significa que a partir del núcleo teórico modo de producción, que sería intermedio, se salta a una teoría de la historia, a partir de ponerlos en movimiento y pensar que cierta dinámica entre fuerzas productivas y relaciones de producción genera diferentes modos de producción. Por lo tanto, las condiciones del cambio social se dan cuando las fuerzas productivas encuentran límites en las relaciones de producción.

Zavaleta retoma las ideas básicas de la noción de modo de producción para plantear un nivel teórico más general que correspondería más o menos al de una teoría de la historia, esto es, para establecer una distinción básica que consiste en conceptualmente en lo que él llamó civilizaciones. Zavaleta (1986) concibe que una civilización es un modo de transformación de la naturaleza. En esta noción básica está tomando en cuenta toda la teoría de Marx sobre el trabajo, entendido como un proceso de transformación de los sujetos y la materia. El trabajo transforma la naturaleza física, y a través de ello, transforma la naturaleza humana, los sujetos y las relaciones entre ellos.

La antropología básica de Marx es retomada por Zavaleta para establecer una distinción clave, que consiste en lo siguiente: hay un tipo de civilización agraria que se caracteriza por la impresión de la agricultura, que implica sedentarización y una organización de la vida social que sigue los ciclos estacionales de la naturaleza, generando, entre otras cosas, una concepción cíclica del tiempo. Hay otra civilización industrial, que es el resultado de la emergencia del capitalismo, en la que el tiempo histórico se caracteriza por una creciente separación respecto de la temporalidad estacional de la naturaleza, en tanto la dinámica de sustitución tecnológica que genera el capitalismo está orientada a acortar los ciclos de reproducción del capital para aumentar las tasas de ganancia. Para caracterizar la civilización industrial, Zavaleta retoma todos los rasgos con los que Marx caracteriza a una sociedad capitalista. Esta distinción entre una civilización de tipo agrario y otra de tipo industrial se vincula luego a la noción de abigarramiento para pensar territorios históricos en los que ha existido colonización. Uno de los resultados es la superposición de dos tipos de tiempo histórico, es decir, de varios pueblos que son civilización agraria, que ocupaban los territorios conquistados, y algo de civilización industrial, producto de la expansión del capitalismo, sobre todo bajo modalidades de subsunción formal.

5. La ley del valor como modelo de regularidad epocal

Para explicar lo social en lo local se necesita de ideas teóricas relativas a tendencias generales, en términos de estructuras y procesos y de modos de pensar las especificidades. Zavaleta pensó que Marx conceptualizó las principales tendencias de la mundialización de un tipo de cualidad social y principio organizador de la realidad social que genera el desarrollo del capitalismo. La teoría de Marx no sólo contiene una explicación de las tendencias, sino también una explicación de la génesis y estructura del modo de producción capitalista. Marx explica la configuración de un nuevo tiempo histórico o modo de transformación de la naturaleza, incluida la naturaleza humana, que implica una forma de organizar las relaciones entre las personas y constituirlos como seres sociales. Esta transformación implica la mercantilización de la fuerza de trabajo y de los procesos de reproducción social, así como la organización de la cultura. Esto produce la abstracción del tiempo de trabajo a través de la emergencia del equivalente general, que hace posible el intercambio de bienes en base al valor de cambio o el tiempo social de trabajo que, así, se vuelve abstracto. La generalidad de este tipo de relaciones depende de la expansión de las relaciones capitalistas de producción. Esto significa que la teoría del valor es útil cognitivamente allá donde se han instalado este tipo de relaciones sociales. Es un tipo de teoría general en el horizonte de este tiempo histórico y los territorios transformados por este modo de producción.

En este sentido, Zavaleta establece dos cosas importantes: 1) la ley del valor es una teoría general; y 2) es válida en los espacio-tiempo capitalistas, marcada por su historicidad. Sirve para pensar un tiempo histórico, pero no toda forma de vida social. Se trata de una generalidad relativa a los límites territoriales y temporales de emergencia y desarrollo del capitalismo. Zavaleta asumió totalmente la teoría de Marx para pensar el capitalismo y la modernidad.

A este tipo de teoría general Zavaleta la denominó «modelo de regularidad», en el sentido de que sirve para pensar y reconocer un mismo tipo de relaciones sociales en diferentes espacios, precisamente donde hay homogeneidad en términos de lo que él llamaba «sustancia social», es decir, un tipo de realidad históricamente producida y homogénea en varios lugares. La regularidad o validez general (que es relativa) de una teoría depende de la homogeneidad de la sustancia social pensada. Esta generalidad es relativa en tanto no existe en todo el mundo social. Se trata de teoría general epocal, es decir, de validez general dentro de ciertos límites espacio-temporales. La teoría del valor tendría estos rasgos de modelo de regularidad en los límites de los espacio-tiempo capitalistas (Zavaleta 1988).

6. La ley del valor vista desde las fronteras del trabajo abstracto

La ley del valor es una teoría que representa de manera abstracta y sintética la tendencia a la generalización o mundialización de una cualidad de las relaciones sociales que se articula con el capitalismo. Pero en tanto es un proceso histórico, primero de emergencia y luego de reproducción simple y ampliada –no sólo del capital dinero sino de un tipo de relaciones y forma social–, representa una tendencia, es decir, no un proceso acabado sino algo en expansión que, además, sufre crisis, periodos de desaceleración y contracción, incluso de destrucción de fuerzas productivas. Las crisis capitalistas históricamente se han superado a través de sustantivas recomposiciones de la organización de los procesos de trabajo, del saber productivo y de la regulación político-estatal sobre la economía. Zavaleta interpreta que el margen de validez como teoría general de la ley del valor está relacionado al margen de expansión de las relaciones capitalistas o de mercantilización de la fuerza de trabajo en el mundo. En este sentido, no lo abarca todo.

Por lo general, la ciencia social ha visto el mundo y las realidades específicas desde el lugar dominante o desde el proceso de expansión del trabajo abstracto. Se podría decir que Zavaleta se plantea pensar la realidad social desde las fronteras del trabajo abstracto, es decir, desde los lugares sociales que implican toda una acumulación histórica, donde el capital no ha transformado la forma de la vida social, o sólo lo ha hecho en parte, bajo formas de subsunción formal. La obra de Zavaleta contiene el desarrollo de una conciencia de los límites de las teorías modernas en general y del marxismo en particular. Trabajó sobre la elaboración de las fronteras epistemológicas y teóricas de las teorías generales, pero lo hizo desde fronteras que son una historia de resistencia a la dominación colonial y de lucha contra el capitalismo, a partir de algunas formas comunitarias articuladas con algunas formas de lucha obrera, que configuran lo que él llamó lo «nacional-popular».

Se podría decir que la forma político-cognitiva desde la cual se piensa la ley del valor es lo que él llamó lo «nacional-popular», que resulta de la fusión de formas modernas de constitución de sujetos en lucha contra la dominación del capital, con otras formas no modernas, comunitarias, de vida social, movilización y lucha política contra el dominio colonial y capitalista.

Este pensar desde las fronteras del trabajo abstracto se hace, sin embargo, a partir del núcleo de la teoría del trabajo abstracto, que es la ley del valor. Esto implica pensar desde el corazón de esta teoría, pero asumiendo que hay un afuera, o varios afueras, en relación con la vigencia de la ley del valor o del capital.

7. Subsunción formal, subsunción real y abigarramiento

Marx pensó que el capitalismo es una configuración histórica, es decir, que no es un elemento que esté presente en diferentes tipos de sociedad sino es algo que se configura en determinado tiempo histórico. Así como en *El Capital* Marx desarrolló un modelo de alta abstracción teórica para dar cuenta del núcleo del sistema de relaciones que configuran el capitalismo –que implica el proceso de abstracción que se aísla de la noción y la relación mercancía, como la relación más simple a partir de la cual luego se reconstruye la complejidad de los diferentes niveles–, a su vez también desarrolló algunos elementos de teorización para pensar el capitalismo como un proceso de desarrollo por fases. Aquí considero básicamente tres nociones que fueron retomadas por Zavaleta. La primera es la de acumulación originaria o primitiva. El capitalismo es el resultado de una transformación social que resulta (en parte significativa) de un proceso de violencia que consiste en la concentración de los medios de producción. Esto se da como concentración de dinero, que luego se vuelve capital productivo en tanto empiezan a comprar fuerza de trabajo. Pero la dimensión más importante es que, por otra parte, para que haya fuerza de trabajo libre tiene que haber un cambio de las relaciones sociales de producción previas, sobre todo una modificación de las relaciones de servidumbre. El aspecto central que aquí se quiere señalar es que la acumulación primitiva consiste en la expropiación de la tierra y algunos otros medios de producción, que se hace a través de la destrucción de las formas de organización de otros tipos de sociabilidad y de sociedad, que es lo que hace posible que haya una población libre que pueda mercantilizar su fuerza de trabajo en las nuevas condiciones de concentración de los medios de producción. Este es el primer momento del capitalismo. En torno a este momento Zavaleta trabajó la idea del estado de separación, que sería la condición general de la modernidad: separación de los trabajadores respecto de los medios de producción y separación del Estado en relación con la sociedad civil.

El segundo momento que pensó Marx es el de la subsunción formal, que es una fase del capitalismo en la que se introducen nuevas relaciones sociales que consisten en la mercantilización de la fuerza de trabajo y cuyo consumo productivo hace posible la generación de plusvalor. Vale decir, todavía no hay una sustitución del conocimiento productivo. Hay nuevas relaciones de propiedad y un grado de concentración de fuerzas productivas como correlato de la concentración de los medios de producción, pero el conocimiento productivo y la cultura de los trabajadores en gran parte sigue siendo la de una cultura agraria y artesanal. Por eso, para Marx la subsunción formal es una fase de transición.

La tercera fase que distingue Marx es la de subsunción real, que implica una sustitución total del conocimiento productivo y de la forma de organización del trabajo, que es el resultado de la desorganización de otro tipo de relaciones de producción y de cultura en el entorno de los capitalistas, de tal manera que la reproducción social se realiza también a través de mercancías, es decir, de productos hechos también bajo relaciones de producción capitalistas. El otro rasgo de la subsunción real es que la sustitución del control del proceso de trabajo por parte de los productores se traslada al capital, sobre todo a través de la introducción de la producción en cadena y la constitución de la gran industria.

Según Marx, la subsunción real es la instauración del capitalismo como un nuevo tipo de sociedad y civilización: puesto que no sólo hay un cambio en las relaciones de propiedad y en el ámbito de la producción sino también en la reproducción social, ambas generan una sustitución cultural general. En términos de mundialización del capitalismo, la tendencia a la generalización según Marx es la expansión de la subsunción real, en torno a la cual se piensa el modelo de regularidad o la ley del valor, que es su grado de mayor abstracción y generalidad.

Sin embargo, en varios territorios, donde el capitalismo es parte de las estructuras de explotación, sobre todo producto de la expansión colonial y diversas formas expansión imperialista, no se produce generalización sino lo que Zavaleta llama una sobreposición de varios tiempos históricos en un mismo territorio. En un mismo país se superponen diferentes tiempos históricos o tipos de civilización que implican diferentes modos de producción: formas comunitarias de producción, modos tributarios de protección y el modo de producción capitalista. A su vez, se sobreponen diferentes cosmovisiones, lenguas y estructuras de autoridad bajo la modalidad de desarticulación. A esto Zavaleta ha llamado «abigarramiento», es decir, una condición social en la que coexisten ámbitos de subsunción formal, subsunción real y ámbitos que están fuera del capital y del imperio de la ley del valor, en términos de un principio organizador interno del sistema de relaciones sociales y formas de vida.

El abigarramiento no sólo implica que no existe una articulación que funcionalice todos los procesos económicos sociales y políticos –por lo que esto ocurre sólo en parte, sino también que hay un margen más o menos amplio donde no se produce una subsunción al capital a nivel de modo de producción. Aunque sí hay relaciones de dominación política de origen colonial que hacen que haya un traslado o apropiación de excedente producido bajo relaciones no capitalistas –por lo general formas comunitarias– que se traslada a centros de acumulación capitalista, esto no hace que esos espacios sociales estén subsumidos formalmente.

La subsunción formal supone que es ya la relación de propiedad y las relaciones económicas las que operan en el proceso de apropiación de plusvalor. El abigarramiento implica que la apropiación del excedente sigue siendo a partir de relaciones políticas, es decir, de la persistencia de relaciones señoriales entre parte de la población que vive en territorios de relaciones comunitarias y parte del bloque dominante, que a través del poder estatal procesa el traslado del excedente. Más contemporáneamente, también hay relaciones entre sujetos capitalistas con territorios comunitarios, que a través del mercado realizan traslado de excedente de formas no capitalistas sin intervención directa del Estado.

8. La dimensión política de las fuerzas productivas

Zavaleta retomó una idea que Marx formuló de manera más amplia en los *Grundrisse*, que consiste en pensar que la principal fuerza productiva es la forma de la comunidad, es decir, la forma de la colectividad de los trabajadores, la de su relación con los propietarios y la forma de la sociedad. Esto implica que el tipo de relación social y política que unifica un determinado conjunto de sujetos tiene valencias productivas y económicas (en particular en el caso del capitalismo). Lo cual supone, a su vez, que la dimensión político-social antecede a cada dimensión de las relaciones de producción, aunque luego, una vez que está configurado un tipo de forma social y política, las relaciones de producción y las fuerzas productivas en su dinámica de relación se convierten en el motor de esa forma social existente.

La tesis que plantea Marx es que la forma social de relación entre los seres humanos es una fuerza productiva. La dimensión política de esta idea consiste en que esa forma social está constituida por un conjunto de acciones políticas. La política constituye la forma social, y ésta se convierte en la primera y principal fuerza productiva.

Este es uno de los pilares del trabajo de Zavaleta, en tanto no se dedica a un estudio de los procesos de trabajo, las estructuras económicas, el cambio tecnológico y el análisis de las tasas de explotación, sino que ofrece un análisis de la construcción política de los países, de la articulación de lo que llamó la «forma primordial», o la relación entre Estado y sociedad civil como una construcción histórica.

Aquí se puede establecer el vínculo central que recorre las consideraciones de Zavaleta sobre la historia de varios países de América Latina. Una de las debilidades o limitaciones en el desarrollo de las fuerzas productivas tiene que ver con la existencia de formas políticas señoriales en la configuración de las estructuras políticas estatales. De manera más general, una forma primordial débil que implica una articulación entre Estado y sociedad civil atravesada por contradicciones y distancia, no sólo genera un Estado débil sino también un conjunto de fuerzas productivas menos dinámicas (Zavaleta 1982).

9. Encadenamientos teóricos: ley del valor y teoría de la hegemonía

Se puede suponer que Zavaleta asumió que la teoría de Marx (1989) estaba incompleta, como queda explicitado en el plan de trabajo y construcción teórica de las consideraciones metodológicas de la *Introducción general a la crítica de la economía política*. Primero, para construir una teoría general, o en términos de Zavaleta un «modelo de regularidad», sobre el núcleo de relaciones básico del capitalismo, Marx aísla la dimensión del mercado mundial, la dimensión nacional, la dimensión del Estado, es decir, la vida política en general, y ya dentro del ámbito de la producción y de las estructuras económicas establece también varias abstracciones que implican suspender por un momento el nivel de la lucha de clases, que es una dimensión político-económica, la división entre sectores de la producción, entre fracciones del capital, diferentes valores de la fuerza de trabajo, y otros niveles más, hasta llegar al nivel de la mercancía, cosa que hace en el tomo I de *El Capital*. En los siguientes tomos empieza a articular y reconstruir estas dimensiones, lo que implica introducir la competencia, la división entre capital industrial, comercial, financiero y la renta de la tierra, y otras distinciones analíticas al nivel modo de producción; pero sin llegar a incorporar y desarrollar el nivel de la lucha de clases, la política y el Estado, que implica pasar a niveles de mayor complejidad, es decir, la articulación de más procesos y tipos de relación.

Esta dimensión de la política fue desarrollada sobre todo por Gramsci. La obra de Zavaleta está montada sobre la articulación de la ley del valor (sólo con el desarrollo de una conciencia de los límites de validez), tal cual la desplegó Marx, con la teoría de la hegemonía de Gramsci, quien precisamente trabajó la articulación Estado y sociedad civil a través de la política, a través de la articulación de bloques históricos y, en algunos casos, de un tipo de hegemonía, es decir, cuando esto se hace a través de relaciones de correspondencia.

Las teorías son programas de investigación, es decir, algo que no nace de manera completa, sino que se despliegan en el tiempo e implican el encadenamiento de la producción teórica de varias personas y generaciones, mientras la matriz conceptual tenga capacidad de producir inteligibilidad y ampliar el valor cognitivo de sus enunciados. En este sentido, Zavaleta encadena la teoría de la hegemonía de Gramsci con la teoría del valor de Marx.

Tanto Marx como Gramsci estaban pensando las formas ideales del desarrollo del capitalismo, bajo la forma de subsunción en el primero y bajo la forma de hegemonía en el segundo: es decir, las formas óptimas de articulación de la explotación y la dominación en las sociedades modernas. Gramsci pensó la hegemonía burguesa como un proceso de articulación de fragmentos de las formas sociales preexistentes, pero que no acaba de integrarlo todo. Zavaleta retoma esto para pensar el hecho de que no sólo quedan fragmentos de sociedad –tal como pensaba Gramsci–, como resultado de la desarticulación que genera el capitalismo, sino que quedan algo así como totalidades sociales subalternas, en el sentido de explotadas y dominadas, pero que han mantenido otro modo de transformación de la naturaleza y, por tanto, otras formas sociales completas, aunque afectadas por el dominio colonial y moderno. En suma, Zavaleta retoma la totalidad de la teoría del valor y la totalidad de la teoría de la hegemonía para pensar el abigarramiento, es decir, las condiciones donde no se da la forma ideal de configuración moderna de la explotación capitalista y del dominio estatal moderno.

10. Autonomía de la política y circulación del excedente

En condiciones modernas hay relaciones de determinación entre economía, producción y política, sobre todo en lo que se refiere al Estado. Marx ya habló de la autonomía relativa de la política, que implica pensar, por un lado, que hay determinaciones estructurales que vienen de los procesos de reproducción ampliada del capital, que operan sobre los sujetos y sus acciones y proyectos políticos, en tanto se piensa que es el principal conjunto de estructuras de reproducción del tipo de sociedad capitalista, pero por el otro lado, esto es algo que se puede hacer de diversos modos o puede fracasar. Así, en el ámbito de la política hay despliegue de libertades que explican las diferencias entre unos y otros países capitalistas, que tienden a ser más homogéneos en lo que concierne a la estructura económica y más diversos en lo que se refiere al Estado y a la organización de la cultura.

Retomando esta línea de pensamiento de Marx, Zavaleta decía que en el ámbito de la economía se expresa y configura la unidad u homogeneidad de la historia a través de los países. En cambio, en el ámbito de la política se despliega la diversidad, en el horizonte mundial, ya que al interior de cada país Zavaleta pensaba que es en la política donde se trata de producir y se produce algún tipo de unidad, ya que ésta es precisamente una faceta de la política: la articulación de los diferentes procesos sociales y la producción de algún tipo de unidad, aunque ésta contenga contradicciones estructurales.

El Estado en particular es algo que se financia con el excedente producido en su sociedad, o el excedente producido en otras y apropiado ya sea por mecanismos de colonización o intercambio desigual. La fortaleza de un Estado depende del grado de excedente que controla y de cómo lo hace circular para retroalimentar positivamente los procesos de producción y reproducción ampliada del capital, es decir, en términos de diversificación y potenciamiento de las estructuras económicas, así como en tanto inversión en poder estatal o desarrollo institucional y mediaciones con la sociedad civil.

Zavaleta pensaba que la burocracia es el resultado de la circulación de la plusvalía en el ámbito de la autonomía de la política. La existencia de una burocracia en tanto racionalidad capitalista total, como diría Engels, tiene cierta autonomía respecto de núcleos de capital específicos y articula una visión más global de la reproducción del sistema en su conjunto: es algo que depende del control y uso del excedente.

Esta idea se podría generalizar para decir que la misma democracia existente en algunos Estados modernos también es el resultado de la circulación del excedente al nivel de la autonomía de lo político, en tanto algunos países se pueden permitir financiar un espacio en el que hay representación de diversos sectores y sujetos políticos existentes en la sociedad civil, y propiciar un ámbito de deliberación y de vida política que no responda exclusivamente de las pulsiones de la acumulación que provienen de la estructura económica, sino también a necesidades sociales, visiones culturales e ideologías políticas. El ámbito de la autonomía de lo político no es algo que está más allá o que no tiene nada que ver con la producción de excedente; por el contrario, varios de sus rasgos tienen que ver con cómo el excedente producido y apropiado estatalmente es utilizado en la vida política, ya sea en función de reforzar los rasgos instrumentales del Estado, es decir, responder casi exclusivamente a demandas de los procesos y sujetos de la acumulación de capital, o bien si la vida política también responde a otras dimensiones de la vida social, cultural y política. De ahí que la autonomía de la política sea algo que se puede ampliar a través de la capacidad de regulación político-estatal sobre el excedente y sobre las estructuras y los sujetos que lo producen (Zavaleta 1978).

BIBLIOGRAFÍA

MARX, Karl (1989): *Introducción general a la crítica de la economía política/1857.* México: Siglo XXI.
— (1995): *El Capital. Crítica de la economía política. Tomo I.* Buenos Aires: Siglo XXI.
— (2007): *Elementos fundamentales para la crítica de la economía política (Borrador) 1857-1858.* México: Siglo XXI.
ZAVALETA MERCADO, René (1974): «Movimiento obrero y ciencia social». En *Historia y sociedad* 3 (segunda época): 3-35.
— (1975): «Clase y conocimiento». En *Historia y sociedad* 7 (segunda época): 3-8.
— (1978): «Las formaciones aparentes en Marx». En *Historia y sociedad* 18 (segunda época): 3-27.
— (1981): «Cuatro conceptos de la democracia». En *Bases. Expresiones del pensamiento marxista boliviano* 1: 101-124.
— (1982): «Problemas de la determinación dependiente y la forma primordial». En Bruna, Susana (ed.): *América Latina: desarrollo y perspectivas democráticas.* San José: FLACSO.
— (1986): *Lo nacional-popular en Bolivia.* México: Siglo XXI.

III.

El análisis concreto de situaciones concretas: Lenin en la obra de René Zavaleta

Elvira Concheiro Bórquez (CEIICH-UNAM)

Hay que señalar de inicio que René Zavaleta Mercado pertenece a una brillante generación de pensadores bolivianos, comprometidos con los intensos acontecimientos que vivió durante la segunda mitad del siglo XX el país andino, y que estuvieron marcados, antes que nada, por la revolución nacionalista de 1952, en la que la clase obrera –y particularmente, los mineros– emerge como un sector fundamental de la sociedad boliviana. Y es que Zavaleta, quien nació en la zona minera de Oruro, logra tempranamente una sólida formación que le permite una original elaboración en el seno de la corriente marxista.

Pero Zavaleta pertenece también a la corriente de marxistas latinoamericanos que, a partir de su incorporación y compromiso con profundos procesos de transformación de sus complejas realidades, abren paso a reflexiones de enorme valor y originalidad. Es en esa perspectiva que no resulta exagerado afirmar que el marxista boliviano está, desde un punto de vista teórico, a la altura de José Carlos Mariátegui, quien es reconocido sin duda como el más extraordinario pensador marxista de América Latina.

Porque si algo distingue precisamente a Zavaleta es su extraordinaria inteligencia creativa, que a quienes trabajamos con él no dejó nunca de sorprendernos y enseñarnos. Pero lo que nos lleva aquí a esta equiparación entre Mariátegui y Zavaleta es la reflexión sobre cómo pensaron la teoría de Marx y, en particular, al marxismo que a partir de los años treinta se desarrolla vinculado a la Unión Soviética, asunto sumamente problemático que hace aún más notables la densidad y profundidad de los aportes de ambos, además de su extraordinaria capacidad de discernimiento propio, de libertad de pensamiento y de crítica inteligente en un medio y en épocas en los que no eran nada frecuentes en sus respectivos países.

Lo anterior tiene particular importancia, pues hablaremos aquí de una de las influencias político intelectuales fundamentales que tuvo Zavaleta. Una influencia que en muchos fue entendida en forma absolutamente dogmática y que en Zavaleta, en cambio, , como lo fue en Mariátegui, es inspiración creativa y problematización permanente.

¿De qué Lenin hablamos?

Sin duda, podemos afirmar que en la obra fundamental de Zavaleta una de las fuentes teóricas más relevantes es V. I. Lenin y hay, por tanto, múltiples aspectos de su pensamiento tratados de manera específica y directa por el teórico boliviano. Pero aquí queremos acercarnos a ese vínculo esencial que desde muy temprano estableció Zavaleta con Lenin, a partir de un tema que en realidad es metodológico, aunque tiene enormes implicaciones y sentidos políticos, asunto sobre el que mucho insistió el principal dirigente de la revolución rusa, y que desde nuestra perspectiva es en Zavaleta una perspectiva transversal, es decir, que recorre el conjunto de su obra.

El tema de lo que entendía Lenin por la construcción de una propuesta teórico-política de gran alcance a partir del análisis concreto de las situaciones concretas o específicas y cómo lo recupera y traduce Zavaleta es también, en realidad, un tema extraordinariamente vasto y complejo que no podemos tratar aquí en toda su extensión y profundidad. De manera que debemos apuntar, antes que nada, que nos limitaremos a tratar de mostrar que es un asunto que vale la pena estudiar a fondo y que no se ha hecho, en parte debido al escaso conocimiento y los pocos estudios que existen sobre la obra de Zavaleta, pero que también tiene que ver con la historia particular y el destino paradójico que tuvo el pensamiento de Lenin y que ha afectado por décadas su difusión y comprensión en nuevas generaciones que se acercan al marxismo.

Hay que empezar, por tanto, con un breve paréntesis para entender a qué nos referimos con ese peculiar destino que tuvo la impronta de Lenin. En primer lugar, no hay que olvidar, aunque hoy no sea así, que se trata sin duda de un personaje histórico sumamente importante durante casi todo el siglo XX, cuya muerte prematura, en momentos en que su liderazgo es ascendente y está en plena madurez intelectual, lo convierte en una figura exaltada cuyo derrotero se modifica con frecuencia en función de los acontecimientos políticos posteriores. No sólo los partidos comunistas de todo el mundo, sino múltiples y variados agrupamientos políticos de las izquierdas marxistas adoptaron la obra de Lenin como referente fundamental en la elaboración de sus programas, en la construcción de sus estrategias y acciones políticas concretas; pero más allá de esa influencia, que hacía eco del impacto mundial de la revolución triunfante de 1917, hubo un proceso de apropiación estatal que a partir de su obra genera una poderosa ideología, la ideología del *marxismo-leninismo*, gracias a la cual, precisamente, se transforma a Lenin en un mito del siglo XX.

Hablamos aquí de un mito en el sentido no sólo de un relato heroico de quien, al fin y al cabo, encarnaba el mayor éxito histórico de los trabajadores, sino de una compleja construcción con muchos elementos de ficción, es decir, también una mistificación; quizá, incluso, vale decir más bien que se trata de una deformación o de una falsedad, construida a partir de una necesidad política sesgada y muy alejada de la búsqueda de un conocimiento verdadero, que lo convierte por otros medios en una especie de referente general idealizado o sistema de creencias. De manera que, por ejemplo, sin necesidad de leerlo podía ser citado; sin conocimiento crítico de su vida, de su historia, de su obra, se glorifica o se condena y rechaza aún hoy al dirigente ruso. Tal impacto de Lenin, que lo lleva a ser este personaje mítico, se construyó, sin duda alguna, a la luz de la revolución rusa, acontecimiento sin antecedentes en la historia, que durante el siglo pasado tuvo enorme repercusión; pero también debido a un fenómeno político de gran extensión, que hizo de Lenin su principal soporte.

Nos referimos al llamado «leninismo», cuya elaborada edificación comenzó desde el momento de la muerte del líder bolchevique, ocurrida en enero de 1924, cuando se produce un inmenso vacío en el seno del partido bolchevique y del recién creado Estado soviético, y el conjunto de los dirigentes bolcheviques se ven envueltos en una feroz batalla, que inicialmente entablan a través de la disputa de esa fuerza y legitimidad que poseía el liderazgo de Lenin, alcanzadas por su convincente y decisivo papel en todo el proceso revolucionario que se desenvolvió desde principios de siglo en la Rusia zarista.

De manera que la disputa política surgida en el seno del equipo dirigente de los bolcheviques encontró amplio despliegue, en primer lugar, en el terreno de la querella por la interpretación de la obra de Lenin, a partir de un primer trabajo realizado por el más joven, pero también uno de los comunistas rusos más capaces teóricamente, aunque también el más trágico, Nicolás Bujarin (véase Žižek 2002), en el que intenta una primera valoración del aporte y la herencia de Lenin. Todos los otros dirigentes se vieron envueltos de inmediato en esa peculiar forma que adquirió la lucha por el liderazgo, batalla en la que se jugaba quién ocuparía, a partir de la correcta interpretación de su pensamiento y obra, el lugar del dirigente fallecido. Fue, como se sabe, Stalin quien logra política e ideológicamente la supremacía dentro del partido bolchevique y del Estado soviético y queda como líder máximo, sin rival efectivo, sobre todo a partir de la expulsión de Rusia de León Trotsky, en 1929.

A partir de ese momento Stalin definirá en el aspecto teórico, ideológico y político el destino de las obras que el Estado soviético publicará y difundirá mundialmente de los marxistas, en primer lugar de Marx, Engels y Lenin, además de otros muchos autores, y desde luego también de las relevantes omisiones. Se trata, sin duda, de una labor inmensa que coadyuvó a difundir el pensamiento marxista en todo el mundo, pues rápidamente realizó o financió las traducciones que hubo en todos los idiomas. Pero también, y es importante remarcarlo, definió qué lecturas se hicieron de los principales representantes de ese pensamiento.

El caso de Lenin es el más relevante, pues se trata de una reconstrucción no sólo arbitraria, sino también sumamente compleja de lo que fue su aporte. Además del intenso y persistente trabajo de interpretación y divulgación que tomó en sus manos Stalin (1953a), y cuyo resultado más difundido fue el texto «Los fundamentos del leninismo»[1], y luego *Cuestiones del leninismo*, está claro que las propias ediciones de las obras de Lenin jugaron un importante papel en tal elaboración del *leninismo* (en su versión estalinista).

La primera edición rusa de lo que llamaron *Obras Completas* se hizo, según leemos en el Prefacio de la última edición de la editorial Progreso (Lenin 1981: vii), por decisión del IX Congreso del Partido bolchevique, durante el periodo comprendido entre 1920 y 1926, y constaba de 20 tomos. En ellos se reunieron más de 1 500 escritos de Lenin, dejándose muchos trabajos fuera por no tener aún identificado cuáles pertenecían al dirigente ruso, quien escribió siempre con diversos seudónimos.

---

[1] Ese texto fue escrito para una serie de conferencias dictadas entre abril y mayo de 1924. Frente a Trotsky, Stalin (1953b) enderezará sus baterías en noviembre de 1924, en su conferencia en el Consejo central de los Sindicatos Soviéticos, titulada «¿Trotskismo o leninismo?». Para su relación con el «leninismo» y el debate con Zinóviev, véase Stalin y Zinoviev (1977).

La segunda y tercera ediciones realizadas por disposición del II Congreso de los soviets y el XIII Congreso del PC (bolchevique), entre los años 1925 y 1932, que parece que eran muy similares, constaron de treinta tomos cada una y reunieron aproximadamente dos mil setecientas obras.

La cuarta edición se inició en el año de 1941, y se logró terminar después de la Segunda Guerra Mundial, entre los años 1946 y 1950, y constó de treinta y cinco tomos, con un total de dos mil novecientas veinte siete obras.

Según este mismo *Prefacio* de la edición de Progreso, el Instituto de Marxismo-leninismo publicó diez tomos que complementaron la cuarta edición, antes de publicarse la quinta y última edición, que incluyó más de tres mil materiales de la tercera y cuarta ediciones, más un número importante de nuevos documentos, que completaron cincuenta y cinco tomos.

El proyecto de publicar la obra de Lenin comienza, entonces, cuando aparecen los primeros signos de enfermedad que precipitó el atentado que sufrió en 1918 y terminan al poco tiempo de su muerte. Pero será en ese momento, en medio de la disputa por el liderazgo, cuando comienza realmente ese proceso de selección, de acuerdo a criterios políticos que fija Stalin, de unas supuestas obras completas que no eran tales. pues deliberadamente se dejaban fuera o se agregaban muchos materiales, lo que explica las tres ediciones de ese periodo.

De forma que una comisión controlada por Stalin reservó innumerables documentos que quedaron guardados en el Archivo Presidencial, mismos que no fueron de conocimiento público y a los que se les otorgó el carácter de «secretos»[2]. Comenzó así la larga historia

---

[2] En su libro *El último combate de Lenin*, el historiador Moshé Lewin escribió mucho antes de la caída del régimen soviético: «Es poco probable que la élite gobernante de la Unión Soviética conozca la verdadera historia de su país – descontando las experiencias vividas por cada personalidad individual– ya que, a causa

de control y manipulación de la obra de Lenin, como fundamento de lo que sería una compleja construcción ideológica, que tuvo importantes repercusiones teóricas en lo que conocemos como el *marxismo soviético*, pero que más allá de él o como su gran extensión, genera el *marxismo-leninismo* como ideología de Estado que se expandió mundialmente.

De esta forma, las *Obras Completas* nunca lograron ser tales, como se supo tras la caída del régimen soviético. Con la apertura de los archivos en los años noventa del siglo pasado, pero aún bajo el control de quien los dirigía, al parecer se inició el proceso de edición de otros doce tomos con los documentos encontrados en el reservorio del Archivo Presidencial[3]; no obstante, siguiendo el mito, se habla de que aún quedaron documentos sin ser publicados.

En relación con la publicación de estas obras en castellano, de acuerdo con el *Marxist Internet Archive*, web que ha estado digitalizando las obras de Lenin como ha hecho con las de Marx y muchos otros autores marxistas, se realizaron siete ediciones de las *Obras completas* de Lenin: dos publicadas en Buenos Aires por la editorial Cartago, dos en México, una de Ediciones de Cultura Popular y otra de Ediciones Salvador Allende, una en La Habana, una en Madrid de Akal, y una de la editorial Progreso en Moscú: «De ellas, las de

---

de un fenómeno singular, los países marxistas tratan su historia como un secreto de Estado. Los dirigentes parecen creer que el conocimiento de un pasado con frecuencia trágico es descorazonador para la construcción del futuro a los ojos de aquellos que deben construirlo; ahora bien, no cabe duda de que la ignorancia de la historia hipoteca toda prospectiva mucho más gravemente que su divulgación y su análisis. Mientras la historia sólo pueda alcanzar la divulgación a través de una sanción oficial, seguirá en la oscuridad, ya que es la disciplina científica que corre mayor riesgo de ser viciada por la estatización» (Lewin 1970: 12).

[3] Mucho se habla del archivo de la Internacional Comunista y del archivo de la KGB, pero muy poco se sabe de este otro, organizado bajo el régimen de Stalin y en el que él puso bajo estricto secreto su propia obra. Hasta donde sabemos, sigue cerrado a los investigadores.

mayor divulgación han sido la editada en Buenos Aires por Cartago Editores y la publicada en Madrid por Akal Editor» (Fajardo 2014: en línea).

En efecto, una primera edición en castellano se tuvo en 1958 gracias al trabajo de traducción propia y cotejo con la cuarta edición soviética de la editorial Cartago, del Partido Comunista Argentino (PCA). Es relevante señalar que se trata de una primera edición en el marco del trabajo iniciado tras el XX Congreso del Partido Comunista de la Unión Soviética (PCUS), que, después de muerto Stalin, hará las primeras denuncias de los crímenes cometidos bajo los casi treinta años de su gobierno. Uno de los aspectos abordados por Jrushov en ese Congreso fue, precisamente, la dogmatización del pensamiento de Marx y de Lenin y la consecuente manipulación de citas que le permitieron difundir una determinada interpretación de estos autores y dirigentes revolucionarios. No obstante, el grueso de ese cuerpo ideológico llamado *marxismo-leninismo* siguió en pie hasta la caída del llamado «socialismo real».

Esta paradoja es evidente en la presentación de dicha edición, donde se muestra la persistencia de las ideas de Stalin, divulgadas con enorme fuerza en todo el mundo como ideas de los fundadores del marxismo o del dirigente ruso, que aparecen así como un cuerpo doctrinal cerrado y acabado. Es por tal motivo que Valentino Gerratana insistía en que Stalin no había sido exactamente dogmático, sino dogmatizante.

En particular, pese a todas las denuncias, en el caso de Lenin se siguió divulgando lo sostenido en *Fundamentos del leninismo* de Stalin. De tal manera que en la quinta edición rusa seguimos leyendo afirmaciones tales como que «Lenin, organizador y jefe del Partido Comunista de la Unión Soviética, y fundador del Estado socialista soviético, desarrolla en sus escritos la doctrina marxista en nuevas condiciones históricas», para, en seguida y de nueva cuenta, destacar lo mismo que Stalin puso a circular: el que Lenin había completado el pensamiento de Marx con su «doctrina acabada sobre el partido»; su «teoría sobre el imperialismo» y su «teoría de la dictadura de proletariado»; todo lo cual, junto a su análisis sobre la alianza de los obreros y los campesinos y del problema nacional, conformaron las recetas que habían dado justificación bajo la égida estaliniana a la idea de que la teoría de Marx debía rebautizarse como marxismo-leninismo.

De manera que ya muerto Stalin y denunciados sus crímenes, la concepción estaliniana del marxismo en general y de Lenin en particular siguió gozando de muy buena salud.

Zavaleta, lector y maestro de la obra de Lenin

Hemos querido, o necesitado, hacer este breve recuento para preguntarnos, antes que nada, qué Lenin es que aquel que conoce inicialmente Zavaleta y dar cuenta del valor extraordinario que tuvo su lectura, justo en contrasentido a esa versión dominante sobre Lenin. Pues hay que tener presente que, en la cultura de las izquierdas del siglo XX, y en particular entre los marxistas, la visión dominante que existía sobre Lenin era esencialmente aquella forjada en ese complejo y duro proceso que inició Stalin en 1924. La fuerza que aquello adquirió y lo profundamente enraizado que quedó el culto a Lenin puede comprobarse aún hoy con la persistencia del Mausoleo, plantado en medio de la Plaza Roja de Moscú, donde se exhibe el cuerpo momificado del líder bolchevique.

En el momento en que Zavaleta comienza a escribir a mediados de los años cincuenta, siendo realmente joven, Lenin es un autor muy conocido, sobre todo en los ámbitos con los que Zavaleta dialoga en sus primeros artículos y ensayos, pero frecuentemente mal citado. Por eso llama la atención que Zavaleta haya mantenido siempre una lectura tan diferente, mucho más aguda, que escapó a las fáciles simplificaciones tan bien aprendidas por el marxismo dogmático.

Sabemos por referencias personales que Zavaleta fue ajeno por completo a la lectura de los manuales soviéticos que tanto se difundieron en aquellos años del poder estalinista; pero desconocemos a partir de qué obras y problemáticas comenzó a leer con sistema a Lenin. No obstante, gracias a lo que nos cuenta su mujer[4], sabemos que desde mediados de los años sesenta Zavaleta tenía ya las obras completas del líder bolchevique (muy probablemente la edición de Cartago, que fue la más conocida) y que las trabaja hasta que, tras un exilio forzado, las pierde en un allanamiento policíaco a su casa. No será sino hasta su llegada a México que vuelva a adquirirlas (al parecer, ahora ya la edición de Akal, que apareció sobre la base de la quinta edición rusa, como hemos señalado) y que comienza el serio trabajo de estudio de toda esa amplia y, en buena medida, desconocida obra.

Hay que destacar que, desde la primera página del primer ensayo de Zavaleta, escrito en 1957, aparece ya el nombre de Lenin. Y aparece, precisamente, en referencia a ese Lenin que el estalinismo puso en primer plano, cuya referencia al tema del partido obrero lo destaca como teórico universal. Se trata sólo de una primera referencia, que no da mayores elementos, pero que sí deja constancia de esa lectura generalizada de la mayor parte del siglo XX, que pretendía dar con la clave necesaria para el triunfo de la lucha revolucionaria que superara el capitalismo. Quien fue ministro de Minas y Petróleo en Bolivia venía de una revolución en la que los trabajadores, particularmente los mineros, habían jugado un papel medular y trastocado con ello toda visión lineal de la historia de aquel país. Es principalmente ese hecho, que tanto desentrañó y asimiló, el que le permite a Zavaleta una lectura tan comprometida como original.

---

[4] Le agradezco mucho a Alma Reyles, compañera de Zavaleta desde 1959 y hasta el último de sus días, por la valiosa información que siempre está dispuesta a proporcionar para acercarnos a un conocimiento más fiel de lo que fue el sentido de la obra del marxista boliviano.

En realidad, esta primera pista sobre Lenin no nos lleva mucho más lejos, a diferencia del conjunto de la obra posterior al golpe militar de 1964, en la que la apropiación de Zavaleta del pensamiento de Lenin es sustantiva.

En esos términos, resulta hasta cierto punto previsible que esa primera referencia a Lenin que encontramos en Zavaleta sea en el marco de la polémica con el líder del trotskismo boliviano, que en aquellos años es su contraparte política y con el que mantiene una constante polémica. En esta referencia, discute con Guillermo Lora lo que él «interpreta» –dice Zavaleta– de la concepción de Lenin sobre el partido. Evidentemente se trata de la discusión sobre una postura política en medio de una situación compleja como la que vive Bolivia aquellos años, y que vale traer a colación pues muestra el cuestionamiento de Zavaleta de posiciones que trasladan o aplican sin criterio propio planteamientos de Lenin, convertidos en recetas, a esa gran construcción que fue el Movimiento Nacionalista Revolucionario (MNR), y sobre el papel que puede cumplir la clase obrera en esta formación política resultado de la Revolución del 52.

Para entender con precisión la influencia del pensamiento de Lenin en la obra de Zavaleta se requiere, ciertamente, una revisión muy puntual, profunda y detallada de su obra, la cual apenas se está en condiciones de conocer a plenitud gracias a la publicación de su *Obra Completa*, cuyo tercer tomo acaba de salir este año. No ha sido sino hasta ahora que se tienen plenas condiciones para un trabajo sumamente necesario, que permita desentrañar las fuentes teóricas y los grandes aportes que nos proporciona la obra de Zavaleta. Junto a estos escritos, habrá que reconstruir por otros medios la actividad intelectual, académica y –sobre todo– política del militante marxista boliviano, la cual es indisoluble de su aporte teórico.

Aunque Lenin es, como vemos, un autor que tempranamente conoce Zavaleta y que lo acompañará siempre, hay que decir, pues se conoce muy poco, que fue en México donde tuvo la posibilidad no sólo de una lectura mucho más amplia y compleja de Lenin, sino de emprender la enseñanza del teórico ruso. Desde mediados de los años setenta Zavaleta comenzó a impartir en la Universidad Nacional una serie de seminarios y cursos cuyo propósito exclusivo fue la revisión crítica de la obra de Lenin. Y lo hizo más allá de los textos ampliamente conocidos y reiteradamente citados del canon *leninista*, del que por cierto se separa explícitamente, entendiéndola como una construcción posterior a la muerte del dirigente bolchevique.

En sus cursos y seminarios Zavaleta buscó una lectura más compleja, a partir de un acercamiento al que me permito llamar «el Lenin desconocido», es decir, aquel Lenin que en los periodos oscuros y difíciles de la lucha revolucionaria rusa reflexiona sobre los temas del poder, la democracia y la construcción de la hegemonía, un dirigente que, hay que remarcarlo, aprende de la derrota política, de forma que se trata de una faceta bastante lejana a la visión heroica dominante de Lenin y que elude, sobre todo, la simplificación de lo que representa realmente para él la lucha revolucionaria. Temas todos que serán, precisamente, el vínculo con Gramsci, al que el marxista boliviano considera, lejos del prejuicio en boga, como un inteligente seguidor de Lenin, que retoma y desarrolla estas y otras problemáticas no atendidas en el marxismo-leninismo.

Dicho de otra manera, Zavaleta no entiende a Gramsci desde las actuales lecturas de la subalternidad (que, entre otras cosas, lo contraponen a Lenin) sino, por el contrario, en ese real vínculo que tuvo el marxista italiano con lo que se había conformado ya desde Zimmerwald como una postura que rompía esquemas y lanzaba un enorme desafío, corriente que después adoptaría la denominación de *comunista* y que, lejos de la dogmatización posterior, representaba un marxismo revolucionario y militante. Es eso lo que ahora se pasa por alto y se omite en su complejidad, y por eso puede enjaulársele a Zavaleta, así sea momentáneamente, en una inexistente fase «ortodoxa» tan sólo por abordar el estudio sobre Lenin, con lo cual lo que se está mostrando es, en realidad, ignorancia sobre la propia propuesta teórico-política del revolucionario ruso y de su asimilación profunda y crítica por el marxista boliviano.

La impronta leniniana

Al llegar a México en 1973, Zavaleta trae consigo un texto que ha estado trabajando en Chile, después del fracaso de la Asamblea Popular boliviana en 1971 que lo que lleva a Santiago y lo involucra en el proceso que desarrolla el gobierno de la Unidad Popular encabezado por Salvador Allende. Es entonces, y con el propósito de entender esas dos experiencias derrotadas, que Zavaleta (1974) trabajará un ensayo que aborda específicamente uno de los complejos aportes de Lenin. Se trata de su análisis de «la dualidad de poderes», el mismo que le permitió al líder bolchevique una determinada postura ante los retos abiertos por la primera revolución rusa de febrero de 1917 y que desembocó en la revolución de octubre de aquel mismo año.

En realidad, el asunto del poder dual lo había trabajado Zavaleta (2011a) desde años atrás en un artículo publicado en el semanario *Marcha* de Uruguay, precisamente en polémica con quienes trasladaban mecánicamente experiencias y seguían esquemas[5]. Pero en este otro libro Zavaleta analiza con bastante más detalle la postura leniniana sobre el doble poder y polemiza con Trotsky, a quien le critica no haberlo entendido como una peculiaridad de la revolución rusa, sino como una regla general de todo proceso revolucionario. Es este asunto el que debatirá primero en términos teóricos y, después, con el estudio de los casos específicos de Bolivia y Chile.

---

[5] «Algunos izquierdistas pulcros (los del Partido de Izquierda revolucionaria, especialmente) habían hecho esquemas asaz simétricos acerca de cómo tenían que suceder las cosas en Bolivia pero la historia, como es sabido, desdeña los sucesos puros» (Zavaleta 2011a: 537-538).

No hay que olvidar que la motivación de ese estudio es la discusión que permea a los trabajadores bolivianos y su organización; no es, por tanto, ninguna apetencia caprichosa ni querella doctrinal. Según Zavaleta

> de las experiencias de 1952 y 1971 surge ya la elaboración en principio de una teoría del Estado de la clase obrera, sobre todo a partir de las discusiones acerca del poder dual que, a escala latinoamericana, fueron prácticamente exclusivas de Bolivia, aparte de algún planteamiento lateral en Chile. Pero no hay duda de que es en Bolivia donde las discusiones en torno del tema adquieren una real envergadura. (Zavaleta 2011b: 787)

Ya ha habido otros estudios de esta obra de Zavaleta, y al menos el que realizó Lucio Oliver (1995) logra un análisis serio que da cuenta del aporte sustancial de la dualidad de poderes en América Latina. Así que no nos detendremos aquí en este libro, pese a ser un trabajo en el que de manera más extensa y explícita Zavaleta trabaja la concepción de Lenin sobre el poder. Lo que sí quiero señalar rápidamente es que, pese a reconocer valor a este libro, varios autores lo toman como ejemplo de lo que llaman el momento «ortodoxo» de Zavaleta, o su momento «leninista», abandonado después –dice por ejemplo Luís Tapia– por su gramscianismo[6].

Desde mi perspectiva, tales afirmaciones no sólo carecen de sustento, sino que muestran una gran incomprensión de lo que pensaba el teórico boliviano, por decir lo menos. En primer lugar, es claro que

---

[6] Tapia (2009) le da mucha mayor relevancia a la influencia de Gramsci en la obra zavaletiana y prácticamente ignora o le incomoda la presencia del pensamiento leniniano. Por su cuenta, Luis H. Antezana (2009: 122) considera que en el libro *Poder dual en América Latina* Zavaleta mantiene una perspectiva «ortodoxamente marxista y leninista». También Hernán Ouviña (2010: 195) considera que el marxismo de Zavaleta es *ortodoxo*, aunque «sumamente curioso», pues molesta a los dogmáticos.

se omite el compromiso militante que ha adquirido desde muy joven René y que explica que su principal motivación para analizar ese tema de la dualidad de poderes sea contribuir, a partir de lo que llama la *acumulación en el seno de la clase*[7], al conocimiento de dos importantes experiencias de transformación concretas que han sido derrotadas y están siendo, según su perspectiva, mal o insuficientemente analizadas desde el punto de vista político, con las consecuencias prácticas que ello conlleva. En otras palabras, le preocupa lo que entiende como «consecuencias colectivas del conocimiento».

Por otra parte, tales posturas olvidan o ignoran que Zavaleta ha venido señalando con insistencia lo que será la pauta de su conocimiento y de su apropiación del pensamiento de Lenin, es decir, ese principio metodológico de la praxis, fundado en la especificidad de los análisis sociopolíticos, en el análisis concreto de las situaciones concretas, no como consigna, sino como lo más creativo y complejo de un pensamiento que está orientado a la transformación social, es decir, cuya motivación y conexión esencial es con procesos reales que no son estáticos sino que, por el contrario, están en continua modificación y que reclaman no una manera lineal de entendérseles, sino formas complejas, detalladas y puntuales de estudio y comprensión de lo que en realidad es continuo *movimiento* de la sociedad. Es eso lo principal que Zavaleta retoma de Lenin y que entiende como característica primordial del pensamiento de Marx, asociada al concepto fundamental de la *totalidad social*, asuntos que estudiará desde su inserción en la lucha de los trabajadores bolivianos:

---

[7] «La acumulación en el seno de la clase, por tanto, es algo que concierne tanto a los contenidos objetivos del desarrollo de esa sociedad como a su sucesión táctica. Al margen de la acumulación en el seno de la clase obrera es imposible la adquisición del instrumento científico (el marxismo) y, por eso, también el desarrollo de esta clase hacia dentro es la clave para el conocimiento de una formación abigarrada» (Zavaleta 2013a: 389).

A estas alturas es totalmente obvio que la principal contribución sociológica del movimiento obrero boliviano es el estudio de la crisis nacional general como método de conocimiento de una formación económico-social atrasada. Es seguro que los ideólogos de la clase obrera de ese momento, es decir, los portadores de la fusión entre la colocación estructural de la clase y su instante de revelación, tenían ya adquirido el concepto de que el marxismo como tal se refiere al análisis de las situaciones concretas; pero, por cierto, es difícil que conocieran o tuvieran en mente (conocimiento actual) lo que es el análisis de la totalidad a partir de la intensificación analítica del «nudo principal de una situación», es decir, de su aislamiento como categoría sintética de conocimiento de la totalidad social. Fue el movimiento de la formación económico-social lo que pidió el uso de su método, que no estaba conscientemente insertado en nadie. (Zavaleta 2011: 747).

La mirada de Zavaleta, su manera de entender y de apropiarse de lo fundamental de Lenin es, efectivamente, la de un militante que se ha comprometido con los procesos intensos que han ocurrido en Bolivia y en otras partes de América Latina, en los que los trabajadores jugaron un papel fundamental. Además de la profunda experiencia de la Revolución boliviana de 1952, en la que los mineros marcaron indeleblemente su vida[8], la Revolución cubana transformó en Zavaleta, como en muchas de las jóvenes generaciones latinoamericanas, la manera de entender las cosas. Y eso no será «fiebre juvenil» en el marxista boliviano, sino, por el contrario, un compromiso que mantuvo toda su vida y que, en cierta medida y pese a su condición de exiliado político, fue acrecentando con los años.

Es vinculado a ese compromiso que entiende su labor intelectual. Precisamente en *El poder dual en América Latina* podemos leer que

---

[8] Refiriéndose a los trabajadores mineros escribió: «Toda la historia de nuestras vidas ha resultado cambiada por este sujeto extraordinario y casi inexplicable de la historia de Bolivia» (Zavaleta 1974: 8).

no se sirve de un modo adecuado a la realidad sino cuando se la transforma. No hay otro modo de conocerla. Es la realidad misma, por lo demás, la que nos convoca y nos habilita para ese acto de reconstrucción. Ella produce la conciencia en los hombres cuando su voluntad interna quiere que los hombres vuelvan sobre ella y la cambien. (Zavaleta 1974: 7)

De manera que cuando regresa a fines de los sesenta de sus exilios, que aprovecha estudiando en Inglaterra, es llamado por la crisis generada por la insurrección minera que ha llevado al General Torres a la presidencia[9] (crisis que entendía como «el movimiento de estas sociedades y quizá de las sociedades en general») y que se defiende sin éxito del golpe militar de Banzer. Y, de inmediato, por la convocatoria que significa para él el gran proceso encabezado por Salvador Allende y la Unidad Popular chilena. Es, en todo caso, «ortodoxa» la realidad misma que le tocó vivir; la cual, ciertamente, no deja de contener procesos similares a los que le tocó vivir a Lenin, aunque su resultado haya sido tan distinto.

Es de esa práctica política que Zavaleta sabe que se desprende un conocimiento con consecuencias, como solía decir del conocimiento producido por Marx, al que también siempre entendió a partir de su praxis específica:

> Las clases, pues, aprenden las dimensiones de su poder y la eficiencia de su poder no desde los análisis previos, que son todos incompletos o presuntivos o totalmente inexistentes, como consecuencia de aquellos límites cognoscitivos de este tipo de sociedades en el momento de su

---

[9] Sobre aquel momento, Zavaleta escribe: «Con Torres, por ejemplo, el proletariado ensaya ya su retorno al estatuto del 52, en condiciones que han sufrido sus naturales mutaciones y, en cambio, la burocracia miliar intenta restablecer el momento semibonapartista, con la consecuencia de ser vencidos ambos. Pero no es un solo proyecto el que se derrumba, sino dos: sólo la derrota los une; cada uno es vencido en su propio propósito» (Zavaleta 2011b: 755).

quietud, sino a partir de su práctica; aquello que pueden y aquello que no pueden es lo que son. (Zavaleta 2011b: 748)

Son las propias discusiones en el seno de la clase obrera boliviana las que revelan a Zavaleta lo que él entenderá por el fondo o, más bien, el corazón del método de conocimiento del marxismo. Refiriéndose a esas discusiones, escribe que

> se distingue entre lo que son métodos de lucha y método de conocimiento. Para lo segundo se parte, como es elemental en el marxismo, del análisis de las situaciones concretas desde el punto de vista de la composición de clase de la situación y, aunque esto no es para nada una novedad para un sociólogo profesional, sí lo es como práctica intelectual en manos de una dirección obrera; por consiguiente, las cuestiones no ligadas al devenir de la clase se vuelven librescas y la clase no las adopta. (Zavaleta 2011b: 787)

Sin duda, es a partir de la obra de Lenin que Zavaleta fundamenta su propia elaboración tanto sobre la democracia como sobre el Estado. En particular, sobre este último, es por demás importante la idea, que hace suya y cita en varios de sus trabajos, sobre el Estado como síntesis de la sociedad, lo cual le abre un amplio espectro de problemáticas asentadas en el punto de partida social que Marx plantea de esa construcción histórica que llamamos Estado y sobre la que Lenin explica algo que para Zavaleta resulta sustancial:

> Es necesario tener en cuenta, por lo demás, la dualidad que es propia del Estado, porque cada Estado lo es siempre de dos maneras. En todo caso, fue Lenin quien sostuvo que el Estado es la síntesis de la sociedad. Se supone que ello quería decir que es el resultado político, su consecuencia revelada como ultimidad, pero no que se le viera como un resumen literal de ella, lo cual sería sólo una tautología. Hablamos por tanto de una síntesis, pero de una síntesis realizada desde un determinado punto de vista, una síntesis calificada. Es extraño que estructu-

ralistas como Poulantzas retomaran la idea de la síntesis como espejo o reflejo. El Estado sería así un proceso objetivo o conclusión, es decir, que no se haría sujeto nunca. Extraño, porque es un argumento que en su voluntad se dirigía precisamente contra Lenin. (Zavaleta 2013b: 617)

Ese conocimiento le permitió a Zavaleta una identificación más profunda con las formas de razonar de Lenin, en las que encuentra herramientas de conocimiento para las grandes preguntas que se plantea. Entre ellas, de forma destacada, todo lo relacionado con un conocimiento que dé cuenta de los procesos específicos de sociedades como las latinoamericanas, en las que no se han completado las fases de otras sociedades ni se ha alcanzado la unidad social sustancial, pues se han superpuesto tiempos y formas económicas que, ciertamente, impactan las formas ideológicas, políticas, estatales. Zavaleta ve en Lenin esos

> otros razonamientos, quizá más complejos, acerca de los niveles de interpenetración y de impermeabilidad que tienen las fases superestructurales en las formaciones económico-sociales abigarradas, cuando hay varios modos de producción. (2013c: 456)

Y es que en Rusia había ocurrido, también, que junto al desarrollo capitalista se encontraran otro conjunto de formas de producción diversas, que sin integrarse ni compenetrarse plenamente, trastocaban el curso general de los procesos políticos. Por eso, Zavaleta recordaba con frecuencia el señalamiento de Lenin de los múltiples modos de producción existentes a la par, todavía en el curso de la construcción primera de la transición que buscaba la superación del capitalismo.

No sólo se trata, por tanto, de un asunto simple de relativismo temporal o geográfico, sino de un asunto de mayor fondo que justamente impide una visión dogmática del pensamiento de Marx y también de Lenin.

Como advierte Žižek, en contraposición a lo que sostiene Lukács,

> la posición de Lenin es mucho más fuerte: en última instancia, no hay una lógica objetiva de las «etapas de desarrollo», ya que las «complicaciones» que surgen de la concreta textura de las situaciones concretas o de los resultados no previstos de las intervenciones «subjetivas» quebrantan siempre el curso regular de las cosas. (2002: 135)

Esto es, la misma problemática que sostiene el planteamiento político leniniano expuesto en *Dos tácticas de la socialdemocracia en la presente revolución*[10].

En suma, Zavaleta insiste en una comprensión de la teoría marxista siempre a la luz de la historia y de las circunstancias específicas de una región entendida en forma problemática, no dada, sino en permanente proceso de construcción y de reinvención, pero no al margen de la lucha de los trabajadores. Para él es indispensable poner atención a las vicisitudes históricas particulares de América Latina y el Caribe. Para él es, ciertamente, imperioso pensar la historicidad y la trayectoria específica que recorren las sociedades latinoamericanas, pero desde una perspectiva dada por la lucha obrera, lo cual suele olvidarse.

De esta manera, a su vez, la especificidad del pensamiento zavaletiano está en la incorporación profunda de un pensamiento complejo constantemente sometido al examen de la realidad. Su punto de partida son siempre, como lo fueron para Lenin, las circunstancias

---

[10] A propósito de ese texto de Lenin, Zavaleta escribe: «En algunos casos se tiende a esbozar una caricatura para enseñar de inmediato lo grotesca que es. Es lo que ocurre, por ejemplo, cuando se habla de Lenin y el instrumentalismo. Es cierto que Lenin apenas si mencionó el problema de la autonomía relativa, que es un nudo de cuestión, pero atribuirle una fusión necesaria entre la clase dominante y el aparato o implicar que no entendía la fuerza de la democracia en el Estado moderno supone no haber hojeado un libro tan rotundo como *Dos tácticas*» (2013b: 618).

precisas, y desde ahí, la comprensión, la apropiación y la reelaboración o trabajo de interpretación de un pensamiento originario de otro momento y otra geografía. Escribía Zavaleta:

> esta capacidad de autoconocimiento que tiene la sociedad, esta nueva perspectiva, este nuevo horizonte de visibilidad dado por el capitalismo, permite por primera vez hablar de ciencia social, del estudio de los hechos sociales por la vía de la controversia científica; es decir, a través del marxismo como un resultado del capitalismo. Podemos afirmar, en este sentido, que el marxismo es la conciencia del capitalismo, una conciencia de la cual es incapaz el capitalista en oposición al proletario, que sí es apto para hacer suya esa conciencia dada, sin embargo, por la existencia social burguesa. Es de esta manera que resulta completamente natural que sea, a partir de instrumentos surgidos en Europa, que nosotros podamos analizar rigurosamente nuestra sociedad. (2015: 169-170)

Hay en Zavaleta, entonces, una notoria insistencia en el asunto de la mediación local, es decir, en todo aquello que le permite la recepción de un pensamiento que, siendo europeo, le da fundamento a su preocupación por entender y analizar una realidad tan diferente como la de América Latina en general y la de Bolivia en particular. Porque, justamente, esas formas específicas son las que adquieren el papel más relevante, un papel fundamental tanto para no distorsionar el pensamiento de Marx o de Lenin como para hacer, al mismo tiempo, que ese pensamiento tuviera verdadero sentido en nuestras tierras.

Bibliografía

Antezana, Luís (2009): «Dos conceptos en la obra de René Zavaleta Mercado». En Olivé, León *et al.*: *Pluralismo Epistemológico*. La Paz: CLACSO / Muela del Diablo / comuna / CIDES-UMSA, 117-142.

Fajardo, Juan (ed.) (2014): «Acerca de las diversas ediciones de las *Obras Completas*». En Lenin, Vladimir Ilich: *Obras Completas*. Ediciones emancipación: <https://www.marxists.org/espanol/lenin/obras/oc/index.htm>.

Lenin, Vladimir Ilich (1981): *Obras Completas. Tomo I*. Moscú: Progreso.

Lewin, Moshé (1970): *El último combate de Lenin*. Barcelona: Lumen.

Oliver, Lucio (1995): «René Zavaleta: la crítica radical del poder y la política». En Marini, Ruy Mauro & Millán, Márgara: *La teoría social latinoamericana. Tomo III*. México: UNAM / El Caballito, 101-112.

Ouviña, Hernán (2010): «Traducción y nacionalización del marxismo en América Latina. Un acercamiento al pensamiento político de René Zavaleta». En *Revista OSAL* 28: 194-207.

Stalin, José (1953a): «Los fundamentos del leninismo». En *Obras. Tomo 6*. Moscú: Ediciones en Lenguas Extranjeras, 71-196.

— (1953b): «¿Trotskismo o leninismo?». En *Obras. Tomo 6*. Moscú: Ediciones en Lenguas Extranjeras, 340-375.

Stalin, José & Zinóviev, Grigori (1977): *El gran debate (1924-1926). II: El socialismo en un solo país*. México: Cuadernos de Pasado y Presente.

Tapia Mealla, Luís (2009): «Prólogo». En Tapia Mealla, Luís (ed.): *La autodeterminación de las masas*. Bogotá: CLACSO / Siglo del hombre Editores, 9-32.

Zavaleta Mercado, René (1974): *El poder dual en América Latina. Estudio de los casos de Bolivia y Chile*. México: Siglo XXI.

— (2011a): «La revolución boliviana y el doble poder». En Souza Crespo, Mauricio (ed.): *Obra completa. Tomo I: Ensayos 1957-1974*. La Paz: Plural editores, 97-120.

— (2011b): «El proletariado minero en Bolivia». En Souza Crespo, Mauricio (ed.): *Obra completa. Tomo I: Ensayos 1957-1974*. La Paz: Plural editores, 745-788.

— (2013a): «Clase y conocimiento». En Souza Crespo, Mauricio (ed.): *Obra completa. Tomo II: Ensayos 1975-1984*. La Paz: Plural editores, 383-390.

— (2013b): «El Estado en América Latina». En Souza Crespo, Mauricio (ed.): *Obra completa. Tomo II: Ensayos 1975-1984*. La Paz: Plural editores, 611-636.

— (2013c): «Las formaciones aparentes en Marx». En Souza Crespo, Mauricio (ed.): *Obra completa. Tomo II: Ensayos 1975-1984*. La Paz: Plural editores, 425-458.

— (2015) «En torno a Mariátegui. A cincuenta años de su muerte». En Souza Crespo, Mauricio (ed.): *Obra completa. Tomo III: Volumen 2. Otros escritos 1954-1984*. La Paz: Plural editores, 167-182.

ŽIŽEK, Slavoj (2002): «Cuando el partido se suicida». En *¿Quién dijo totalitarismo? Cinco intervenciones sobre el (mal) uso de una noción*. Valencia: Pre-Textos, 161-180.

IV.

René Zavaleta: la teoría en situaciones de doble poder

Lucio Oliver Costilla (CELA-UNAM)

El análisis a partir de la teoría

En 1995 escribí un texto sobre el ejercicio teórico de René Zavaleta Mercado en su libro *El poder dual en América Latina. Estudio de los casos de Bolivia y Chile* (Oliver 1995). Allí me ocupaba sobre su análisis de la situación creada en Bolivia en 1970-1972, subrayando su original apropiación del pensamiento de Lenin sobre el poder y la política en su búsqueda de entender el trasfondo, sentido y potencialidades de las experiencias de crisis, revolución y poder de 1952 y 1971 en Bolivia, y de 1971-1973 en Chile. En aquel trabajo dejé de lado la valoración actual de las concepciones generales del Estado capitalista de Zavaleta —y en especial del Estado capitalista subdesarrollado y dependiente latinoamericano— y del poder popular emancipador, que él mismo exponía y debatía en su texto, así como las referencias particulares a la situación de Bolivia en 1952 y de Chile en 1971-1973.

Transcurridos más de veinte años de aquel escrito, me gustaría retomar y profundizar algunas cuestiones ya tratadas de un estudio que me propongo acerca de la teorización del Estado en Zavaleta, y cuyo fin es enlazar sus viejos escritos con los de la segunda mitad de los años setenta e inicios de los ochenta. Espero presentar pronto ese análisis comprensivo del texto a que aludimos. De paso aprovecho esta revisión para reivindicar la relación de Zavaleta con Lenin, quien hoy es un verdadero desconocido, como resultado de un siglo de ideología deformadora de su pensamiento, que tanto la intelectualidad burocrática del orden imperialista como la del socialismo estatalista construyeron para evitar su conocimiento contextualizado en perjuicio de las masas populares y la intelectualidad crítica.

La realidad actual del mundo en general, y de América Latina en particular, dista mucho de reproducir espontáneamente situaciones de clara confrontación de clases como las que se vivieron en Bolivia y Chile en el siglo pasado. Sin embargo, las enseñanzas al respecto del carácter y condiciones histórico-políticas del Estado capitalista y sobre la lucha entre fuerzas histórico-políticas distintas son una herencia que quizá se pueda revivir a partir de una lucha de posiciones prolongada dentro y fuera del Estado, como situación actual de crisis en algún momento del siglo XXI.

El poder dual en América Latina fue escrito por Zavaleta con la idea de fijar los argumentos, las polémicas y las disyuntivas que se presentaron en las crisis del Estado integral en Bolivia y Chile en momentos revolucionarios. Con todo, no es sólo un libro de coyuntura, sino que se trata de un texto teórico para pensar desde el horizonte popular el poder político moderno, sus requisitos y complejidades.

Cabe decir que el pensamiento teórico de Zavaleta es una elaboración que atiende a los grandes hechos sociales que se vivieron en su país y en América Latina. La cuestión del Estado volvió a ser central en la sociedad boliviana a inicios de los años setenta, cuando la sociedad vivió un momento culminante de confrontación, bajo una situación definida por una clase obrera con una extraordinaria acumulación y un Estado lábil, el cual, no obstante, reaccionó como poder haciendo uso de sus lazos histórico-políticos con la revolución previa de 1952, la cooptación de los campesinos y la lealtad que mostró el ejército. La crisis de Bolivia en 1971 puso en jaque al Estado capitalista (pero sin que se produjese una crisis nacional) e hizo surgir embriones de órganos de poder obrero que plantearon políticamente al movimiento social el reflexionar nuevamente sobre la problemática del poder dual. Zavaleta se propuso participar elaborando una reflexión teórica de largo alcance, que escareciese el tema en sus términos y separase el optimismo de la voluntad del pesimismo de la inteligencia. Más tarde, culminó sus reflexiones en México, en el Centro de Estudios Latinoamericanos (CELA) de la Facultad de Ciencias Políticas y Sociales de la UNAM, ya como intelectual exiliado. Publicó su texto en la editorial Siglo XXI.

El poder dual y sus rasgos principales

La vigencia del texto sobre el poder dual radica precisamente en que enfoca la cuestión a partir de una teorización general sobre las características del Estado capitalista y las formas históricas del Estado en América Latina. Enriquece el pensamiento crítico boliviano y latinoamericano a partir del debate teórico y la incorporación del marxismo crítico de Lenin y Trotsky. Zavaleta pone en el centro el problema del Estado al estudiar el conflicto de poderes boliviano de 1952 y 1971 y el chileno de 1971-1973, y demuestra que el poder político es más, mucho más, que un conjunto institucional legítimo o ilegítimo, y que en torno de él se juegan otras cosas además de la administración, el orden, la legitimidad y la gobernabilidad: se trata de la continuidad o transformación de una forma de producción y acumulación, anclada en el conjunto de relaciones sociales, que sustenta un proyecto nacional y que refiere a la acumulación clasista y social de la dominación, la hegemonía y la lucha social.

En tanto fenómeno estatal, la dualidad de poderes expresa un acontecimiento sustantivo, extraordinario, pocas veces vivido en el desarrollo histórico de las formaciones sociales. Se refiere a que como resultado de una crisis profunda del poder existente y en un proceso de lucha de fuerzas brotan al mismo tiempo dos poderes que lo sustituyen: uno que expresa un momento más avanzado del Estado existente y otro alternativo al Estado capitalista. En la crisis de 1970-1972 en Bolivia se manifestó la potencia de un poder obrero independiente con capacidad estatal, que coexistió en forma embrionaria en condiciones excepcionales con el poder que había surgido de la sociedad capitalista boliviana y reencarnaba en el ejército. Zavaleta subraya que es una verdadera anormalidad el que la lucha contra el poder establecido tenga como derivación no un nuevo poder sino dos, enfrentados entre sí debido a su antagonismo y a que representen proyectos históricos distintos. Es un fenómeno contradictorio y conduce a una lucha de vida o muerte por prevalecer.

El fenómeno del poder dual nos recuerda lo que se vivió en México después del derrocamiento del dictador Porfirio Díaz y el desplazamiento del poder de la oligarquía capitalista. Surgió también en esta experiencia de México una contraposición entre dos poderes, el que representaron embrionariamente Villa y Zapata, por un lado, y lo que llegaron a ser Carranza y Obregón, por el otro. El texto de Adolfo Gilly (2007) sobre la Revolución interrumpida alude a algunas características con las que se presentó el fenómeno. Sería muy interesante y aleccionador analizar esa experiencia con una reflexión teórica como la que trabaja Zavaleta en el texto que comentamos.

La dualidad de poderes constituye una situación histórica cuyos referentes pueden ser analizados con una dimensión teórica a ser esclarecida en el pensamiento crítico. De ahí que Zavaleta haya acudido a las fuentes clásicas de la vertiente marxista, pues la noción clásica moderna del poder como el conjunto de instituciones en que se organiza el interés común de la sociedad y que asume los conflictos de poder como contraposición de grupos político-ideológicos o de funciones dentro del Estado no le servía para entender lo que se presentaba, entonces, como contraposición de autonomías en la situación de poder dual. En las concepciones institucionalistas del poder no está en juego la transformación histórica de una formación social a otra. De ahí el interés del autor de analizar con otros referentes teóricos el asunto de la contraposición de poderes cuyos intereses son antagónicos, que remiten a la dominación y hegemonía de diversas clases sociales, con movimientos sociales, partidos políticos y propuestas ideológicas y de coerción que tienen un sentido histórico-político distinto.

La reflexión de Zavaleta tiene un contenido nacional y social relacionado con su propia experiencia boliviana en 1952 y 1971. Nos da una visión excepcional de cómo en la Revolución de 1952, que puso en jaque al viejo poder oligárquico, surgieron realmente dos fuerzas capaces de plantear el problema del poder: el Movimiento Nacionalista Revolucionario (MNR) y la Central Obrera Boliviana (COB). Y es en esa situación de doble poder donde puede apreciar el problema de que la clase obrera no logró superar una visión primaria de la historia y de la política; su impulso espontáneo no se había fusionado con el socialismo teórico, y para Zavaleta la ausencia de partido proletario que expresara la acumulación de clase y el análisis concreto fue, en ese momento, el mayor infortunio histórico de la izquierda marxista en Bolivia. Zavaleta reconoce la supremacía de la clase obrera en los momentos de la insurrección y los meses posteriores, en donde «la asamblea sindical se convirtió en la suprema ley y en la suprema autoridad» (Zavaleta 1974: 85), determinó la nacionalización de la mayor parte de las empresas extranjeras, el control obrero de la administración, la prosecución de armamento de masas, la ocupación de tierras y la existencia de empresas obreras. En Bolivia, en 1952, la asamblea sindical y la COB se constituyeron en verdadero poder estatal. Era, sin duda, tanto un consejo (soviet) como un órgano estatal. Pero, por lo mismo, Zavaleta recalca que ello muestra, como ejemplo, cuál es el alcance limitado de un consejo popular sin la dirección de un partido dirigente alternativo. En ese sentido, no existía, dice Zavaleta, una verdadera dualidad de poderes. La burguesía tenía su propio poder *in extenso*; no tenía ejército, pero su hegemonía ideológica estaba intacta y dominaba en el polo burgués y en el polo proletario.

Así, la dualidad de poderes no existió en 1952, entonces, sino como atisbo. Para Zavaleta (1974), dicho germen no se desarrolló por la ausencia de una conciencia políticamente organizada de los mineros, y no se avanzó en una capacidad política dirigente ni en la constitución de una fuerza política autónoma y unificada. Faltó, dice, «el *continuum* clase-partido-programa». Pero partido para Zavaleta no es un grupo sociológico definido ni una forma específica de organización, sino la expresión de una dirección política autónoma capaz de orientar la lucha en un sentido histórico emancipador. En los sectores avanzados de la masa existía un consejo organizativo de mineros y fabriles, pero no un Estado obrero en la medida en que se hacía un culto al espontaneísmo, que por lo demás había sido el gran momento de constitución histórico-social de la masa obrera boliviana. Existía el mito, pero, parafraseando a Gramsci (1981), hacía falta la crítica del mito. Y esto se confirma, sin duda alguna, con el desenvolvimiento de la situación en Bolivia a partir de 1954, en el que los obreros se subordinaron al plan del MNR cuando el gobierno propuso un plan de desarrollo bajo la protección del gobierno de los Estados Unidos hasta llegar, en 1964, a un momento en que el poder del Estado pasó a manos de Barrientos, que ya expresa una política prácticamente fascista, de matanza de los obreros que hacen oposición y de los guerrilleros.

El fenómeno del doble poder, tan importante, de 1952, se expresa de nuevo en 1971, donde, en el contexto de un pretendido golpe de Estado militar, se desarrolla una insurrección de masas que culmina en la constitución espontánea y sorprendente de una Asamblea Popular, junto con la dirección militar unipersonal del general Torres, que sin embargo tenía a su lado un ejército que no compartía sus posiciones. Asamblea y ejército estaban juntos, pero no eran lo mismo, cada uno expresaba a su manera un poder. La Asamblea Popular empieza a tener una fuerza extraordinaria, ya con un cierto contenido ideológico general proletario. De nuevo, un verdadero soviet que, sin embargo, carecía esta vez de la capacidad de coerción. La coerción estaba en manos ajenas, en el ejército, en este caso dividido: una parte bajo el liderazgo de Torres y otra bajo el mando de los generales, que eran la verdadera continuidad avanzada del «Estado del 52» y, en esa medida, la síntesis del Estado capitalista que se había configurado en el 52 y que volvía a tener presencia en el 71.

En el contexto de una crisis menor como la de 1971, no se crearon, sin embargo, las condiciones para el desarrollo del poder de la Asamblea Popular obrera en el marco de una real crisis nacional general que, finalmente, no se produjo (Zavaleta 1974). La verdadera contradicción se daba entre el poder obrero de la Asamblea y el poder burgués del ejército (la primera, empero, carecía de poder coercitivo). Es cierto que cada polo representaba un tipo de Estado, siendo apenas la Asamblea un embrión de Estado proletario alternativo. El democratismo obrero, que era como una nueva forma de espontaneísmo, se presentaba como una prolongación de su sindicalismo, dificultaba que existiera un comando político unificado, con una eficiencia que sólo podían proporcionarle una dirección unificada de los partidos obreros y que era necesaria para que la Asamblea se planteara el problema de su propio poder coercitivo. En esa circunstancia, el poder de la Asamblea no consiguió ni supo adherir al campesinado a este polo de poder obrero, en la medida en que la mediación negativa del «Estado del 52» estaba ya presente: «cuando no hay un entrecruzamiento y una relación de cercanía entre la revolución burguesa y la revolución proletaria, es más difícil que se dé una verdadera posibilidad de coexistencia del poder obrero» ante otros poderes. Al final fracasó la Asamblea del poder popular y triunfó el polo del Estado capitalista. Según Zavaleta, era necesario acumular rápidamente las enseñanzas de esta experiencia, en previsión de otros acontecimientos que, después de publicada esta obra, se volverían a presentar de otra manera en el país, en 1979.

Zavaleta encuentra en la teorización sobre el Estado de los clásicos de la Revolución rusa dos concepciones acerca del poder dual: por un lado, la concepción de Lenin, que, restringida y rigurosamente definida, ve en el poder dual una excepción, una verdadera anomalía histórica, producto de las circunstancias excepcionales generadas en el caso de Rusia por la Primera Guerra Mundial y la crisis del zarismo, que resultan del entrelazamiento y cruzamiento en el tiempo y en el espacio de dos revoluciones con distintas potencialidades de clases –situación que tiene que conducir, inevitablemente, al triunfo de una u otra–. Por otro lado, en una amplitud del debate teórico, Zavaleta revisa lo que proponen Trotsky y Gramsci, donde la dualidad de poderes se asume como una explicación de fenómenos que se producen en general en todas las luchas histórico sociales y que se expresan con mayor fuerza en las crisis revolucionarias, sin que ello sea una excepción.

Zavaleta considera sin duda que la construcción de Lenin es la más precisa y acertada, tanto para entender tanto los fenómenos de la Revolución de 1952 y la crisis nacional general de 1970-1972 de Bolivia y de Chile en 1970-1973, como para pensar las opciones de la lucha obrero-popular emancipadora en el momento de la crisis. La noción le permite establecer en el texto las condiciones y características de la lucha social en un periodo concreto excepcional, en que se jugaba la lucha real por el poder entre dos poderes existentes, así como le sirvió a Lenin para establecer las condiciones y las políticas para los diversos momentos de la Revolución en 1917.

Es en *Las tesis de abril* donde Lenin (1997) define el poder dual como un acontecimiento excepcional, en el que de la crisis del poder zarista surgen dos revoluciones potenciales y dos poderes diferenciados: el gobierno provisional y los soviets. Pero lo verdaderamente importante fue la caracterización que hizo de los fundamentos de cada revolución y de cada poder, su profundidad y extensión en las masas y sus limitaciones y debilidades. Los obreros y campesinos armados, desilusionados y descontentos con participar en una guerra que sentían que no era suya, se expresaron mayoritariamente en la reconstitución espontánea de los soviets. Lenin advirtió que, al no tener conciencia de autonomía de poder, los soviets entregaban su poder real –su capacidad militar y organizativa social y política– a las instituciones del gobierno provisional –éste último formado por los partidos liberales y democráticos liberales–, sin que éste a la vez tuviera capacidad de disolver los consejos. Lenin sostuvo que los soviets eran un poder embrionario que no subsistiría si no se desarrollaba y confrontaba con el poder del gobierno provisional. Pero el problema real para confrontar un poder con otro estaba en modificar la ideología, la cultura, las tradiciones y los valores que prevalecían entre las masas y que reproducía su subalternidad histórica. Lenin intentó desplegar una intensa lucha para crear una autonomía ideológico-política en las masas que hiciera crecer al poder soviético y lo fortaleciera como dirección ideológico-política alternativa al gobierno provisional, puesto que su papel de fuerza militar ya estaba dado por la posesión de armamento por parte de obreros y campesinos. Lenin no se planteó el famoso «asalto al poder» con el cual es conocido en Occidente. Se propuso, en cambio, una lucha paciente por crear las condiciones para que en la situación de crisis las masas populares adquirieran capacidad de poder por sí mismas. Rusia en ese entonces, comentaba Lenin (1973), vivía la democracia más amplia y real de todo el mundo. La noción de poder dual le sirvió para llevar a las masas rusas a criticar las orientaciones y las políticas del gobierno provisional, develar su carácter y sus compromisos de clase con los capitalistas rusos y de los otros países en guerra, fortalecer la autonomía ideológica y política y el poder embrionario de los soviets, y para consolidar un programa y una fuerza alternativa de tipo popular capaz de ejercer un dominio y una hegemonía obrera popular en la sociedad, lo que no se leía para nada en los procesos electorales organizados bajo el gobierno provisional. Es decir, la noción de poder dual en Lenin fungió como metodología de análisis y acción ideológico-política en condiciones de crisis y de coexistencia de dos poderes.

Pero la política de hacer crecer el poder emancipador popular en condiciones de doble poder se basa en la existencia de una situación concreta de doble poder, y no es propuesta por Lenin como una orientación para una situación normal, en la cual las masas populares tienen que actuar en las condiciones del estado existente y se ven obligadas a una combinatoria de luchas –de posiciones y de movimiento– en las instituciones existentes dominantes. La política del poder dual no es útil en general para desarrollar la capacidad política alternativa en medio de las contradicciones y conflictos de las sociedades capitalistas, ni para ir generando un programa propio de lucha, una unificación de los movimientos sociales y populares, una confluencia política y una dirección colectiva para posicionarse también en contra y más allá del Estado. Por ello, Zavaleta considera que para esas situaciones es válido el enfoque de Trotsky y de Gramsci, así como los planteamientos políticos generales de la teoría clásica de Marx que permiten también caracterizar ese tipo de situaciones específicas bajo la normalidad de los estados capitalistas, pero no el enfoque preciso del poder dual.

Los casos de Bolivia y Chile

Para Zavaleta, la aparición de un poder dual en Bolivia y Chile y la posible presencia futura de un fenómeno de esta naturaleza en otros países de la región latinoamericana es resultado de la confluencia de determinados elementos. Para comenzar, porque en el subcontinente existe, sin que haya sido resuelta, una cantidad enorme de rezagos «democrático-nacionales» no atendidos ni procesados. El desarrollo capitalista se ha abierto paso bajo condiciones de subalternidad estatal y nacional a la dominación imperial y a las oligarquías tradicionales renovadas como oligarquías capitalistas, pero ello no impide la existencia de movimientos obreros populares con alto desarrollo político. La reforma agraria, la industrialización, el mercado interno, la nacionalidad, la unificación del Estado y la creación de instituciones democráticas se han realizado en forma incompleta y de manera insuficiente tanto por el capitalismo dependiente y subordinado como por el peso de los intereses y concepciones de las clases dirigentes capitalistas en las formas primordiales. Y esa situación de existencia de aspectos capitalistas y de soberanía no resueltos en un mundo con alto desarrollo capitalista es uno de los elementos constitutivos de la posibilidad de un poder dual. ¿En qué medida? En cuanto ello propicia la proximidad de dos revoluciones, el entrecruzamiento de opciones que proponen tanto reformas profundas de tipo capitalista —que en el siglo XXI podrían ser parte de un programa obrero-popular con cabeza capitalista— como las que provienen del surgimiento de fuerzas histórico-políticas que buscan soluciones radicales de tipo democrático-popular emancipador, en donde se confrontan dos sujetos políticos: por un lado, los grupos con programas capitalistas (masas populares con cabeza capitalista), conscientes de los problemas nacionales, incluyendo un sector amplio de clases medias modernizantes; y por otro lado las clases bajas populares, las masas de intelectuales críticos y los trabajadores productivos asociados a la masa popular, que se ven ante la tendencia y la posibilidad de llevar a cabo esa resolución de las tareas democráticas no resueltas a partir de su propio proyecto radical emancipador.

Esta proximidad de dos revoluciones también podrá ser propiciada porque, en nuestros países atrasados, aparte de, y en contraposición con, los movimientos populares en que pudieran prevalecer las concepciones capitalistas, el campesino trabajador busca al proletariado, numéricamente reducido, pero capaz de otorgarle visión y conducción hegemónica a una mayoría popular amplia, con componentes de trabajadores informales, obrero y campesina multiforme, interesada en construir un poder popular de masas trabajadoras. Otro elemento que contribuye a la posibilidad de una situación que produzca la aparición y coexistencia de dos poderes alternativos está en la recurrencia de crisis nacionales generales, producto de la agudización de la lucha social en países atrasados y carentes de excedente económico propio.

LO QUE ENTRA EN JUEGO BAJO EL PODER DUAL

El poder dual implica la oposición de dos poderes nacidos *de facto*, donde uno de ellos se presenta de modo alternativo, en cuanto se trata de una clase que emerge en la historia de la sociedad sin haber llevado a cabo su dominio, que es portadora de un partido propio, sede de una hegemonía nueva, de un *ideologema*, de una ideología alternativa a la existente, y que además tiene capacidad de coerción. Para Zavaleta, si eso existe en una circunstancia política definida, se plantea la posibilidad de un poder de trabajadores que pueda ser el polo avanzado del poder dual.

Zavaleta reflexiona también sobre las más laxas perspectivas del poder dual en Trotsky y Gramsci. Son válidas para entender ciertos fenómenos relacionados con situaciones en donde hay una tendencia general a la generación de proyectos históricos, que en sentido amplio puedan ser considerados de doble de poder, en diversas circunstancias y condiciones. De hecho, Trotsky universaliza la reflexión y piensa otras posibilidades distintas de poder dual, con una idea que alude a la afirmación de un poder en una porción de un determinado territorio nacional (véase Thomas 2015). En este sentido, el Ejército Zapatista de Liberación Nacional (EZLN) podría ser considerado una expresión embrionaria de poder dual, en la medida en que tiene proyecto, organización y capacidad local de coerción, aunque sólo alcance un lugar espacial y social restringido; se trata de un poder limitado, embrionario, sin duda alguna, pero que proyecta la figura de poder dual, no en los términos de Lenin, que exige una manifestación de poder más íntegra y universal, pero sí en los términos de Trotsky, en donde puede haber hasta una dualidad de poderes a partir de la afirmación de una fuerza alternativa en un determinado territorio.

Trotsky piensa el poder dual en donde existe una afirmación de proyecto de poder contrapuesto al poder esencial del Estado. En cierta forma, y de una manera también sugerente, en un determinado momento Gramsci (1998) coincidió en ello al proponer que tanto el sindicato como los consejos de fábrica son un germen de poder.

Zavaleta, por su parte, no analiza la situación del poder dual a partir de la teoría abstracta, con base en una ideología acabada. Para él el análisis del poder dual es la síntesis creadora de toda una concepción abierta aplicada del análisis creativo de una situación concreta. Y ahí muestra su dominio de la teoría, su conocimiento teórico acerca del Estado y de la sociedad capitalista, si bien tras esa reflexión está la experiencia de Bolivia y la preocupación por los errores de espontaneísmo de una clase obrera excepcionalmente fuerte y dominante. Por eso, para él, el partido histórico es esencial; sin un proyecto político teóricamente alternativo no existe poder estatal alternativo. También es imprescindible, además de la ascendencia hegemónica en la sociedad, un grado de capacidad de coerción en el conjunto nacional y social, es decir, la capacidad de que las determinaciones de una instancia de poder tengan aceptación política y militar; sin tales elementos no existe la posibilidad real de pensar en un poder social alternativo.

Lo anterior, quizá suficiente para su época, suscita hoy muchos reparos, muchos problemas, sobre todo después del derrumbe del socialismo, de la caída y desprestigio de los partidos comunistas y del papel burocratizado de estos partidos y de los Estados comunistas. Así, no sólo el espontaneísmo es un problema, sino también la figura del partido. Porque el partido no sólo es la alternativa al espontaneísmo, el partido puede ser también una dosis de conservadurismo y de distancia y separación con la sociedad. Por eso tenemos que ampliar el problema que plantea Zavaleta, pero desde nuestra experiencia, desde la experiencia del mundo de hoy.

¿Con qué elementos considera Zavaleta que el partido es necesario para avanzar en una situación de poder dual? En primer lugar, a partir de que en toda dualidad de poderes moderna se tratará de una lucha entre el poder capitalista y el poder de los trabajadores productivos socializados. Son dos poderes que tienen procesos de constitución distintos. Hay una diferencia esencial entre la constitución del poder capitalista de la burguesía y el poder de los proletarios. Para Zavaleta, la burguesía no necesita organizarse previamente en partido para constituirse en poder. De hecho, la unificación de la burguesía se da en el Estado. La burguesía no necesita al Estado para el desarrollo previo del capitalismo, sino que más bien cuando el Estado oligárquico se convierte en un obstáculo al desarrollo capitalista es que la clase empresarial se plantea la necesidad de su propio poder. El poder, la necesidad de Estado, surge cuando encuentra un impedimento político a su desarrollo. Y su constitución en partido, en ese sentido, es complementario, no esencial, porque la verdadera unificación como clase está en los bancos, en las organizaciones empresariales y, en última instancia, en el Estado: se logra en el Estado, cuando conquista el Estado y por su intermedio puede transformar su interés particular en un interés y un poder general.

No es el caso de los trabajadores urbanos y rurales y de las masas precarizadas y de capas medias bajas, que no pueden desarrollar un proyecto emancipador alternativo en la sociedad sólo como movimientos sociales, sin la creación alternativa de su poder en sí mismas, en, frente y más allá del Estado, lo que exige el encuentro de unidad previa, la construcción de su propio eje político en oposición al existente dominante, o de una diversidad de confluencias políticas con un objetivo esencial compartido y no incluido entre las posibilidades del orden capitalista. Esa masa popular y sus ejes político-teóricos, no obstante el proceso de socialización actual de la producción, el proceso de su disciplina, de su organización popular de desarrollo cultural nuevo, no podrá constituirse como verdadera propuesta alternativa en el seno de la sociedad existente si no logra su unidad ideológico-política previa en el terreno de la política, pero no como partido burocrático sino como partido en sentido histórico, que bien puede ser asociación de partidos o confluencia unificada de movimientos sociales y políticos. Hay entonces, en la diferencia esencial en la construcción de poder entre la burguesía y las masas trabajadoras, una necesidad de un proyecto político unificado alternativo. No obstante toda el agua pasada, en términos generales, esta contraposición histórica, enfatizada por Zavaleta como una contraposición inicial, es acertada.

¿Es posible la constitución de un poder crítico del capitalismo dependiente, un poder alternativo al capitalista actual, sin una adscripción de clase? Aquí reside la actualidad del problema que nos plantea Zavaleta. Se ha popularizado la cuestión de la revolución hoy como una propuesta de un cúmulo de reformas que han perdido su adscripción de clase, ante los problemas teóricos y políticos que tiene la implicación de clase. La idea de un proletariado que sea no sólo un sujeto productivo esencial, sino el organizador de una nueva sociedad, está cuestionada tanto desde el punto de vista moderno de la industrialización con nuevas tecnologías, con nuevas formas productivas que reducen la participación del trabajo humano y plantean como eje productivo la innovación, como desde la óptica de quienes muestran la importancia de otros sectores sociales en la crítica practica del capitalismo dependiente y la subalternidad: indígenas, capas medias, trabajadores precarizados, campesinos, etcétera.

¿Qué queda del viejo proletariado en el industrialismo robótico-informático desarrollado de hoy? ¿Qué permanece de las viejas teorías del cambio en la realidad latinoamericana, una realidad paradójicamente cada vez con menos planta industrial, cada vez con más marginalidad social? ¿Qué y cuál es el papel del proletariado en la realidad social y en la propuesta de reorganización de la sociedad?

¿Puede producirse aún una revolución en América Latina, o incluso reformas profundas que transformen a la sociedad a partir de una adscripción de clase, que tengan como eje esencial de su constitución a la clase obrera? Estas preguntas son fundamentales, sobre todo ahora, en situaciones en que la democracia popular de masas se ha puesto a la orden del día como el verdadero objetivo actual de la transformación político-social que potenciará una nueva economía y una nueva organización social.

Pero, en este contexto de democracia popular de masas, ¿cuál es el papel del proletariado? ¿Tiene un papel hegemónico? ¿Es el eje constitutivo de la fuerza de profundización de esa democracia popular de masas? Estos son los interrogantes que nosotros hoy tendríamos que abordar. En su trabajo, Zavaleta demuestra el vigor y la fuerza de la clase trabajadora, de la clase obrera en el proceso social. Algo que todavía no debemos apresurarnos a desechar: quizá el camino esté más en estudiar la peculiaridad de esa clase en las condiciones del nuevo industrialismo latinoamericano y de crecimiento de la marginalidad social. Es y puede llegar a ser, incluso, una clase más minoritaria de lo que ha sido, y además una clase caracterizada por su desarrollo científico técnico –los analistas simbólicos–, y seguir jugando un papel dominante, porque no es el problema de la mayoría cuantitativa, es el problema de la dirección cualitativa a partir de una ubicación en las relaciones productivas y sociales. Relaciones que hoy tienen un indudable carácter mundial y que conforman una relación de capital y de dominación capitalista, que requieren enfrentarse con una adscripción regional y mundial de la clase trabajadora, que exprese los adelantos científicos de la sociedad. Me parece que aquí está presente toda la fuerza teórica de Zavaleta, en la idea de que el Estado, el nuevo Estado revolucionario, tiene que contar con una adscripción de clase –en este caso internacional– que no se expresa en mayoría numérica sino en cualidades como las que tienen los nuevos trabajadores vinculados a la innovación científico-tecnológica.

Por otra parte, seguimos reflexionando sobre otros aspectos del fenómeno del partido. ¿Puede plantearse no sólo un poder dual, sino una revolución sin un partido o sin una confluencia de partidos que expresen lo que Zavaleta denomina la conciencia organizada políticamente de la clase, a la cual concede un valor extraordinario, no por dogmatismo teórico sino por la experiencia negativa del espontaneísmo en Bolivia? Porque precisamente, para él, esa ausencia de partido en Bolivia fue la causa del fracaso del desarrollo del poder proletario en la dualidad de poderes de 1952 y de 1971-1972. Fue el fracaso, en última instancia, de una revolución distinta en Bolivia; para él el fondo de la derrota histórica de la revolución radical en Bolivia se debe a la pobreza del partido, y aquí se nos plantea el problema: ¿cuál es, cual puede ser, el papel del partido como dirección de un proceso tan sustancial?

En este aspecto hay reflexiones que todavía no se han hecho. Entre otras, pensar en serio la crisis de los partidos revolucionarios y no sólo de los partidos comunistas, sino de los partidos en general como la vanguardia separada de la población, que se transforma en una instancia divorciada de la misma, que se convierte en poder autónomo, que sustituye a la población por un grupo que luego se eterniza en el poder y se convierte él mismo en el nuevo eje conservador. Una apreciación crítica del papel que han jugado partidos políticos en la historia moderna, y en especial los partidos asociados a las luchas sociales de izquierda, nos tiene que llevar a considerar nuevas cosas. Pero no creo que deba ser en el sentido de hacer culto del espontaneísmo, sino en el sentido de lo que Gramsci plantea como la diferencia entre diversos partidos con el fin de impulsar: a) aquel partido que es una parte de las masas populares y que no busca borrar la distancia con ellas, sino apoyar su autoeducación y autoorganización en la perspectiva de que se posicionen como clase dirigente, y b) la crítica al partido que se asumiría como vanguardia separada, que empleaba, para sostener y profundizar la separación, el manejo especializado de la información y los conocimientos –una tecnocracia partidaria– y que se vanagloriaba de ello. Una veta teórica en la cual hay mucho para trabajar, reflexionar y plantear. Al parecer, hoy la cuestión está en que los partidos de izquierda sean portadores de una lucha por modificar y distribuir el poder en la sociedad, y no por simplemente tomarlo. Entender que el poder no es un aparato que se pueda tomar equivale, en ese sentido, inmediatamente a la lucha por una modificación de las relaciones sociales de poder, por buscar la construcción del poder en las diversas comunidades organizadas, en las distintas colectividades sociales capaces de articularse como conjunto nacional de poderes y de unificarse en un proyecto de poder alternativo.

El poder dual para Zavaleta, de todas maneras, no se construye voluntariamente. Es una situación imprevista y concreta, y en este sentido específico es donde la reflexión de Zavaleta se apoya en Lenin. Y es el sentido específico el que observa que se produjo y existió en las situaciones bolivianas de 1952 y de 1971, que trajeron consigo el surgimiento de un nuevo poder capitalista y un poder obrero sindical y asambleario, situación de excepción, y situación particular que se presenta ante la derrota del poder oligárquico. Pero una vez manifiesta la existencia embrionaria del poder obrero, exige considerar su expansión, desarrollo y afirmación. Y esto, para Zavaleta, conduce a la política, es decir, a la situación de actuar en una correlación de fuerzas dada en movimiento, donde existen dos polos, el polo de trabajadores independientes y el polo de la nueva nación capitalista, con diferente fuerza, donde uno puede ser una fuerza embrionaria y otro más desarrollada. Pero toda la peculiaridad de la existencia de poderes inexistentes previamente, de su correlación de fuerzas e inversión de esa correlación hasta desarrollar, expandir, hacer y fortalecer el poder de los trabajadores, un poder que es la sociedad organizándose políticamente, es un extraordinario problema de política. Y es aquí donde Zavaleta nos llama a entender la política en su más alta expresión, que es la lucha por el poder a partir de analizar las relaciones sociales y promover un proyecto socio-histórico definido de empoderamiento popular.

Hoy día es en torno a los problemas de la política, del poder y del partido donde se encuentra una crisis de la sociología política marxista. Es una crisis real que sólo puede resolverse desarrollándose teórica y políticamente.

El referente externo del poder de las masas trabajadoras explotadas en el mundo se ha modificado. Para el poder popular de trabajadores latinoamericano el referente interno es la sociedad civil, la conquista de la dirección de la sociedad civil antes, durante y después de las crisis del Estado, y en tanto referente externo de ese poder ya no es el campo socialista −que ha desaparecido−: será, quizá, un movimiento de trabajadores popular, democrático y progresista de carácter internacional. Y esto, que abre posibilidades mayores de independencia y autonomía a los nuevos movimientos sociales progresistas, requiere nuevas reflexiones y es parte del desarrollo de la teoría social. Zavaleta nos llama a pensar, sobre todo, en el referente interno del poder de un nuevo Estado popular no burocrático ni elitista que, como vimos, tiene muchas implicaciones con la construcción de una capacidad política autónoma de las masas populares en relación con la sociedad y un proyecto alternativo de economía, cultura y sociedad.

Hoy la vigencia de la democracia política participativa como objetivo de lucha predominante diluye, en cierta medida, el fenómeno del poder dual. Pero, sin duda alguna, el problema está en cómo se conciba esa lucha y la transformación de la economía, la política y la cultura sociales. La propia idea de que están en juego dos democracias políticas, una democracia liberal representativa y una democracia popular participativa revolucionaria, ya nos está demostrando la existencia del problema. Esto es un aspecto en que debe desarrollarse con urgencia la sociología.

Desde la reflexión de Zavaleta en 1974 han cambiado mucho las cosas en América Latina. Primero, prevalecieron por largo tiempo regímenes de contrainsurgencia, reformistas autoritarios y dictaduras militares. Después se conformaron regímenes civiles neoliberales, con gran capacidad de gobernabilidad no democrática, pero con nuevas instituciones representativas sin poder. La clase obrera latinoamericana sufrió, junto con el resto del pueblo trabajador, los embates de la mundialización del capital bajo la ofensiva derechista neoliberal en todo el mundo, y se hundió en una larga noche de desorganización interna, fragmentación y despolitización que ya duró mucho tiempo. La hegemonía del gran capital financiero mundializado es, sin embargo, endeble, y la opresión, sobreexplotación y enajenación de los trabajadores han llegado muy lejos. La lectura de Zavaleta nos recuerda que junto a una economía y una política que producen la polarización entre integrados y marginados está el recuerdo de un poder dual que sigue siendo la sombra del porvenir.

Bibliografía

Gilly, Adolfo (2007): *La revolución interrumpida*. México: Era.
Gramsci, Antonio (1981): *Cuadernos de la Cárcel. Tomo V*. México: Era.
– (1998): «Sindicatos y Consejos (I)». En *Escritos Políticos*. Buenos Aires: Siglo xxi, 97-101.
Lenin, Vladimir Ilich (1973): «Las elecciones a la Asamblea Constituyente y la dictadura del proletariado». En *Obras escogidas. Tomo X (1919-1920)*. Moscú: Progreso, 140-150.
– (1997): *Las tesis de abril*. Madrid: Fundación Federico Engels.
Oliver, Lucio (1995): «René Zavaleta: la crítica radical del poder y la política». En Marini, Ruy Mauro y Millán, Márgara: *La teoría social latinoamericana. Tomo III*. México: UNAM/El Caballito, 101-112.
Thomas, Peter (2015): «A primeira guerra mundial e as teorias marxistas da revolução». En *Revista Outubro* 24 (2).
Zavaleta Mercado, René (1974): *El poder dual en América Latina. Estudio de los casos de Bolivia y Chile*. México: Siglo xxi.

V.

El Mariátegui de Zavaleta. Entre Marx y el nacionalismo revolucionario

Diego Giller (IDH-UNGS)

Introducción: «cuestiones de método»

Por definición, toda periodización sobre la obra de un autor es rígida y excluyente. Invariablemente terminan –o empiezan– postulando que ciertos elementos pertenecientes a un momento dado, sean de orden teórico, sean de orden político, habrían sido desplazados en el momento subsiguiente. Vale decir, aquello que marcaba la centralidad de una etapa dejaría de estar presente en otra(s) etapa(s). Sin embargo, este no es el único modo posible de concebirlas. También pueden ser leídas como una opción metodológica que permite identificar rupturas, cortes, giros y cambios. Pensarlas como «tipos ideales» a la manera de Weber (2002) no excluye de por sí la posibilidad de que una obra esté dominada por una preocupación central desde sus comienzos mismos. Como la «bellota del roble» de Hegel (2009), que aparece como pura inmediatez de lo que posterior y *necesariamente* se desarrollará como «árbol frondoso», podemos hallar *una* inquietud de orden teórico-político dispuesta a surcar las diferentes y posibles etapas de una trayectoria intelectual. Seguramente «pobre» en sus comienzos, ella irá transformándose con los cambios históricos, las discusiones con otros intelectuales y los propios derroteros vitales.

No obstante, ello no significa adscribir a una evolución lineal de un pensamiento que se dirige hacia el «Espíritu Absoluto», sino más bien contemplar aquello que decía el propio Zavaleta apoyándose en el Marx de la *Introducción general a la crítica de la economía política* de 1857: «Sólo lo posterior explica y contiene lo anterior» (Zavaleta 2011a: 748). En suma, es posible aceptar una «teoría de las etapas» siempre y cuando no se postule un evolucionismo típicamente moderno donde prima un desarrollo lineal hacia el progreso, siempre y cuando se acepte la posible existencia de una preocupación que atraviesa cada una de las etapas. Se trata, en definitiva, de dos métodos *mutuamente incluyentes*.

Respecto de la obra de René Zavaleta Mercado, es ya canónica la periodización propuesta por Luis Antezana (1991), tal vez el primer comentarista que se propuso rescatar diversos aspectos de sus reflexiones con cierta sistematicidad. Según Antezana se pueden diferenciar tres grandes momentos en Zavaleta: (1) una primera etapa, entre 1956 y 1969, cuyo espacio teórico está ocupado por categorías provenientes del nacionalismo revolucionario, expresándose fundamentalmente en el libro *Bolivia. El desarrollo de la conciencia nacional*; (2) un segundo momento, entre 1970 y 1973, en que se percibe un desplazamiento hacia posiciones marxistas «ortodoxas», y que halla su expresión más acabada en *El poder dual en América Latina*; y (3) una tercera y última etapa, entre 1974 y 1984, caracterizada por la práctica de un marxismo «notablemente crítico», siendo «Las masas en noviembre» y *Lo nacional-popular en Bolivia* sus trabajos más importantes.

La periodización de Antezana presenta un «grado de verdad», en el sentido de que realmente puede identificarse un pasaje cada vez más marcado del uso de categorías propias del nacionalismo revolucionario a categorías marxistas. No obstante, el criterio escogido para diferenciar cada una de ellas contiene al menos dos problemas. En primer lugar, aparece el signo de la linealidad: la madurez político-intelectual de Zavaleta se habría dado de un modo *progresivo* y *excluyente*. Así, la primera etapa en el nacionalismo revolucionario es *completamente* abandonada, cediéndole su lugar a un marxismo que primero llega bajo la forma de la ortodoxia, para luego arribar al cielo de la heterodoxia crítica. Como en el Marx de Althusser (1965), se lee allí la idea de una «ruptura epistemológica» que supone la «negación de su conciencia teórica anterior».

Un segundo problema está marcado por la pretensión de ordenar el marxismo de Zavaleta –y por extensión, no sólo el suyo– en torno del par ortodoxia/heterodoxia. Como señaló oportunamente María Pía López (2004), la idea de una heterodoxia en tanto que superadora de la ortodoxia se encuentra atrapada en el mito mismo de la ortodoxia, en el sentido de que ambas son convocadas por la pretensión de establecer y prescribir un marxismo *auténtico* y *verdadero*. Así, tanto la ortodoxia abroquelada sobre sí misma, como la heterodoxia que se abre al permanente y conflictivo diálogo con lo más avanzado de la cultura contemporánea, terminan posicionándose como la «verdadera» forma del conocer.

Frente a estas dos cuestiones problemáticas plantearemos lo siguiente: primero, que muchos de los elementos y preocupaciones del nacionalismo revolucionario, tanto como diversas lecturas del marxismo, aparecerán a lo largo de toda la obra de Zavaleta. Como él mismo llegó a advertir, la conflictiva convivencia entre ambas no puede ser soslayada:

> cuando existe una ideología que abarca todos los aspectos de la vida, como es el nacionalismo revolucionario, uno suele pertenecer a una ideología a la que no pertenece conscientemente. No se necesita ser consciente para pertenecer a algo. Y sencillamente, los términos de nuestra vida, en este momento, están todavía involucrados dentro de ese hecho hegemónico que es el nacionalismo revolucionario. (Zavaleta 2015a: 109)

Y segundo, que en tanto la distinción ortodoxia/heterodoxia no es más que un sendero *aporético*, un camino sin salida, conviene invocar a Zavaleta como un pensador *incómodo*, cuya *herejía* y originalidad está dada, como diría Eduardo Grüner (2010), por instalarse desde el punto de la *tensión* entre dos polos que no son en sí mismos excluyentes: el marxismo y el nacionalismo revolucionario. No es que esa *tensión* no haya sido practicada previamente, sino que en este caso implica una dislocación de lo existente, una nueva operatoria que es *ya* una nueva producción.

Este trabajo presenta como hipótesis principal la idea de que la obra de Zavaleta se encuentra atravesada por una preocupación central desde sus comienzos mismos: el problema de la nación. La segunda hipótesis dice que el derrotero político-intelectual de Zavaleta puede leerse como una *tensión* entre teoría local y teoría universal, donde la primera aparece bajo la forma del nacionalismo revolucionario y la segunda del marxismo. Señalaremos tres momentos diferenciados de su obra en que esa *tensión* es desplegada y vivida: (1) el nacionalismo revolucionario como escuela (1956-1969); (2) las relecturas de Marx y Lenin (1970-1979); y (3) el rescate de José Carlos Mariátegui (1980-1984).

Primer momento: la escuela del nacionalismo revolucionario

Cuando estalló la Revolución Nacional de abril de 1952 en Bolivia, Zavaleta tenía apenas quince años de edad. A pesar de su juventud, rápidamente manifestó su apoyo a ese hecho político que iría a cambiar la historia del país andino-amazónico. La primera y única revolución proletaria de América Latina, aquella en la que el proletariado minero irrumpió, «encabezó y dirigió, como clase, la lucha contra la burguesía capitalista» (Zavaleta 2011b: 181), no sólo no será indiferente a los ojos del joven Zavaleta, sino que marcará a fuego toda su deriva político-intelectual posterior: «*todo lo que es en Bolivia hoy no es sino el desplegamiento del 52*; no hay nada, ni el Estado, ni las clases ni las regiones, ni el pensamiento, que no haya sido tocado por aquellos hechos fundadores» (2015b: 69; énfasis del original). Sin temor a equivocarnos, podemos conjeturar que tal acontecimiento es el centro a través del cual gravitó toda su obra. O para decirlo apelando a un concepto tan suyo: la Revolución Nacional es el *momento constitutivo* de sus reflexiones intelectuales y su práctica política.

El 9 de abril de 1952 las masas obreras y campesinas logran derrotar militarmente a la «rosca»[1] minera y a las Fuerzas Armadas que le eran adictas. Inmediatamente, Víctor Paz Estenssoro asume el cargo presidencial que el autogolpe de Urriolagoitia le había arrebatado un año antes, cuando había salido triunfador en las elecciones generales. Fundado oficialmente en junio de 1942 por Montenegro, Céspedes, José Cuadros Quiroga, Walter Guevara Arze, Siles Suazo y el propio Paz Estenssoro, el Movimiento Nacionalista Revolucionario (MNR) se convierte en el partido político que logra hegemonizar para sí mismo el triunfo revolucionario. La disolución del ejército, la instauración del Voto Universal Obligatorio, la nacionalización de la minería, la Reforma Agraria y los ministerios obreros, medidas que se corresponden con los primeros dos años del llamado co-gobierno entre el MNR y la Central Obrera Boliviana (COB), se hicieron bajo la órbita ideológica del nacionalismo revolucionario.

En términos amplios el nacionalismo revolucionario nace con la derrota de Bolivia en la Guerra del Chaco (1932-1935), aunque sus ejes programáticos se encuentran en *Nacionalismo y coloniaje*, obra escrita por Montenegro en 1943[2]. Considerada el manifiesto inaugural de

---

[1] Según Zavaleta, en Bolivia se llama «rosca» a «las clases dominantes que prosperan bajo el dominio político del Superestado minero, clases integradas por empleados o agentes de la gran minería y por los latifundistas» (2011b: 134).

[2] Entre las más importantes obras del nacionalismo revolucionario cuentan *Movimiento Nacionalista Revolucionario: sus bases, y principios de acción inmediata* (1942), de Cuadros Quiroga; *Metal del Diablo* (1946), *El dictador suicida: 40 años de historia boliviana* (1956), *El presidente colgado* (1966) y *Salamanca o el metafísico del fracaso* (1973), de Céspedes; y *Tesis de Ayopaya* (1946), de Guevara Arze.

esta corriente política, postulaba que la nación se trataba menos de un acontecimiento plenamente constituido que de uno por crear. La nación –decía Montenegro (1982)– es una creación histórico-política y no un hecho natural. El estudio de la historia aparecía como uno de los lugares de disputa centrales para la construcción de la nación. Céspedes, otro de los ideólogos fundamentales de esta corriente, sostenía que

> La revisión de la historia es una de las formas de liberación nacional [...] El escritor, si es nacionalista, descubre que los males de nuestra vida colectiva fueron fomentados por aquella élite que ahogó al pueblo en beneficio del imperialismo. (en Oblitas Fernández 1997: 531)

La práctica revisionista pugnaba por torcer una correlación de fuerzas adversa, sustituyendo la narrativa histórica de la oligarquía boliviana por una nueva. Ese ejercicio político pretendía cambiar el signo de la historia, transformando lo negativo en positivo. Esto es, desplazar la hipótesis del «pueblo enfermo» de Alcides Arguedas (1996) por aquella otra en las que las llamadas «clases nacionales» se presentan como la «fuente de la energía nacional», para usar una expresión de Franz Tamayo (2010). No es que cambie la historia, sino que lo que se modifica es la significación que a ella se le da.

Para el nacionalismo revolucionario, las posibilidades de conformación de la inconstituida nación boliviana se tramaban en la lucha política entre las clases nacionales y las clases anti-nacionales, cuyo escenario económico-social era caracterizado como feudal y semi-colonial. Las clases no se definían por la posición ocupada en la esfera productiva o en el mercado, sino por un criterio basado en el destino: mientras las clases nacionales –obreros, campesinos y clases medias– tenían su destino atado a la nación, las llamadas clases anti-nacionales –oligarquía y empresariado– adoptaban su cuerpo social mediadas por los deseos e intereses del imperialismo, representando «en lo nacional a los intereses extranjeros» (Zavaleta 2011b: 140).

Zavaleta se adhirió rápidamente «a la ideología con la que se produce el 52; es decir, a la ideología que es causa y a la ideología que es consecuencia del 52» (2015a: 107): el nacionalismo revolucionario. En *Bolivia. El desarrollo de la conciencia nacional* (2011b), su gran obra como ideólogo de esta corriente, Montenegro aparece como aquel que logró constituir, «por primera vez, un esquema orgánico de revisión de la historia nacional» (Zavaleta 2011b: 146). A mediados de los años setenta, cuando el marxismo operaba como la corriente teórico-política que guía sus reflexiones, su opinión sobre la importancia de Montenegro no cambiaría. En «El proletariado minero en Bolivia» sostuvo que Céspedes vino a completar lo que la temprana muerte de Montenegro le impidió continuar[3]:

> es evidente que el carácter de guerra agraria que tuvo el extenso fenómeno de las republiquetas, las contradicciones entre los azogueros y la Corona o entre los dueños de obrajes y los comerciantes de Buenos Aires o la lucha de clases en torno de la movilización popular de Manuel Isidoro Belzu y la contrarrevolución de Melgarejo, su recreación de la clase latifundista en base al reparto de las tierras de las comunidades, el gran movimiento agrario de los Willka, que engendró y que remató en el movimiento campesino de Zarate, en la Guerra Federal de 1899, en fin, el papel de las masas en general en la historia de Bolivia era sistemáticamente encubierto por la historiografía oficial. Montenegro hizo esa revisión, que fue completada para el siglo XX por Augusto Céspedes, ambos ideólogos básicos del MNR. (Zavaleta 2011a: 752)

El golpe de Estado de noviembre de 1964, mejor conocido como «Pacto Militar-Campesino», cristalizó las derivas reaccionarias que se venían produciendo al interior de una de las revoluciones menos

---

[3] Carlos Montenegro Quiroga nació en Cochabamba, Bolivia, en 1903, y murió en 1953. Paradójicamente, el «padre del nacionalismo revolucionario» falleció en los Estados Unidos, donde fue a tratarse de un cáncer.

estudiadas del ya muy revolucionario siglo XX. La profunda injerencia del imperialismo norteamericano, en tanto que demiurgo de las clases anti-nacionales, se presentaba como un hecho incontestable (Zavaleta 2011d). Tras el golpe, Zavaleta se exilia en Uruguay[4]. La distancia analítica y pasional que otorga el paso del tiempo, sobre todo en una situación tan trágica como lo es un destierro, permitieron a nuestro autor revisar algunas de sus definiciones sobre la Revolución Nacional, radicalizando muchas de sus posiciones[5]. Sí hasta allí teníamos un militante lealmente encuadrado en las filas de su partido, luego de ese hecho las «hojas perdidas» del «gran libro de abril» son releídas con otro grado de criticidad y bajo otros paradigmas interpretativos (Zavaleta 2011c).

En el país oriental escribe el mencionado *Bolivia. El desarrollo de la conciencia nacional*, donde incorpora algunas ideas socialistas. Allí llegó a decir que «El nacionalismo sin el concepto de la lucha de las clases no sería sino otra forma de alienación» (Zavaleta 2011b: 158). Como el Marx de Aricó (Cortés 2015), Zavaleta comienza a conjugar dos senderos que en la tradición socialista han estado históricamente

---

[4] Según cuenta en *La caída del MNR...*, Zavaleta estuvo junto a Paz Estenssoro y otros ministros en el «Palacio quemado» la noche del 3 noviembre, cuando el golpe de Estado de Barrientos terminó de consumarse: «Paz Estenssoro me encomendó la redacción de su renuncia pero yo me resistí: "Usted no está renunciando", le dije, para recordarle la gruesa obviedad de su derrocamiento. Convino a lo último en hacer simplemente un mensaje, considerando que al no renunciar hacía inconstitucional la presidencia de Barrientos, que hemos visto que trató también de evitar por medio de Ovando. Con Otero Calderón, con Jordán Pando y Bedregal, redactamos el documento» (2011d: 237).

[5] Respecto de las derivas de la Revolución Nacional Zavaleta confesaba: «Son hechos que, a la vez, contienen una frustración de orden personal. Recuerdo el 9 de abril de 1952, bajo el cielo de metal azul de Oruro, cuando los mineros de San José se descolgaron desde los cerros y mi pueblo mostró la fuerza de sus brazos y el calor de su sangre y liquidó la marcha de los regimientos del sur sobre La Paz. ¿Quién sabe ahora de esas horas?» (2011g: 579).

divorciados: lucha de clases y lucha nacional. A partir de entonces, la construcción de la nación sólo será posible si existe un horizonte socialista en el que el proletariado –y no la «burguesía nacional»– asuma las tareas nacionales.

En ese trabajo, Zavaleta comienza a desarrollar una de sus hipótesis primordiales en relación con la cuestión nacional: para que exista nación debe desplegarse el *continuum* lógico «normal» del capitalismo: burguesía – mercado nacional – Estado Nacional. Vale decir, la burguesía conforma el mercado interno y realiza su Estado-nación, que es la forma política con la que puede conquistar la soberanía, iniciar un proceso de industrialización y crear la unidad nacional. Este proceso –dirá Zavaleta– se habría realizado en Europa pero no en Bolivia. Allí, a pesar de la histórica oportunidad que presentaba la Revolución Nacional, la burguesía autóctona no terminó de asumir sus tareas nacionales, demostrando, una vez más, que la historia del país andino-amazónico se expresaba como la mutilación del crecimiento nacional: Bolivia –decía– «sufre la historia y no la hace» (Zavaleta 2011b: 135).

En el subtexto de todas estas reflexiones se puede leer una combinación *sui generis* de los postulados básicos del nacionalismo revolucionario, la fenomenología del espíritu hegeliana y el socialismo. Para Zavaleta, la nación boliviana existe pero *no es*; es una nación *en sí* y no *para sí*, pues no tiene conciencia. *Ser* –dirá– no es solamente *existir*, pues para existir es necesario elegirse. La nación no es algo dado, natural, sino algo a construir. Es una decisión histórica, una elección que sólo puede hacerse invadiéndose a sí mismo a través de las clases que contienen a la nación: «el país tiene que invadir, tiene que invadirse a sí mismo. Puesto que el status es la exclusión, la persecución, y la alienación de la nación, ésta tiene que organizarse para tomar violentamente lo que le debería corresponder naturalmente» (Zavaleta 2011b: 157). En este esquema, la *necesidad* de una nación *para sí* se presenta como condición *sine qua non* para la realización del yo individual: «El yo individual, en efecto, está incompleto y sin sosiego, frustrado y preso cuando no se realiza el yo nacional [...] El yo individual fracasa donde no se realiza el yo nacional» (Zavaleta 2011b: 145). Según el diagnóstico de Zavaleta, la Revolución Nacional había frustrado la posibilidad de materializar el pasaje de la «nación fáctica» a la nación *para sí misma*, del «país resistente al país histórico».

Las causas de ese fracaso fueron expuestas en *La caída del MNR y la conjuración de noviembre (historia del golpe militar del 4 de noviembre de 1964 en Bolivia)*. Escrita en Inglaterra en 1970, esta obra no sólo evidencia la ruptura definitiva con el MNR, sino que también expone, como señaló Luís Tapia (2002), un proceso de preocupaciones cada vez más acentuadas por explicar la historia a partir del movimiento obrero. Las contradicciones sociales dejan de ser asumidas *exclusivamente* por el antagonismo nación-anti nación, entregando ese lugar de privilegio analítico a la lucha de clases.

Según Zavaleta, la Revolución Nacional naufragó en su tentativa de convertirse en revolución socialista por varias razones: porque no pudo constituir un verdadero partido proletario, porque la COB no logró –o no quiso– conquistar realmente el poder del Estado y porque en lugar de suprimir la dualidad de poderes nacida el 9 de abril de 1952, la conducción obrera, expresada en la figura de Juan Lechín, eligió estancar –e invertir– el doble poder bajo la égida de la estrategia de co-gobierno. Leído casi veinte años después, el final ya estaba presente en sus comienzos: «No podemos escapar a la necesidad lógica de advertir que los orígenes del derrumbe del MNR están presentes ya en el temprano día mismo en que se toma el poder, en 1952» (Zavaleta 2011d: 243).

Segundo momento: el reencuentro con Marx y Lenin

La caída... es un texto bisagra que marca el desplazamiento desde Montenegro y Céspedes hacia Marx, Engels, Lenin y Trotsky. Pero entendámonos: no se trata de postular que en su etapa como nacionalista revolucionario no haya leído a los clásicos del marxismo ni que en la etapa que se abre abandone definitivamente aquella corriente que lo cobijara en sus primeros años como militante político. Se trata, en cambio, de empezar a comprender las coordenadas por las cuales Zavaleta realiza ese desplazamiento analítico y vital en el que las clases nacionales ceden su lugar al proletariado minero en tanto que sujeto emancipatorio.

Para entender la relación de Zavaleta con el marxismo habrá que tener en cuenta dos cuestiones: (1) la dificultad de hallar indicios de un desarrollo profundo de la tradición marxista en la Bolivia previa a la Guerra del Chaco (García Linera 2008), a excepción de la ambivalente figura de Gustavo Navarro, mejor conocido como Tristán Marof y (2) que entre aquel acontecimiento bélico y la huelga de masas de noviembre de 1979, el marxismo vivió a la sombra del nacionalismo revolucionario en tanto que ideología hegemónica (Antezana 1983). Mientras convivieron, marxismo y nacionalismo revolucionario se desenvolvieron antagónicamente.

Durante la etapa mnrista de Zavaleta, el marxismo en Bolivia estaba cristalizado teórica y políticamente en las estructuras del Partido de Izquierda Revolucionaria (PIR), del Partido Obrero Revolucionario (POR) y del Partido Comunista Boliviano (PCB). Entendiendo que «Alienarse es entregar la conciencia a hechos no referidos a la propia realidad concreta o referirse a conceptos muy generales y perder el contacto con los hechos inmediatos» (Zavaleta 2011b: 159), Zavaleta consideró que la expresión boliviana de la corriente fundada por Marx y Engels era una ideología alienada, sobre todo porque en sus pretensiones de constituirse en una explicación total del hombre y su destino no podía captar los problemas nacionales: «Le piden al proletariado que sea internacional y a Bolivia que luche por la revolución mundial sin apercibirse de que el proletariado de las naciones industrializadas es internacional (cuando lo es) porque es nacional; que puede ser internacional porque ha sido ya plenamente nacional» (2011b: 163).

En tanto que filosofía universal –decía Zavaleta– el marxismo sólo era realizable en un país igualmente *universal* como Francia o Inglaterra, pero no en uno como Bolivia, donde la nación no había terminado de constituirse. Recuperando a Arturo Jauretche, sostuvo que sin el «sustantivo» nación el «adjetivo» marxismo se transformaba en «la caricatura de un universalismo verdadero» (Zavaleta 2011b: 161).

Producto del universalismo abstracto del marxismo boliviano, que aparecía despojado del particular concreto (cuestión nacional), Zavaleta se enfrentó en muy duros términos con esta corriente. Así, llegó a decir que los dirigentes del entonces pro-estalinista PIR «no llegan al marxismo sino que arrancan de él, como las polillas que salen de los libros guardados» (Zavaleta 2011b: 162) y que los trotskistas del POR no eran más que «una suerte de ejército de salvación de la extrema izquierda» (Zavaleta 2011b: 163). Pero las más ásperas adjetivaciones estuvieron reservadas para el PCB: «Para qué hablar de los comunistas: son agentes extranjeros» (Zavaleta 2011e: 110). A pesar de que en los años del exilio en México Zavaleta se afilia al PCB, en los tiempos en que ejerció el cargo de ministro de Minas y Petróleo lo había caracterizado como la organización marxista más alienada en términos ideológicos:

> alienarse es tener una opinión muy cuidadosa e informada sobre el conflicto Moscú-Pekín, por ejemplo, y no tener opinión alguna sobre los hornos de fundición de estaño en Oruro, tal como hace el Partido Comunista. Alienarse es también hacer inferencias y desciframientos entre la diferencia entre persona e individuo y no saber la tasa de crecimiento económico del país. Alienarse es, en suma, referirse a conceptos muy generales y perder el contacto con los hechos inmediatos […] en un país periférico y semicolonial […] las ideologías que pretenden trasladar al plano de la política interna las discusiones filosóficas del mundo se convierten en una forma de alienación, en uno de los modos de confundir el sentimiento nacional o pacto nacional. (2011e: 108)

Dicho esto, podemos arriesgar la hipótesis de que el enfrentamiento teórico-político del Zavaleta mnrista se daba menos con el marxismo en tanto que corriente universal de pensamiento que con las formas alienadas que el marxismo asumía en tierras bolivianas. Por lo mismo, no se trataba de un gesto de rechazo

> a la ideología en cuanto ideología sino de una ubicación de los conceptos ideológicos universales con relación al momento histórico y a los intereses de la nacionalidad. La diferencia entre estos partidos alienados y el nacionalismo consiste en que aquellos ponen la nación entera al servicio de una ideología en tanto que el nacionalismo utiliza las ideologías, pragmática y eclécticamente, al servicio de los intereses inmediatos del país. Para Bolivia es mucho más importante la Revolución Boliviana que la Revolución Mundial. (Zavaleta 2011e: 109)[6]

Con todo, estas consideraciones comienzan a cambiar durante sus años ingleses, verdadero punto de inflexión de aquello que alguna vez David Viñas (2000) llamó proceso de «marxistización». Ese proceso se gesta entre 1969 y 1970, se profundiza durante su breve retorno a la Bolivia de la Asamblea Popular de Juan José Torres, tanto como en el posterior destierro en Chile en tiempos de la Unidad Popular, y se termina de consumar en su exilio en México. Las obligadas estancias

---

[6] Si bien sus lecturas de los clásicos del marxismo durante su etapa mnrista son ciertamente marginales, ello no impide su rastreo. En *Estado nacional o pueblo de pastores (El Imperialismo y el Desarrollo Fisiocrático)* aparecen referencias a Marx, Engels, Trotsky y Lenin. En *La Revolución Boliviana y la cuestión del poder* Lenin vuelve a ser citado, sobre todo el de la fórmula «Socialismo = poder de los soviets + electrificación». Allí reconocía que «el único antiimperialismo verdadero es que tiene su raíz en un planteamiento de tipo clasista [...] la "fraternidad de las clases", planteada de esta manera, no es, casualmente, sino una tramoya pro imperialista» (Zavaleta 2011e: 102). Pero como vimos, en ese entonces las clases no eran definidas a través del clásico antagonismo marxiano entre burgueses y proletarios sino entre clases nacionales y clases antinacionales.

fuera de su tierra de origen le permitieron reflexionar sobre la historia reciente de su país con cierta distancia temporal, pero también geográfica. Geografía aquí no significa sólo otra tierra. Implica, sobre todo, un acercamiento y un contacto con otras culturas.

En el país trasandino Zavaleta continúa con el estudio de la dualidad de poderes en Lenin y Trotsky, tarea que, desde una óptica marxista, había comenzado en el capítulo segundo de *La caída del MNR*...[7] La materialización de esas reflexiones fue *El poder dual en América Latina. Estudios de los casos de Bolivia y Chile*[8]. Ya el subtí-

---

[7] Introducidas por los militantes trotskistas Ernesto Ayala Mercado y Guillermo Lora, las discusiones sobre el poder dual en Bolivia aparecieron desde los comienzos mismos de la Revolución Nacional: «resulta sorprendente ver la extraordinaria prosperidad que alcanzó esta teoría en Bolivia, como en ninguna otra parte, lo mismo que el propio pensamiento trotskista que aquí fue más poderoso como influencia que en cualquier otro país de la América Latina, acaso porque la situación era por sí misma heteroclítica como el trotskismo» (Zavaleta 2011d: 255). En rigor, la primera intervención de Zavaleta en estos debates se produjo con el texto «La Revolución Boliviana y el doble poder», publicado en 1962 en el semanario *Marcha*. Dos años después continúa esas indagaciones en *La Revolución Boliviana y la cuestión del poder* (1964). Sin embargo, ambas intervenciones fueron realizadas desde la óptica de un militante mnrista y un pensador nacionalista revolucionario, tal como él mismo confiesa, y no bajo la órbita de la teoría marxista. Todavía la lucha de clases era percibida como la oposición entre clases nacionales y clases anti-nacionales y la Revolución Nacional como un producto exclusivo del MNR. El desplazamiento hacia una interpretación marxista de la dualidad de poderes se producirá con la redacción de *La caída*... (1970).

[8] Este trabajo comenzó a escribirse en 1972 en el marco del Centro de Estudios de la Realidad Nacional (CEREN), del cual Zavaleta fue coordinador e investigador. La primera parte llegó a discutirse en un seminario interno de dicho centro. La segunda parte fue escrita en México, país en el que se exilia tras el golpe de Estado contra el gobierno de Salvador Allende. Las sucesivas ediciones que tuvo *El poder dual*... fueron modificando el subtítulo. Las publicaciones de 1974, 1977 y 1979, editadas por Siglo XXI México, se llamaron *El poder dual en América Latina. Estudios de los casos de Bolivia y Chile. Con un prefacio sobre los acontecimientos chilenos*, mientras que la edición de 1987, de Los Amigos del

tulo arroja las marcas de una época y un lugar –Chile, entre 1964 y 1973– donde se produce la primera de las dos grandes experiencias de latinoamericanización de las ciencias sociales –la otra será el México de los años posteriores al golpe de Estado de Augusto Pinochet. Allí también se gesta lo más avanzado y original del pensamiento marxista de la región, cuyo capítulo más trascendental tal vez lo encontremos en las llamadas «teorías de la dependencia».

Guiado por el esfuerzo de despegar al marxismo de sus expresiones alienadas y por intentar demostrar que las teorías en sí mismas no importan, sino que lo que afecta es lo que se hace con ellas, en *El poder dual...* la corriente fundada por Marx y Engels aparece como la única que puede estudiar las condiciones objetivas y las situaciones concretas. Pero no porque proporcione apriorísticamente un «método correcto» para ese análisis; más bien, porque es la realidad misma la que convoca a sus métodos de interpretación, lucha y transformación. Sin ambivalencias, Zavaleta escribió: «El marxismo es una guía para la acción y no una *summa theológica*, como se dice» (Zavaleta 2011f: 460). Muchos años después esta idea continuará inconmovible: «el marxismo como tal no ha producido nunca una revolución. Ello ha ocurrido, en cambio, cuando el marxismo ha leído en la historia nacional la formación subterránea de la revolución» (Zavaleta 2013a: 609).

El *Poder dual en América Latina* es un trabajo en el que predominan los temas obreros, la teoría del Estado de la clase trabajadora y la necesidad de edificar un partido proletario. Allí Zavaleta realiza una profunda exégesis de las obras de Lenin y Trotsky a través del concepto de *dualidad de poderes*. Frente a los dos modos de interpretar dicha categoría, esto es, como una situación de «carácter específico» en Lenin y como «ley genérica» en Trotsky, Zavaleta toma posición

---

Libro, llevó por título *El poder dual en América Latina. Problemas de la teoría del Estado en América Latina*.

en favor del primero. Mediado por las operaciones de lectura aprehendidas en la «escuela del nacionalismo revolucionario», encuentra en Lenin a un pensador marxista que parte de la realidad misma para realizar un «análisis concreto de situaciones concretas», un revolucionario que le otorga primacía a la «lógica del lugar». Bajo el prisma leniniano, la dualidad de poderes es concebida como una experiencia histórico-concreta anómala e irreductible a un modelo aplicable a diferentes realidades en tanto que paso *necesario* de los procesos de transformación social.

Por su parte, Zavaleta advierte que Trotsky logra esbozar el carácter metafórico que esta categoría comporta, concibiéndola como una experiencia «que designa un especial tipo de contradicción estatal o coyuntura estatal de transición» (Zavaleta 2011f: 377), y cuya utilidad se revela al momento de efectuar un análisis para situaciones en procesos que podrían resolverse por vía revolucionaria. No obstante, Zavaleta dirá que la dualidad de poderes en Trotsky parte de un punto de vista «cosmopolita» –expresión que retoma de Gramsci–, «universalista» y «alocalista» que soslaya las especificidades nacionales. Si de un lado el autor de *La revolución permanente* alcanza a comprender la «unidad de la historia del mundo», del otro no llega a discernir «la peculiaridad de la historia del mundo», esto es, la potencia que supone realizar una lectura *situada* y *localista* que permite indagar las especificidades de una «realidad» dada, como sí lo hizo Lenin. Sin ambivalencias, Zavaleta sentenció que en la lucha revolucionaria «La lógica del lugar, ciertamente, suele derrocar a la lógica del mundo» (Zavaleta 2011f: 389).

A pesar de que en *El poder dual...* Zavaleta le devuelve un lugar preponderante a la posibilidad de realizar análisis universalistas en la periferia capitalista, todavía sigue oponiendo dos formas de conocimiento de un modo binario, en el sentido de que termina posicionándose en favor de la «lógica del lugar» –de Lenin– frente a la «lógica del mundo» –de Trotsky–. Vale decir, aún Zavaleta no termina de instalarse desde el punto de vista de la *tensión* que existe entre los dos polos de la relación narrados –lo local y lo universal–, *tensión* que es constitutiva de ambos polos en cuanto tales (Grüner 2006).

La percepción de la *tensión* aparecerá unos años después en «Las formaciones aparentes en Marx». Tomando como punto de referencia la célebre *Introducción general a la crítica de la economía política* de 1857 de Marx, Zavaleta emprende una disputa teórica contra las formas dogmáticas y simplistas del marxismo que, presas de la «formación aparente» capitalista –la ideología– presentaron a la base económica como superestructura, leyendo allí una relación mecánica y de pura concordancia, donde esta última sería un mero epifenómeno de la primera. Desde esta perspectiva tendríamos dos polos: de un lado, la estructura económica, esto es, lo universal del capitalismo, del otro, la superestructura, que se levanta como una parte de esa universalidad.

Zavaleta no cuestiona que pueda realizarse esa distinción a los fines del análisis. Más bien, lo que él problematiza es que ese «sacrificio», «corte» o «reducción» sea tomado como la realidad misma: «Una cosa es, por cierto, la especificidad científica del análisis científico (o sea su integración comprobada) en el estudio de la base económica o modo de producción, así como en el de la superestructura, y otra pensar que en la realidad, o sea en el mundo de carne y hueso, ocurren de esa manera» (Zavaleta 2013b: 427).

De un modo absolutamente radical en términos políticos, pero también epistemológicos, Zavaleta sostiene que ambas instancias no existen separadamente, sino que lo que hay es una relación de simultaneidad: «la simultaneidad de la base y la superestructura es el hecho central de conocimiento social» (2013b: 428). Pensar la simultaneidad exige superar el modo binario para pasar a concebir a la sociedad como una *totalidad social orgánica*. El conocimiento social exige también pensar en el capitalismo como un «modelo de regularidad» –expresión que Zavaleta reiterará en trabajos posteriores–, donde el Estado y sus representaciones ideológicas deben ser percibidos como parte del proceso de producción mismo y no como un hecho meramente superestructural. En otras palabras, la operación zavaletiana implica la unificación del *aparente* divorcio polar.

Acaso *El poder dual...* y «Las formaciones aparentes en Marx» sean los únicos trabajos en los que Zavaleta se haya comportado como un verdadero comentarista del marxismo clásico. En su tercer momento –y sobre esto tendremos que volver– nos encontraremos no con un marxólogo sino con un creador de conceptos, no con un pensador que «aplica» categorías para interpretar la realidad sino como alguien que interpreta el mundo para crear conceptos que sirvan para transformarlo[9]. Interpretación como un modo de transformación. Y viceversa. Porque como ajustadamente señala Grüner con relación a las «lecturas unilaterales» de la ya célebre Tesis XI sobre Feuerbach de Marx, «1] La transformación del mundo es la *condición* de una interpretación correcta y "objetiva", y 2] viceversa, dada esta condición, la interpretación *es ya*, en cierta forma, una transformación de la realidad, que implica, en un sentido amplio pero estricto, un *acto político*, y no meramente "teórico"» (Grüner 2006: 108).

Tercer momento: el Mariátegui de Zavaleta

Al menos desde *La caída del MNR...*, los nombres de György Lukács, Antonio Gramsci, Edward Palmer Thompson, Louis Althus-

---

[9] Como sucediera con el marxista húngaro György Lukács, las ideas de Gramsci aparecerán en su obra reapropiadas al interior de una cosmovisión andino-amazónica. Unas veces explícitas, otras no tanto, formará parte de su acervo teórico más íntimo, sobre todo en la última etapa de su derrotero político-intelectual cuando, según la interpretación de Toranzo Roca (1985), se atrevió a pensar al marxismo por cuenta propia. A diferencia de la operación de lectura de Lenin y Trotsky, a quienes sometió a una profunda exégesis teórica, Gramsci no fue analizado de ese modo, sino directamente reapropiado a su cuerpo de ideas.

ser y Nicos Poulantzas comienzan a entrelazarse con los de Marx, Engels, Lenin y Trotsky. También asomará en su horizonte de inquietudes la figura de quien Antonio Melis se encargó de inmortalizar como el «primer marxista de América»: José Carlos Mariátegui.

En los años del exilio mexicano, de la llamada «crisis del marxismo» y de la «transición a la democracia» en el cono sur latinoamericano, se produjo una suerte de *revival* mariateguiano –la expresión es de José Aricó (1980). La obra del «Amauta» aparecía con la potencia de devolverle al marxismo su lugar incuestionado como teoría crítica, sitio que, al menos hasta la publicidad de los crímenes y tragedias del «socialismo real», el marxismo se había ganado por fuerza propia. En el contexto de la «crisis», la pregunta por el problema nacional –y con él, el de la democracia– se presentaba como uno de los más productivos espacios teórico-políticos para indagar las posibilidades de *otro* marxismo. Acaso el nombre de Aricó haya sido uno de los más significativos de esa búsqueda.

Según Aricó (2005), el discurso que en la Argentina enfatizaba la singularidad de las realidades nacionales pertenecía a las corrientes nacional-populares, pero no a la marxista-leninista. Su procedencia comunista lo había dejado desamparado de una «gran tradición teórica nacional». Fue así que el descubrimiento de Mariátegui y los grandes problemas nacionales se produjo «tardíamente y no por azar a través de Gramsci» (Aricó 2005: 96). Ello marca una distancia respecto del modo en que Zavaleta se encontrará con la figura del «Amauta» y la cuestión nacional: si bien ambos se topan con Gramsci antes que con Mariátegui, la propia realidad boliviana y el paso por el nacionalismo revolucionario serán las premisas que operarán como escenario para que Zavaleta indague en las causas de la irresolución de la construcción de la nación.

Las huellas mariateguianas en la gramática de Zavaleta se limitan a unas pocas referencias: apenas un artículo de 1976, «Peruanizar a Perú: de Mariátegui a Morales», escrito para el diario *El Excélsior* de

México, una conferencia recientemente rescatada, dictada en 1980 en la Universidad Autónoma Metropolitana, Unidad Xochimilco (UAM-X), en el marco del coloquio «A 50 años de la muerte de Mariátegui», y alguna mención en *Lo nacional-popular en Bolivia*. A pesar de sus exiguas apariciones, en esas pocas líneas escritas sobre Mariátegui se adivina cuál de los «varios hombres dentro de este hombre» (Zavaleta 2015c: 169) es el Mariátegui de Zavaleta: menos el que interpretaba al imperio incaico como un modelo de Estado socialista[10] que aquel otro que, como el Gramsci de *La cuestión meridional*, pugnaba por la reconstrucción de la nación. Mariátegui es convocado como «el ideólogo de la cuestión nacional, el que hablará de "peruanizar al Perú", lo cual es de hecho una consigna burguesa dirigida contra una burguesía anti-nacional» (Zavaleta 2015c: 171). Tal como venía practicando él mismo desde sus tiempos en el nacionalismo revolucionario, Zavaleta destacará aquel gesto de estudiar la realidad peruana, la profunda realidad peruana, como una forma de asediar y arrasar la historia oficial. No se trata de una búsqueda homogeneizante de la nacionalidad que pretende borrar las diferencias en pos de una hegemonía cultural occidentalizada, sino de un nacionalismo a favor de los oprimidos, cuyo eje de articulación es en Mariátegui el indio-proletario, y en Zavaleta el proletario-indio. Tanto en uno como en otro, la cuestión nacional se encuentra indisolublemente ligada a la constitución de sujetos políticos clasistas:

> la nación no es una simple mediación entre las clases y el mundo; la clase no es una simple mediación entre el individuo y la nación;

---

[10] Mariátegui (2004) advierte sobre la necesidad de distinguir entre el comunismo incaico y el comunismo moderno en tanto ambos son productos de diferentes experiencias humanas pertenecientes a distintas épocas históricas. Mientras el primero respondía a una civilización agraria en la que el hombre se sometía a la naturaleza, el segundo pertenece a una civilización urbana e industrial, donde es la naturaleza la que se somete al hombre.

pero los individuos son clasistas y nacionales, las clases son nacionales (que la clase se haga nacional es la señal de que la nación existe) y las naciones, de algún modo, son también clasistas. Una clase las ha hecho. (Zavaleta 2013b: 442)

Se trata entonces de un nacionalismo materialista que convoca a la unidad de la peruanidad y la bolivianidad profundas. Y en Zavaleta, significa el intento de consumación de un camino ya emprendido: la conjugación entre lucha nacional y lucha de clases.

Zavaleta llegó a sugerir que el pensamiento de Mariátegui representó «el acontecimiento histórico más importante del Perú en todas las primeras décadas del siglo. Pero quizá no sólo del Perú: [...] tal vez al pensar en su país pensaba ya en todos nosotros» (Zavaleta 2015c: 168). Seguramente, las características comunes que presentan Perú y Bolivia en términos socio-históricos permiten afirmar que los problemas peruanos son también problemas bolivianos. Si bien sus composiciones sociales no son *idénticas*, comparten el hecho de que las clases sociales se encuentran *racialmente* constituidas, en el sentido de que los sujetos colectivos antes que una identidad de clase tienen una identidad étnica.

Arrastrado desde el «pecado de la conquista», según la expresión de Mariátegui, la *negación* de la mayoría indígena en la fundación de la república es otro de los elementos comunes de dos países que se constituyeron sobre los hombros de los indios: «Lo característico del Perú eran los indios, la presencia abrumadora de indios, el hecho de ser un país indio que no quería ser indio, el pecado de querer constituir una sociedad y una economía sin el indio y contra el indio» (Zavaleta 2015c: 172-173). En ambos, las clases dominantes –pero también sus intelectualidades– intentaron forjar la nación a través de la *negación* de ese dato –que es, en rigor, más político que demográfico–: «Dígase a la vez que la única creencia ingénita e irrenunciable de esta casta fue siempre el juramento de su superioridad sobre los indios, creencia en sí no negociable, con el liberalismo o sin él y aun con el marxismo o sin él» (Zavaleta 1986: 112). Pero no se trataba solamente de una clase dominante opresora, sino también extranjera; una clase que no se ha hecho nacional. Por eso, Zavaleta decía que ellas se encontraban en un país al cual no pertenecían.

La intelectualidad de izquierdas de ambos países heredará sus preocupaciones por el problema de la nación de un *drama* también compartido: la derrota bélica. Pero si el resultado adverso en la Guerra del Pacífico (1879-1884) permitió a una parte de la intelectualidad peruana –en la que sobresalía la figura de Manuel González Prada– descubrir una realidad nacional invertebrada, Bolivia tendrá que perder otra guerra para lograr un descubrimiento similar: «El amor, el poder, la guerra. En eso consiste la verdad de la vida. Pues bien, fue en el Chaco, lugar sin vida, donde Bolivia fue a preguntar en qué consistía su vida» (Zavaleta 2013c: 37).

Si bien no hay referencias explícitas al respecto, es probable que Zavaleta se haya inspirado en Mariátegui para pensar algunas cuestiones relativas a la inconstitución de la nación en Bolivia. Recordemos que para Mariátegui (2004) una de las causas obturadoras del desarrollo capitalista y la construcción de la nación había que encontrarla en la ausencia de una verdadera clase burguesa que, dueña de un espíritu capitalista moderno, fuera capaz de organizar un Estado fuerte y un mercado interno, liquidando con ello al hegemónico régimen feudal. Aquello que Mariátegui definió como una burguesía «virreinalista» fue conceptualizado por Zavaleta (2013d) como «burguesía incompleta», categoría que aludía a una clase social imposibilitada de despojarse del mito pre-capitalista. Eran, decía Zavaleta, «burgueses con una cabeza preburguesa» (1986: 110). Frente a esa carencia, y bajo una interpretación de la historia nacional desde una perspectiva marxista, ambos sostuvieron que las tareas nacionales que comenzaron siendo burguesas debían transfigurarse en socialistas.

El hecho de que las burguesías no se hayan hecho clases nacionales revelaba «una doble ventaja para el proletariado que, por un lado, puede asumir su papel de portador de lo universal en lo nacional y, por el otro, el papel de caudillo nacional, de caudillo de clases nacionales. En fin, el proletariado es el encargado de realizar las tareas burguesas que la burguesía no ha sabido realizar» (Zavaleta 2015c: 174). Así, «Al ser la nación la premisa necesaria para que se logre la comunicación de unos oprimidos con otros, el proletariado está profundamente interesado en la resolución de la cuestión nacional» (Zavaleta 2015c: 176).

El problema de la nación en el Mariátegui de Zavaleta se trama al interior de una de las obsesiones que lo acompañan desde sus épocas en el nacionalismo revolucionario:

> Entre los problemas con que nos encontramos nosotros, los hombres latinoamericanos en general –pero quizá, sobre todo los hijos de aquellos países que han quedado más atrás en la constitución de sus Estados nacionales y de sus naciones en un sentido capitalista moderno– esta es la cuestión que se puede llamar de la relación contradictoria entre lo universal y lo local. (Zavaleta 2015c: 168)

¿Cómo vivir la contradicción entre lo local y lo universal, entre lo nacional y lo proletario? ¿Cómo ser universal (marxista) sin perder el modo de ser local (nación)? Y más específicamente, ¿cómo ser universal en formaciones abigarradas, esto es, en sociedades en las cuales la nación no se constituyó porque el capitalismo no se totalizó?[11] Fue así que agudamente señaló que

---

[11] Así, a diferencia de la idea de formación económico-social, que alude a una articulación de diversos *modos de producción* sometidos a la lógica del *modo de producción* capitalista, lo *abigarrado* tiene que ver con una superposición *no combinada* de diversos *modos de producción,* que no están del todo disueltos ni del todo integrados. En las *formaciones abigarradas* pareciera «como si el feudalismo perteneciera a una cultura y el capitalismo a otra y ocurrieran sin embargo en el mismo escenario» (Zavaleta 2013e: 105). No obstante, el abigarramiento no es sólo la *no combinación* de *modos de producción* sino que implica también varias formas de diferenciación social, visiones alternativas del mundo, diversas den-

cuando tratamos de ser universales perdemos nuestro modo de ser local, que se traduce en una pérdida de identidad, o cuando insistimos en nuestra identidad, perdemos lo que debe tener de universal un pensamiento. Es un equilibrio extremadamente difícil. En todo caso, la contradicción entre lo universal y lo local se traduce de inmediato en la contradicción entre lo colectivo y lo individual. (Zavaleta 2015c: 168)

Si donde hay alguna forma de universalidad históricamente construida existe por definición una particularidad que se le opone (Grüner 2003), en la región andina de América Latina la indianitud representa esa particularidad que se enfrenta al universal marxista. En otras palabras, lo indígena aparece como lo nacional no constituido:

Si lo nacional se refiere a países como Perú o Bolivia, es claro que hay una cierta contradicción entre el proletario y el ser evidentemente universal. Esta contradicción comprende la aplicación de la sumisión racional del mundo como algo que está ocurriendo a manera de historia universal y lo indígena como un dato evidentemente local. Es una suerte de drama preclaro en este tipo de países. Son muy pocos los hombres que han logrado superar este tipo de contradicciones que son tan difíciles. Mariátegui es, sin duda, uno de ellos. (Zavaleta 2015c: 168)

En suma, si con Marx y la ley del valor se puede captar el *horizonte de visibilidad* de la época en su sentido universal, con Mariátegui se problematiza la universalidad del marxismo desde una perspectiva local en formaciones abigarradas. Y esto tiene que ver con una de las hipótesis centrales de la obra de Zavaleta: el despliegue y desarrollo del modo de producción capitalista y de la ley del valor hacen posible que la sociedad se cuantifique, y que, por lo tanto, sea calculable: «el grado de cognoscibilidad de una sociedad habla también de la medida en que se ha instalado allá el modo de producción capitalista»

---

sidades temporales mezcladas y estructuras locales de autoridad que compiten con la forma estatal.

(Zavaleta 2013b: 429). En sentido inverso, las sociedades abigarradas, esto es, aquellas en las que existe una superposición *no combinada* de unos *modos de producción* que no están del todo disueltos ni del todo integrados, son sociedades no totalizadas, y por ello el conocimiento se presenta de manera difusa y oscura. De ahí que las sociedades abigarradas reclamen un método de conocimiento propio.

Las lecturas de Mariátegui por parte de Zavaleta son las de alguien que pone sus esfuerzos epistemológicos y políticos por instalarse desde el punto de vista de una *tensión* irresoluble. Ya no se trata de posicionarse al interior de un discurso binario e ideológico –propio de las «formaciones aparentes», diría Zavaleta– que identifica el problema del conocimiento como pares de oposición mutuamente excluyentes –en este caso, local/universal y/o nacional-internacional–, sino, como señala Grüner, se trata más bien de pensar «la tensión dialéctica, el conflicto entre esos "polos", que sólo pueden ser percibidos como tales polos precisamente porque la relación entre ellos es la que los constituye, la que les asigna su lugar» (2006: 107). Así, la permanencia en el conflicto, nos dice nuevamente Grüner, impide que el universal «se cierre sobre sí mismo».

La «lección de método» de Mariátegui, según la expresión de Aricó (1986), consiste en producir un marxismo latinoamericano con sede nacional que cuestione sus pretensiones de universalidad. Dicho de otro modo: significa asumir que el marxismo en tanto que teoría del «modelo de regularidad» del modo de producción capitalista no es más que una dogmatización si se lo pretende utilizar como «gramática universal»:

> El conocimiento crítico de la sociedad es entonces una consecuencia de la manera en la que ocurren las cosas [...] La manera de la sociedad define la línea de su conocimiento. Entre tanto, la pretensión de una gramática universal aplicable a formaciones diversas suele no ser más que una dogmatización. Cada sociedad produce un conocimiento (y una técnica) que se refiere a sí misma. (Zavaleta 2013e: 107)

La cuestión nacional se presenta como el escenario privilegiado que viene a *negar* al marxismo entendido como «piedra filosofal» y «summa feliz». Lejos de concebir al marxismo en su forma *ideológica, aparente*, cuyas respuestas surgen antes que las propias preguntas, Zavaleta recupera su sentido *crítico*, el que puede dar cuenta de aquello que es relativo a cada sociedad. Por eso se atiene a la creación de nuevos conceptos que permiten, sin perder de vista la universalidad, producir conocimiento local. Ya no se trata, como en el segundo momento, de realizar una exégesis de los clásicos del marxismo, sino de practicar su in-corporación, en el sentido de absorberlos en su cuerpo de ideas. Lo que se propone aquí es más una puesta en práctica del ejercicio de traducción conceptual, invocada por la propia realidad nacional, que una simple y mecánica aplicación de una teoría. Fue así que, a través de sus lecturas de Marx, Lenin y Gramsci, Zavaleta logró componer, entre otras, categorías como *formación social abigarrada, Estado aparente, momento constitutivo, ecuación social* e *irradiación*[12]. ¿Acaso no alude a ello la consigna de «peruanizar al Perú»?

En este tercer momento se juega un intento de superación de los momentos precedentes. Aquí ya no hay enfrentamiento entre nacionalismo revolucionario y marxismo sino un intento de conjugación entre ambos: «Se me ocurre que no podrá haber vida democrática en Bolivia si no se logra un pacto histórico, un programa democrático

---

[12] El concepto de *semicolonia* de Lenin inspiró al de Estado *aparente*, el de «crisis nacional general» a su categoría de *crisis* y la noción de *abigarramiento* fue tomada prestada de *Sobre el derecho de las naciones a la autodeterminación*. Asimismo, la idea de «lógica de la fábrica» como escuela del proletariado, que Zavaleta desarrolla en textos como «Las formaciones aparentes en Marx» y «Los cuatro conceptos de la democracia», también es de cuño leninista. Pero también Vladimir Ilich Uliánov le infundió una concepción de partido como depositario y garante de los intereses históricos del proletariado. Por su parte, la categoría de *bloque histórico* de Gramsci iluminó su concepto de *ecuación social*, la de *hegemonía* a la de *irradiación* y *hegemonía negativa*, la *concepción del mundo* al *prejuicio de masas* y la *filosofía de la praxis* al *antropocentrismo*.

así sea limitado en el tiempo, pero común a estas dos grandes tendencias que han surgido de la política nacional» (Zavaleta 2015b: 71). Seguramente la *in-corporación* mariateguiana a su cuerpo de ideas haya resultado fundamental para una concepción nacional de la transformación revolucionaria, esa audaz apuesta política en la que se le fue la vida.

Bibliografía

Althusser, Louis (1966): *La revolución teórica de Marx*. México: Siglo XXI.

Antezana, Luís (1983): «Sistema y procesos ideológicos en Bolivia (1935-1979)». En Zavaleta Mercado, René (Comp.): *Bolivia, hoy*. México: Siglo XXI, 60-84.

— (1991): *La diversidad social en Zavaleta Mercado*. La Paz: CEBEM.

Arguedas, Alcides (1996): *Pueblo enfermo*. La Paz: Librería Editorial América.

Aricó, José (1980): «Introducción». En Aricó, José (ed.): *Mariátegui y los orígenes del marxismo latinoamericano*. México: Siglo XXI, XI-LVI.

— (1982): *Marx y América Latina*. Buenos Aires: Catálogos editora.

— (1986): «Mariátegui: el descubrimiento de la realidad». En *Debates 4*.

— (2005): *La cola del diablo. Itinerario de Gramsci en América Latina*. Buenos Aires: Siglo XXI.

Cortés, Martín (2015): *Un nuevo marxismo para América Latina. José Aricó: traductor, editor, intelectual*. Buenos Aires: Siglo XXI / CCC.

García Linera, Álvaro (2008): «Indianismo y marxismo. El desencuentro de dos razones revolucionarias». En Stefanoni, Pablo (ed.): *La potencia plebeya. Acción colectiva e identidades indígenas, obreras y populares en Bolivia*. Buenos Aires: Prometeo Libros, 501-526.

Grüner, Eduardo (2003): «Introducción. El retorno de la teoría crítica de la cultura: una introducción alegórica a Jameson y Žižek». En Jameson, Frederic & Žižek, Slavoj: *Estudios Culturales. Reflexiones sobre el multiculturalismo*. Buenos Aires: Paidós, 11-63.

— (2006): «Lecturas culpables. Marx(ismos) y la praxis del conocimiento».

En Borón, Atilio & Amadeo, Javier & González, Sabrina (eds.): *La teoría marxista hoy. Problemas y perspectivas*. Buenos Aires: CLACSO, 105-147.
— (2010): *La oscuridad y las luces. Capitalismo, cultura y revolución*. Buenos Aires: Edhasa.
HEGEL, George Wilhelm Friedrich (2009): *Fenomenología del Espíritu*. Madrid: Pre-textos.
LÓPEZ, María Pía (2004): «Estudio preliminar. Mariátegui: apología de la aventura». En Mariátegui, José Carlos: *Siete ensayos de interpretación de la realidad peruana*. Buenos Aires: Gorla, 5-19.
MARIÁTEGUI, José Carlos (2004): *Siete ensayos de interpretación de la realidad peruana*. Buenos Aires: Gorla.
MONTENEGRO, Carlos (1982): *Nacionalismo y coloniaje*. La Paz: Los amigos del libro.
OBLITAS FERNÁNDEZ, Edgar (1997): *La polémica en Bolivia. Tomo II*. La Paz: Editorial Jurídica Temis.
TAMAYO, Franz (2010): *Creación de la pedagogía nacional*. La Paz: G.U.M.
TAPIA MEALLA, Luís (1989): «Estado y democracia». En Mayorga, Fernando (ed.): *El pensamiento de Zavaleta Mercado*. Cochabamba: CISO-UMSS, 37-49.
— (2002): *La producción del conocimiento local. Historia y política en la obra de René Zavaleta*. La Paz: Muela del Diablo.
VIÑAS, David (2000): *Menemato y otros suburbios*. Buenos Aires: Adriana Hidalgo.
WEBER, Max (2002): *Economía y sociedad*. Madrid: FMC.
ZAVALETA MERCADO, René (1986): *Lo nacional-popular en Bolivia*. México: Siglo XXI.
— (2011a): «El proletariado minero en Bolivia». En Souza Crespo, Mauricio (ed.): *Obra completa. Tomo I: Ensayos 1957-1974*. La Paz: Plural editores, 745-788.
— (2011b): «Bolivia. El desarrollo de la conciencia nacional». En Souza Crespo, Mauricio (ed.): *Obra completa. Tomo I: Ensayos 1957-1974*. La Paz: Plural editores, 121-210.
— (2011c): «Reflexiones sobre abril». En Souza Crespo, Mauricio (ed.): *Obra completa. Tomo I: Ensayos 1957-1974*. La Paz: Plural editores, 667-680.

— (2011d): «La caída del MNR y la conjuración de noviembre (Historia del golpe militar del 4 de noviembre de 1964 en Bolivia)». En Souza Crespo, Mauricio (ed.): *Obra completa. Tomo I: Ensayos 1957-1974*. La Paz: Plural editores, 211-332.
— (2011e): «La Revolución Boliviana y la cuestión del poder» En Souza Crespo, Mauricio (ed.): *Obra completa. Tomo I: Ensayos 1957-1974*. La Paz: Plural editores, 97-120.
— (2011f): «El poder dual en América Latina». En *Obra completa. Tomo I: Ensayos 1957-1974*, editado por Mauricio Souza Crespo. La Paz: Plural editores, 367-526.
— (2011g): «Testimonio. Insurgencia y derrocamiento de la Revolución Nacional Boliviana». En Souza Crespo, Mauricio (ed.): *Obra completa. Tomo I: Ensayos 1957-1974*. La Paz: Plural editores, 579-596.
— (2013a): «Acercamientos a Marx: ni piedra filosofal ni summa feliz». En Souza Crespo, Mauricio (ed.): *Obra completa. Tomo II: Ensayos 1975-1984*. La Paz: Plural editores, 605-609.
— (2013b): «Las formaciones aparentes en Marx». En Souza Crespo, Mauricio (ed.): *Obra completa. Tomo II: Ensayos 1975-1984*. La Paz: Plural editores, 425-458.
— (2013c): «Consideraciones generales sobre la historia de Bolivia (1932-1971)». En Souza Crespo, Mauricio (ed.): *Obra completa. Tomo II: Ensayos 1975-1984*. La Paz: Plural editores, 35-96.
— (2013d): «La burguesía incompleta». En Souza Crespo, Mauricio (ed.): *Obra completa. Tomo II: Ensayos 1975-1984*. La Paz: Plural editores, 421-424.
— (2013e): «Las masas en noviembre». En Souza Crespo, Mauricio (ed.): *Obra completa. Tomo II: Ensayos 1975-1984*. La Paz: Plural editores, 97-142.
— (2015a): «*De cerca* con René Zavaleta Mercado». En Souza Crespo, Mauricio (ed.): *Obra completa. Tomo III: Volumen 2. Otros escritos 1954-1978*. La Paz: Plural editores, 107-118.
— (2015b): «René Zavaleta Mercado: "Todo lo que es Bolivia hoy no es sino el desplegamiento de 1952"» (Entrevista). En Souza Crespo, Mauricio (ed.): *Obra completa. Tomo III: Volumen 2. Otros escritos 1954-1978*. La Paz: Plural editores, 65-75.

— (2015c): «En torno a Mariátegui. A 50 años de su muerte». En Souza Crespo, Mauricio (ed.): *Obra completa. Tomo III: Volumen 2. Otros escritos 1954-1978*. La Paz: Plural editores, 167-182.

VI.

Horizonte(s) de visibilidad: sujeto y autoconocimiento. Lukács y Zavaleta en la construcción epistemológica del marxismo

Jaime Ortega Reyna (UAM-I)

> Luchar significa conocer la monstruosidad del poder que tenemos delante.
>
> Toni Negri

René Zavaleta ha sido uno de los lectores más atentos del marxismo en el siglo XX y uno de los intelectuales bolivianos que más ha aportado a su desarrollo. No hay en su obra autor relevante con el que no se discuta o se distancie. Igualmente hubo incorporaciones productivas, más allá de lo que ciertas ortodoxias de la época solían permitir. Pero Zavaleta era un marxista tan heterodoxo como fino para enlazar sus argumentos, más allá de los cánones. El anudamiento de corrientes tan diversas hace que por sus textos desfilen por igual, además de Marx y Engels, Gramsci, Lenin, Stalin, Kautsky, Trotsky, Althusser o Poulantzas. Para los fines que ahora nos hemos propuesto, queremos presentar la relación con un marxista fundamental para el siglo XX: György Lukács.

Lukács es el marxista más importante después de la muerte de Lenin por dos razones fundamentales. La primera es que con él se funda una escuela de reflexión que hasta nuestros días sigue impactando los campos de la cultura, mejor conocida como Teoría crítica de la sociedad, y que tuvo como continuadores inmediatos a la primera generación de la Escuela de Frankfurt, que encontraron en la obra de Lukács el ejemplo de cómo ejercitar el marxismo desde claves filosóficas, hegelianas en su matriz y adheridas en general a las problemáticas de la filosofía clásica alemana, destacando particularmente el tema de la conciencia. La segunda es la que refiere a un corte o ruptura, como bien lo ha señalado Perry Anderson, por más que no guste la alegoría espacial: con Lukács se funda una de las versiones del «marxismo occidental», esto es, una reflexión que todavía atravesada por las grandes luchas de clases de principios del siglo XX, recoge lo mejor de la tradición de la revolución rusa, la aspiración de la revolución alemana y húngara y potencia lo anterior en un ejercicio de renovación política, ideológica y teórica de grandes dimensiones que desplaza el economicismo y supone la apertura al camino que conduce a la noción de totalidad. Lukács es en ambos sentidos el gran fundador de una inspiración totalizante del marxismo, una que pretende fundamentarlo como una gran ontología que intervenga en todos los discursos filosóficos: el método, la ética, la estética, la teoría literaria, el ser social, la política; esto es, en la tradición de la «filosofía clásica alemana», una versión trascendental del marxismo. Dicha pretensión entrará en discusión con las corrientes existencialistas (Merleau Ponty), con las versiones estructuralistas que harán entrar en crisis dicha pretensión (Althusser) y con aquellas que parten de la praxis como eje (cuya vertiente, emparentada en algunos puntos fundantes, encarnaría Gramsci).

Evidentemente la recepción que hace Zavaleta no es la de un filólogo o un comentador, como lo tendrán otros autores en América Latina. La recepción es más bien una incorporación de las problemáticas que el marxismo viene conjugando desde la aparición de la obra de Lukács. Algunas de estas problemáticas se presentarán como fundamentales a partir de los ensayos contenidos *en Historia y conciencia de clase*, conjunto de trabajos aparecidos en 1923 en donde se pondrán en juego las temáticas del sujeto, el método, el autoconocimiento y la actualidad de la revolución.

En las páginas que siguen abordaremos de manera diferenciada, por motivos de exposición, las que consideramos tesis centrales de Lukács en sus ensayos sobre «dialéctica materialista», subtítulo que contiene *Historia y conciencia de clase*, y una parte de la incorporación que hace Zavaleta de dichas tesis a través de su perspectiva propia, conjugándola con elementos del propio filósofo húngaro y otros teóricos. Además, expondremos algo sobre la perspectiva que guardamos sobre una lectura de la actualidad de la obra del sociólogo boliviano.

Antes de comenzar es preciso señalar que Zavaleta, aunque deudor del marxismo occidental, jamás capituló ante la posibilidad de construir un pensamiento propio que se arraigara y enraizara en las dinámicas propias de Bolivia y en el conjunto de América Latina. El marxismo, si tiene algún sentido, es justamente porque puede responder a problemas y dilemas de situaciones específicas, concretas, en donde se juega la lucha contra y por el poder. Es en la historia de las clases subalternas, en su capacidad de lucha, de resistencia, de recomposición en la derrota, donde los nombres de un Lukács o un Gramsci, Marx o Engels encuentran un sentido.

Lukács, el marxismo ortodoxo y la totalidad

Es bien sabido que Lukács se declaraba un marxista ortodoxo, al ceñir la ortodoxia a una cuestión de método –la dialéctica y el principio de la totalidad– y no a principios políticos o ideológicos. Es la concepción que se tiene de la dialéctica y de la totalidad las que definen tal caracterización de su marxismo. El objetivo de centrar el problema en el método, entendido como adhesión a la dialéctica y a la concepción de la totalidad, tiene una relación inmediata con el sujeto:

> sólo si está dada una situación histórica en la cual el correcto conocimiento de la sociedad resulta ser para una clase condición inmediata de su autoafirmación en la lucha; sólo para esa clase su autoconocimiento es al mismo tiempo un conocimiento recto de la entera sociedad, y

sólo si, consiguientemente, esa clase al mismo tiempo, para ese conocimiento, sujeto y objeto del conocer y la teoría interviene de este modo inmediata y adecuadamente en el proceso de subversión de la sociedad. (Lukács 2009: 91)

Ya desde las primeras páginas de *Historia y conciencia de clase* queda claro el punto esencial para la interpretación del marxismo de Lukács: el principio organizativo del método es el del punto de vista de la totalidad, principio que representa la transformación más revolucionaria en la ciencia (social). La totalidad a conocer tiene un principio dialéctico: la relación entre un sujeto y un objeto de la historia. El sujeto-objeto de la historia es la clase social que se afirma en la lucha, dicha afirmación pasa por el conocimiento «correcto» de la totalidad. Sin totalidad no hay conocimiento y sin conocimiento no hay distinción clara de quién es el sujeto-objeto de la historia. De lo que se trata en el marxismo es de captar el sentido y devenir de la «relación dialéctica del sujeto y el objeto en el proceso histórico» (Lukács 2009: 92).

La dialéctica del sujeto-objeto en el devenir histórico que Lukács está tratando de oponer como alternativa al economicismo, que considera que sólo el campo cerrado y delimitado de la «economía» determina al conjunto social y al individuo, rehabilita la lectura hegeliana del marxismo, a partir de una noción distinta de determinación. Lukács parte de la premisa de que la realidad histórico-social (y sólo esta) es siempre la articulación de los hechos individuales en la totalidad del movimiento o desarrollo del conjunto. Esto es, para decirlo sencillamente: no es la suma de las partes o individuos la que explica al conjunto o la totalidad, sino que a partir de la totalidad es posible captar el origen, sentido y desarrollo de los actos particulares. El marxismo es la reconstrucción de este entramado, siempre y cuando se entienda que lo que estudia es la realidad histórico-social, la construida por los seres humanos en sociedad, y no se le extienda al conjunto de la ciencia natural. Sentencia categórico el filósofo húngaro: «La totalidad concreta es, pues, la categoría propiamente dicha de la realidad» (Lukács 2009: 101).

La realidad es entonces la totalidad histórico-social; identificada plenamente ya con el capitalismo, representa un reto para su conocimiento, pues ella se produce y se auto-produce. Lukács operará un regreso a Hegel en este punto, crucial. Se trata de entender el conjunto del marxismo −o materialismo histórico en su terminología− como un parangón de la filosofía hegeliana, en el sentido de que ambos son teoría del «auto-conocimiento» de la realidad. Si bien con matices y diferencias, ambas formas de comprensión (la marxista y la hegeliana) parten de dicho presupuesto: es la sociedad la que se autocomprende a partir de un proceso de auto-conciencia, de reconocimiento como totalidad orgánica; conocer es captar el sentido del desarrollo y el despliegue de dicha totalidad. La separación más evidente para Lukács entre una y otra forma es de tipo política. No se trata de conocer la sociedad de manera exterior, sino de que desde el seno de ella misma surjan las condiciones de posibilidad de su autoconocimiento. Para Lukács esto ya es posible a partir de la emergencia del proletariado, en tanto clase social por excelencia.

La clase o el proletariado, que usaremos sin matices: para Lukács se trata de un mismo proceso, que en el devenir de la sociedad capitalista produce al sujeto que es capaz de lograr la «cabal y correcta» comprensión de la sociedad. El Sujeto-objeto de la historia tiene ya una fisonomía, no es producto de la especulación hegeliana: se encuentra anclado en el terreno de la historia, es sujeto de carne y hueso, pero también es objeto de esa sociedad en tanto fuerza de trabajo utilizable: «El proletariado es, sin duda, el sujeto conocedor de ese conocimiento de la realidad total social» (Lukács 2009: 115). Ya la sola afirmación, breve y tajante, ha producido una primera revolución teórica en el marxismo. De hecho, es la constatación de algo que después de la revolución rusa parece prístino a los ojos de los marxistas europeos. Es el proletariado el sujeto-clase por excelencia, el encargado de realizar el conocimiento y subversión del todo social. Al proletariado, una vez que asume su papel como sujeto, el conocimiento de la sociedad le resulta crucial, pues en el fragor de la lucha «no es un espectador neutral de ese proceso».

Insistimos que la operación lukacsiana de hegelianizar el marxismo lo obliga a pronunciarse no sólo en la cuestión del sujeto, sino además a colocar a dicho sujeto como portador de la condición necesaria para lograr el conocimiento. Así lo resuelve en el segundo ensayo de *Historia y conciencia de clase*: «La totalidad del objeto no puede poner más que cuando el sujeto que lo pone es él mismo una totalidad y, por lo tanto, para pensarse a sí mismo, se ve obligado a pensar el objeto como una totalidad. En la sociedad moderna son exclusivamente las clases las que representan como sujeto ese punto de vista de la totalidad» (Lukács 2009: 123).

El objeto de la totalidad, esto es, el conjunto de la realidad, es puesto por el sujeto, que es su creador y artífice. Si el sujeto quiere pensarse y reconocerse como tal, debe pensar también al conjunto del objeto: darse cuenta, tomar conciencia, de que es él y nadie más el creador del objeto. Que la totalidad no es sino su creación, de la cual está escindido, pero sin la cual no podría existir. La clase social, o proletariado, asume en el discurso lukacsiano un privilegio epistemológico: al ser la constructora de la totalidad, sólo ella puede conocerla. Cuando la conoce, se auto-conoce. Sujeto y objeto están determinados por el punto de vista de la totalidad, por igual.

Pasar del terreno filosófico del sujeto-objeto al momento concreto de las clases de la sociedad burguesa obliga a Lukács a referirse al concepto de mediación que considera el punto central del marxismo. La mediación fundamental será, para todo su entramado categorial, la conciencia de clase. He ahí el problema fundamental en Lukács. Adelantemos lo central, para hacer más asequible el resto: ¿qué es la conciencia de clase? La conciencia de clase es, ante todo, conciencia de la totalidad o conciencia del devenir del sujeto-objeto en la historia. Conciencia es la certeza, es el conocimiento o asedio a las determinaciones históricas, económicas y sociales. La conciencia es el conocimiento de la necesidad y la capacidad de utilizar la libertad dentro de marcos históricos, en este caso los de la sociedad capitalista. La conciencia de clase es la utilización de ella dentro de un marco específico: el de la totalidad capitalista. Se trata de la explotación del horizonte de la totalidad a favor de quien es capaz de situarse como el eje estructurante de la realidad toda: el proletariado.

Lukács identifica el interés del conocimiento con el proletariado, pero también la capacidad de la toma de conciencia con dicha clase: «Pues que una clase está llamada a dominar significa que desde sus intereses de clase, desde su conciencia de clase, es posible organizar la totalidad de la sociedad de acuerdo con sus intereses» (2009: 151). La conciencia de clase, esto es, la conciencia de la totalidad, es un aspecto siempre político: sólo quien quiere re-organizar el mundo de acuerdo a sus intereses puede ser consciente de lo transitorio de la sociedad organizada de esta manera. Por lo tanto, la burguesía, por más conciencia de sus intereses que tenga, es incapaz de tener conciencia de clase, pues en últimas tendría que aceptar que re-organizar el mundo implicaría su salida del poder: «Pues ninguna clase puede ser capaz de un cambio así, para realizar el cual tendría que renunciar a su dominio» (Lukács 2009: 153). Peor aún, los problemas que se vienen precipitando tras el fin de la «bella época» capitalista y que actualizan la posibilidad de la revolución demuestran cómo la burguesía es incapaz de asumir el punto de vista de la totalidad, que ella misma ha contribuido a crear; de ahí que «tiene necesariamente que oscurecerse en el momento en que aparecen problemas cuya solución rebasa ya el ámbito de dominio de la burguesía, el capitalismo» (Lukács 2009: 153).

La relación entre conocimiento de la sociedad capitalista como totalidad sería una posibilidad del proletariado, un privilegio, a condición de ser consciente de su lugar en el mundo: «La verdad es para el proletariado un arma victoriosa», dice Lukács, justo para apuntalar lo que será la tesis central: el desarrollo capitalista ha sentado la base para su comprensión como organización orgánica, como desarrollo de la totalidad, pero dicha comprensión pasa por la clase que busca des-estructurar el mundo tal cual este se presenta: «el proletariado y sólo el proletariado tiene en la recta comprensión de la esencia de la sociedad un factor de fuerza de primerísima fila, e incluso el arma claramente decisiva» (2009: 171). El proletario, clase universal, encarna la negación del conjunto del orden social, de la totalidad, y al hacerlo y ser consciente de ello –esto es, al percatarse que es quien construye y da al mundo– puede subvertirlo.

Precisiones previas a la lectura de Zavaleta

Un planteamiento como el de Zavaleta, descontextualizado o bien en búsqueda de una «vigencia» abstracta que trasplante escenarios, es incorrecto. Es muy evidente que el lenguaje y el conjunto de las coordenadas tanto teóricas como políticas de las que hablaremos abajo se encuentran modificadas. El conjunto de la disposición categorial de Zavaleta se encuentra cruzado por el ascenso de perspectivas críticas del marxismo, tanto en Occidente como en sus «extremos», esto es, en América Latina. La operación de Zavaleta no debe ser leída, en nuestros días, sólo en función de la visión clasista, por más que su lenguaje parezca obligarnos a ello. Si bien ésta es la que prima, la dimensión nacional, apenas mencionada aquí, tiene una relevancia crucial para ampliar las perspectivas. De igual forma el propio Zavaleta ampliará su perspectiva en textos donde hable de la «fuerza de la masa» o de la «forma multitud». De tal manera que el ejercicio que invitamos a realizar al posible lector/a es doble: por un lado, el de la contextualización de un proceso de escritura centrado en la dimensión de la clase social; por otro, la necesidad de trascender ese horizonte a partir de dimensiones teóricas distintas, o sea, aquellas que convocan a la conformación de sujetos políticos no exclusivamente desde la matriz productiva-reproductiva del capital, sino que apuestan también por una matriz-nacional popular, que sintetiza el entramado de la dimensión clasista, pero que abre el horizonte de construcción de la hegemonía a otros sectores. Las fuentes de Zavaleta son siempre plurales y la conjugación de hechos, salidas teóricas y análisis concreto dificultan la lectura, pero enriquecen, sin duda alguna, nuestra posibilidad de problematización.

Zavaleta: el sujeto y la totalidad

Continuemos ahora con lo que correspondería a la apropiación que hace Zavaleta en algunos fragmentos de su obra de las problemáticas heredadas por Lukács. La obra del sociólogo boliviano ha sido analizada desde distintos puntos de vista; quizá aquel que busca periodizar los momentos de intervención política con sus afinidades teóricas sea el más usual. En el caso que nos ocupa, claramente Zavaleta es ya un teórico marxista que, aunque partió del nacionalismo-revolucionario de la revolución de 1952, ha avanzado hacia posiciones socialistas. Ha dejado atrás cierto esquematismo presente en sus primeras obras, tales como *El poder dual en América Latina*, donde es muy crítico de Gramsci. Entre *El poder dual...* y quizá la mejor obra de gramscianismo que se haya escrito, *Lo nacional-popular en Bolivia*, que además es su obra más importante y póstuma, median los trabajos en que ahora focalizaremos nuestra atención, particularmente «Clase y conocimiento», de 1975, y el también importante «Las formaciones aparentes en Marx», de 1978.

La propuesta zavaletiana se enmarca en un concepto fundamental: el del *margen del conocimiento*. Esto es, entre la posibilidad del conocimiento que tiene el sujeto clase para, por un lado, fundar una práctica política autónoma e independiente, y por otro su capacidad de auto-conocimiento. El *margen del conocimiento* que el sujeto clase posee en la época capitalista funda la ciencia social contemporánea, moderna, marxista en última instancia. La ciencia social sería concebida como posibilidad de conocimiento y autoconocimiento de lo social, particularmente aquella que se emplaza desde la lucha política y de la conciencia del sujeto.

Sin embargo, debemos tratar de comprender esta situación (la de la clase) que nos plantea Zavaleta pensando desde Bolivia primero y desde América Latina después, dentro de las condiciones de posibilidad de producción de conocimiento que presenta una sociedad abigarrada y, aunque parezca extraño, no del todo totalizada. El conocimiento y la posibilidad de su producción representa para sociedades como la latinoamericana un doble punto problemático, porque el sujeto no sólo debe encarar la tarea ya de por sí titánica de reconocerse como tal, sino además debe lograr enfrentar una sociedad que se presenta primordialmente fragmentada, esto es, sólo articulada formalmente. En dicho sentido, el autoconocimiento que el sujeto puede producir en su proceso de reconocimiento como clase necesariamente pasa por construir mediaciones que contribuyan a entender la forma, abigarrada y compleja, en que la sociedad se totaliza y también se fragmenta, así como el lugar que ocupa en tanto que clase en ese devenir. Zavaleta nos deja claro que este proceso «es consecuencia de la aparición de una nueva fuerza productiva que es la unificación del mundo por el capitalismo» (1988: 147).

Nuevamente aquí tenemos que el proceso de constitución del mundo social como una totalidad representa para el sujeto un problema no sólo político o económico, sino también epistemológico. Es en este nivel en donde Zavaleta contribuye a orientar las conclusiones teóricas y políticas necesarias. La construcción del mundo como totalidad no es más que el reconocimiento de que la sociedad capitalista necesariamente se constituye sobre la premisa del mercado mundial, pero que además tiende a expandir su dominio sobre el conjunto de las relaciones sociales que reproducen la vida concreta del sujeto; es la expresión de la idea de Marx de que el capital es la potencia que tiende a dominarlo todo, con la que inicia los *Grundrisse*. La sociedad burguesa construye cada día, de forma lenta y tortuosa pero firme y sin complacencias de ningún tipo, el mercado mundial capitalista, el gran marco de acción del proceso de producción y reproducción del capital. Para el sujeto clase que se enfrenta a la tarea de comprender ese mundo, éste no se le presenta más que en su inmediatez como un hecho aislado, siempre desarticulado, como fragmentos dispersos de los que se tiene que asir.

Lo que tenemos es un sujeto que ha sido despojado de su capacidad directa de reproducirse y al hacerlo se confronta a un mundo aparentemente disperso. Sólo cuando logra colocarse en los *márgenes del conocimiento*, esto es, en los márgenes de la totalidad, podrá entender que la fuerza productiva que el capital se apropia de forma gratuita, y que en Zavaleta se llama «unificación del mundo», no es más que la constitución del carácter gregario de la especie humana que deviene fuerza productiva. La unificación del mundo es un proceso social-natural, apropiado gratuitamente por el capital y potenciado a extremos inimaginados; de ello daba cuenta Marx en *El Capital*, particularmente en los apartados sobre «La cooperación», «La División del Trabajo y Manufactura» y «La Maquinaria y la gran industria».

El sujeto clase tiene que colocarse en los *márgenes* de la totalidad para poder entender este primer elemento decisivo en su tarea de conocimiento; dejar de partir del fragmento, del individuo privatizado, y dar paso al conocimiento como algo que se produce a partir de lo colectivo. La constitución de la mediación de conocimiento es fundamental para entender el origen de la fuerza productiva que es la unificación y, sobre todo, para disputársela al capital. En este sentido el sujeto tiene que sobrepasar sus límites inmediatos, que le presentan un mundo fragmentado, y aspirar tanto a la totalidad como horizonte epistemológico como también a colocarse en sus márgenes, para poder explotar todo el horizonte de visibilidad. Como bien señala Luís Tapia al comentar esta etapa de la obra de Zavaleta, «La sociedad no se explica por todos ni desde cualquier lugar sino desde determinado punto de vista, que en las sociedades capitalistas (que además son las primeras en que es posible la ciencia social) corresponde al proletariado» (2002: 109). Este reconocimiento es ante todo político: el horizonte de visibilidad es el concepto mediante el cual Zavaleta arriesga la hipótesis del punto de vista de la totalidad en su relación con el sujeto clase: sólo es posible colocarse por fuera del mundo fragmentado y desarticulado, y aspirar a totalizar el mundo social, desde la clase.

Zavaleta también expondrá su concepción del conocimiento no exclusivamente en una clave epistemológica, sino abiertamente de crítica política, tratando de establecer la línea de demarcación clara entre las tareas burguesas y socialistas de una revolución, apelando, a modo de ejemplo, a que la «democracia burguesa» es una expresión de una forma de sociedad donde se presume un gran avance del autoconocimiento:

> En principio, podría decirse que, puesto que las tareas para el socialismo son conscientes, no podrían proponerse tal tipo de empresa sino aquellas sociedades con capacidad plena de autoconocimiento o sea, sociedades plenamente capitalistas no sólo con referencia a su modo de producción sino también a su superestructura clásica, la democracia burguesa, a través de la cual (en explotación de la cual), la clase obrera crearía su modo hegemónico, cuya principal consecuencia es el fin de la eficacia ideológica de sus enemigos. Pero es la propia práctica histórica la que ha mostrado que las cosas no son así; lo que vale decir que se da en una cierta irradiación del índice de cognoscibilidad desde el modo de producción dominante hacia los modos de producción subordinados. (1988: 148)

Este ejemplo le sirve a Zavaleta para complejizar su argumento, puesto que el problema del conocimiento no es autorreferido a su construcción, sino que tiene que ver directamente con los problemas que enfrenta el sujeto clase ya no sólo con respecto al objeto-sociedad, sino también con las mediaciones políticas ajenas a él que le oscurecen intersticios fundamentales. Si antes nuestra consideración partía de un sujeto que quería conocer al objeto desde el margen de la totalidad, ahora tenemos además el elemento de las mediaciones de tipo político, que actúan para conocer y transformar al objeto: la clase está en el mundo y ese mundo está lleno de mediaciones que le permiten visibilizar o invisibilizar al conjunto, a la totalidad, y que las más de las veces le presentan un mundo fragmentado y disperso. Zavaleta se encuentra ya aquí en contra de la afirmación de que sólo las sociedades capitalistas desarrolladas, centrales o hegemónicas están en capacidad de ser conocidas cabalmente, y por tanto sólo ellas podrían ser transformadas: frente al marxismo del productivista que está a la espera del proletariado europeo, Zavaleta pone en la mesa algo que era ya un dato de la época, la insubordinación desde la periferia del mundo capitalista.

Por tanto, una sociedad abigarrada o periférica estaría también en posibilidades de ser conocida plenamente y de ser transformada también de acuerdo a los objetivos que el sujeto asuma; justamente por eso la diferencia entre tareas democráticas y tareas socialistas con la que iniciamos esta parte del texto. Ciertamente Zavaleta es muy cauto en este terreno por una razón: parecería que sólo donde las mediaciones políticas son sólidas —en este caso su ejemplo es la «democracia burguesa»— hay posibilidad de que una sociedad entera se autoconozca, cerrando la posibilidad de trascender a la sociedad abigarrada, que sería no autoconocible *de facto* y que tendría que esperar la transformación de los otros espacios. La cautela se da en razón de que Zavaleta tiene muy claro que estamos ante un mundo totalizado o en vías de serlo:

> Uno conoce, naturalmente, desde lo que es (aunque es cierto que, en algunos casos, como en el de la clase obrera, el ser no se reintegra sino

cuando adquiere su autoconocimiento) y, por tanto, la sociedad no se hace susceptible de ser realmente conocida sino cuando se ha totalizado, es decir, cuando ya nada sucede en ella con autonomía, cuando todo ocurre con referencia a lo demás, cuando, en suma, todos producen para todos. (Zavaleta 1988: 148)

El punto central para entender el proceso mediante el cual el autoconocimiento es ya viable, esto es, la sinuosa vereda que lleva al sujeto clase a poder encarar con claridad el conjunto de los fenómenos sociales que tiene enfrente, está por tanto en el hecho de considerar que se es parte de la totalidad y que esta no es sino un desprendimiento de su actividad. Sin embargo, para Zavaleta está claro que existe una mediación ideológica y de conocimiento científico que puede dotar plenamente a la clase de las herramientas heurísticas para el asedio del objeto, para el conocimiento de la totalidad. Esa mediación privilegiada es la ciencia social contemporánea, encarnada en el marxismo, y su aparición está dada por las condiciones de posibilidad que da el capitalismo y no por un desarrollo autorreferido de dicha teoría: «Es a través del desarrollo de este sujeto, el movimiento obrero, que el marxismo se convierte, según Zavaleta, en una estrategia teórica adecuada y superior a otra, para producir nuestra conciencia nacional y el conocimiento científico de estas realidades» (Tapia Mealla 2002: 110). El marxismo, decía Lenin, «es todopoderoso», pero si algún poder de movilizar al conjunto de la sociedad tiene no es por él mismo, sino por las condiciones que ha creado el propio capitalismo, la unificación y la puesta en marcha de la cooperación humana, y sobre todo porque el sujeto clase ha logrado, en algunos momentos de la historia, apropiarse de él, constituirlo como la ideología fundamental de su forma de interpretar/transformar al mundo social.

Para Zavaleta será el marxismo, esa teoría que pretende dar cuenta de los sujetos dentro de las estructuras del devenir-mundo del capital, lo que permite explotar las posibilidades que da la totalización de las relaciones sociales: «el marxismo no es sino la utilización científica del horizonte de visibilidad dado por el modo de producción capitalista» (Zavaleta 1988: 149). Como ya se había dicho, es en el marxismo no como teoría pura, sino como posibilidad intelectual e ideológica que el mundo se vuelve inteligible, a pesar de su fragmentación. No, por supuesto, a través del marxismo como ciencia autorreferida, ni como ideología fría y apriorística. Una concepción así no basta para la titánica tarea que el sujeto clase tiene que encarar. El marxismo sólo puede superar el escollo de ser una teoría pura o un pseudoconocimiento a través de la práctica política que encarne el sujeto clase.

La condición histórica del horizonte de visibilidad

Existe otro punto fundamental para el argumento que se viene construyendo a propósito de la recepción que hace el sociólogo boliviano de la obra de Lukács. Es aquel que refiere al «horizonte de visibilidad», expresión que Zavaleta usa en numerosas ocasiones para referirse a la situación del sujeto clase en el capitalismo y su posibilidad de construir conocimiento. No es sólo una referencia literaria, sino que se trata del concepto que le permite articular el encuentro o fusión entre el sujeto clase con el marxismo: la posibilidad de producir conocimiento, desde los márgenes, pero a partir siempre de la noción de totalidad, produce las conexiones necesarias entre aquello que es abigarrado y se presenta como fragmentado. Es con este desarrollo particular de la ciencia social, posibilitado por el capitalismo, que el sujeto clase, en un estado de plenitud política, puede afrontar al objeto social desde un lugar privilegiado y correcto, que se verifica sólo en su accionar político y nunca más allá de su práctica.

Zavaleta utiliza un ejemplo clásico dentro del marxismo. Se trata del ejemplo dado por Marx en el capítulo 1 del Tomo I de *El Capital* sobre la carencia del concepto adecuado de valor en Aristóteles. El fondo del problema es que, a diferencia de la sociedad capitalista, en la Grecia clásica no existe la posibilidad de equiparar dos objetos diametralmente opuestos para su intercambio; la posibilidad de la equivalencia se encuentra clausurada. No hay homogeneidad posible, pues no hay una consideración abstracta del trabajo como trabajo humano general, como tiempo de trabajo socialmente necesario. Es con este ejemplo que Zavaleta trata de dejarnos claro que efectivamente no todas las clases pueden acceder a un modo específico de explotación del conocimiento de la sociedad: no toda clase puede ser sujeto que explote y produzca conocimiento con un horizonte de visibilidad que el capitalismo posibilita:

> Horizonte de visibilidad éste, por otra parte, que no puede ser explotado por la burguesía, cuya conciencia está oscurecida por la compulsión ideológica de su propia dominación, sino por el sector de los trabajadores productivos de este modo de producción, es decir, por el proletariado industrial que es así no sólo el actor fundamental del proceso capitalista de trabajo sino también el único capaz de tener un conocimiento capitalista del capitalismo, sí así puede decirse, es decir, un conocimiento adaptado a su objeto. (1988: 149)

Este «conocimiento capitalista del capitalismo» no es otra cosa que un conocimiento que aspira a conocer lo que articula la totalidad de la propia totalidad. En otras palabras, es un conocimiento que no aspira a conocerlo todo, sino a conocer lo que articula de forma coherente e inteligible *el todo*, articulación dada por el lugar específico que se ocupa. Recuperando de nuevo a Lukács:

> Dicho más claramente: la realidad objetiva del ser social es, en su inmediatez, «la misma» para el proletariado que para la burguesía. Pero eso no impide que sean completamente distintas, y por necesidad, las específicas categorías mediadoras por las cuales ambas clases llevan a consciencia esa inmediatez, por las cuales la realidad meramente inmediata se hace para ambas realidad propiamente objetiva. (Lukács 2009: 272)

Para Zavaleta, como para Lukács, el punto de vista de la clase es el fundamental, no sólo por su posicionamiento «objetivo», como refiere la cita última de Zavaleta, sino también por la posibilidad que da, para la construcción de categorías, la mediación del marxismo. Mediación, para Lukács y para Zavaleta, que libera a la clase del horizonte de lo inmediato –como sería para la burguesía que vive, como clase, en el terreno de lo dado y peor aún, del presente eternizado–, y aspira a escapar al pensamiento cosificado y fetichista (Arato y Breines 1986: 208). Zavaleta refiere claramente que el actuar diario de las clases dominantes es el escollo insuperable para el conocimiento cabal de la sociedad:

> Los intereses de clase del proletariado lo inducen a conocer; los intereses de clase de la burguesía la inducen a no conocer, a oscurecer. Es la propia compulsión ideológica de la clase dominante la que le impide la explotación teórica del horizonte de visibilidad sin embargo objetivamente disponible en esta sociedad. (1988: 151)

Zavaleta tiene, en la relación entre el sujeto clase que pretende conocer y el objeto sociedad a conocer, al marxismo como la forma más acertada para dicho propósito, porque la propia existencia de la clase en el capitalismo es el fundamento epistemológico para que el concepto de totalidad tenga la relevancia teórica que tiene (es la clase social la que propicia la explotación del horizonte de visibilidad y no la existencia de la teoría), con todas las consecuencias al momento de encarar el horizonte de visibilidad como clase antagonista: lograr que el cúmulo de múltiples determinaciones que componen al objeto-sociedad puedan ser miradas a través de su verdadera manifestación, que es la de su relación con el propio devenir histórico y con el resto de las relaciones sociales. Con el marxismo queda claro que no hay cosas, ni procesos, ni relaciones totalmente aisladas ni totalmente autónomas. Además, el marxismo proporcionaría al sujeto clase la posibilidad de tener al objeto sociedad no como una realidad exterior y autónoma, que lo domina y ante la cual se encuentra subordinado o en desventaja; tampoco le daría un «reflejo» en su pensamiento. Comprendería su papel como sujeto que construye al objeto, al final, con el marxismo; éste sería el objeto producido por el sujeto y por tanto no algo ajeno a él, mucho menos algo exterior: por lo tanto, es moldeable, transformable, según su propia proyección.

El marxismo abriría la posibilidad al sujeto clase de cobrar «conciencia» de sí mismo a través de situarlo en su justo papel dentro de la totalidad y su devenir o desarrollo. El desarrollo de la totalidad no sería más un momento aislado o separado del resto. Esto es lo que en Zavaleta entendemos como conocimiento y autoconocimiento, el momento en que el sujeto clase ha dejado de ser un ente pasivo y contemplativo, para quien la realidad social es exterior, y se ha asumido como el productor de dicha totalidad: de sus objetos, de sus relaciones y procesos. Con Lukács diríamos que «El autoconocimiento del proletariado es, pues, al mismo tiempo, conocimiento objetivo de la esencia de la sociedad» (1969: 271). Esto no quiere decir que la totalidad sea ya total, que ella se encuentre cerrada e inamovible; por el contrario, existirá el reconocimiento de que «La relación sujeto-objeto, en el proceso de conocimiento exige además de abrir los horizontes del razonamiento a lo indeterminado o inacabado de la realidad» (Gandarilla 2003: 56). La totalidad lo es porque es abierta, se está construyendo en todo momento.

El autoconocimiento de la sociedad: clase (¿y nación?)

La pregunta central para Zavaleta es qué es el autoconocimiento. Podríamos contestar con él que no es más que el conocimiento de la situación del sujeto clase y/o, en algún momento político particular, el sujeto/nación dentro de la sociedad capitalista, esto es, la capacidad consciente de organización dentro de la totalidad capitalista. Clase y nación son las dos coordenadas necesarias para la autocomprensión de la situación dentro de la totalidad, vista desde sus márgenes y apelando a la producción de conocimiento que desde ahí se genera. En ambos casos, como clase o como nación, en medio de una totalidad de la que hacen parte y que los abarca. Dentro del proceso social de trabajo (la clase) en primer lugar, y dentro del mercado mundial en segundo (con la nación)[1]. Pero para poder lograr este autoconocimiento es necesario comprender el principio de totalidad y lograr colocarse en el *margen del conocimiento* adecuado para asediar dicha totalidad, de la que se es parte y constructor: «El conocimiento histórico del proletariado empieza con el conocimiento del presente, con el autoconocimiento de su propia situación social, con la revelación de su necesidad», escribe Lukács (2009: 283). Ante esto último, nos encontramos frente a un reconocimiento, por parte de Zavaleta, de la máxima identidad entre sujeto y objeto, que sólo se logra a través del marxismo y que aspira precisamente a disolver la dualidad antinómica de sujeto-objeto:

> para la burguesía el sujeto y el objeto del proceso histórico y del ser social aparecen siempre en duplicidad: con la consciencia, el individuo aislado se enfrenta como sujeto conocedor con la necesidad objetiva, gigantesca y sólo comprensible en menudas secciones, del acaecer social, mientras que en la realidad la acción y la omisión conscientes del individuo entran en contacto con el aspecto objetivo de un proceso cuyo sujeto (la clase) no puede despertarse la consciencia, porque el proceso mismo es siempre trascendente a la consciencia del sujeto aparente, del individuo. (Lukács 2009: 290)

---

[1] El tema de la nación merecería ya una discusión aparte. Aquí sólo la señalamos para no ceñir el horizonte de Zavaleta a la posibilidad de una lectura clasista, que existe, sin duda. Para estos temas puede consultarse la tesis de Diego Giller: *Cada valle es una patria. El problema de la nación en René Zavaleta Mercado y sus principales aportes a la teoría social latinoamericana* (Tesis de Doctorado en Ciencias Sociales, UBA, 2015).

Que esto sea así no se debe a un simple capricho de la concepción teórica y filosófica que Lukács venía proponiendo en los años veinte. Como correctamente señala Zavaleta, tiene sus raíces en el proceso del despliegue cada vez más universalizable del capitalismo, a través del mercado mundial, de la reorganización del espacio de trabajo y de la articulación formal de distintas formas y tiempos productivos en el espacio territorial de la nación. Es el hecho de que el mundo aspira a totalizarse por la vía de la universalización del capitalismo lo que produce que nada ocurra con plena autonomía con respecto a ese universal: todos producen para todos. Es justamente aquí en donde la producción se hace realmente social, o como explica el propio Zavaleta: «En un proceso contradictorio, este propio horizonte de visibilidad que sólo puede ser explotado por una clase social, tiene sin embargo su punto de partida en la desintegración del viejo individuo, en la enajenación o ruptura que sufre el productor individual» (1988: 152). Este reconocimiento lo lleva a considerar la disolución del proceso de individualización como un problema que no solamente tiene que ver con la constitución de cierto ser social situado, sino además con el correlato epistemológico que se presenta en el capitalismo, porque

> la conciencia corresponde al ser y por tanto una conciencia individual nada puede aquí donde el ser se ha hecho ya colectivo. La destrucción de su ser individual es la condición para que aparezca el horizonte de visibilidad general y, por consiguiente, la ciencia que se produce a partir de la explotación de ese horizonte de visibilidad es también el único rescate de los hombres en su nuevo ser, que es su ser colectivo. Ya no pueden recuperar la vieja conciencia de individuos produciendo como individuos, capaces de comenzar y concluir un producto; no pueden rescatar la conciencia de lo que ya no son, sólo pueden adquirir la conciencia de lo que son. (1988: 153)

En un momento del desarrollo de su argumentación, Zavaleta apela al problema de la igualdad jurídica para comprender el correlato entre el conocimiento y el desarrollo capitalista. A primera vista la igualdad parece un problema que se juega en la individualidad. El individuo es el punto de partida y el punto de llegada de la igualdad jurídica, sin embargo, el sujeto clase, explotando el horizonte de visibilidad del que tanto hemos hablado, puede observar el rol central que juega dicha igualdad en la totalización del mundo social. Aunque aquel problema se nos presente continuamente como un asunto típicamente de la individualidad, su función es todo menos parcial; por el contrario, es un asunto al que el desarrollo del capitalismo no puede darle vuelta:

> La igualdad jurídica, es una condición para la acumulación originaria, así como para la acumulación capitalista en general, pero también, como lo dice Marx, es una consecuencia necesaria del momento en que la forma mercancía se convierte en la forma general del valor. Pero la igualdad jurídica no es sino una de las maneras que tiene el capitalismo de unificar y globalizar a la sociedad. (Zavaleta 1988: 150-151).

Resulta crucial comparar las formulaciones sobre el tema que Zavaleta hace con el clásico ensayo de T. H. Marshall sobre la ciudadanía y las clases sociales, donde el sociólogo inglés escribe:

> A partir del punto en que todos los hombres eran libres y, en teoría, capaces de gozar de derechos, creció enriqueciéndose el conjunto de derechos que eran capaces de gozar. Pero esos derechos no estaban en conflicto con las desigualdades de la sociedad capitalista; por el contrario, eran necesarios para el mantenimiento de esa forma particular de desigualdad. (Marshall 2005: 41)

Considerar los problemas de este tipo –aquellos que son parte de la totalidad– como parte de la individualidad o de un mundo segmentado es precisamente a lo que se refiere la función del pensamiento fetichizado, o aquel que pretende el ocultamiento o naturalización de ciertas relaciones sociales, y en contra del cual se utiliza el punto de vista de la totalidad. Es por ello que Zavaleta, previendo justamente la posible objeción de que el conocimiento carece de sentido político y puede ser utilizado por cualquier sector de la sociedad capitalista, escribe:

> Una sociedad no adquiere los conocimientos que giran en torno a las preguntas que se hacen como tal sociedad. Pero la clase dominante no sólo no se hace preguntas verdaderas (salvo las que se refieren al perfeccionamiento de su dominación) sino que se dedica ya a organizar falsas respuestas, respuestas ideológicas; está parcializando reaccionariamente a una sociedad que ya está más lejos. (1988: 155)

En otro lugar es todavía más enfático: «no se conoce contra uno mismo; al menos, no como clase» (Zavaleta 1990: 25). El horizonte de visibilidad sólo puede ser explotado por uno de los polos antagonistas de la clase, y por tanto el conocimiento no depende exclusivamente de la brillantez individual. Si se intenta parcializar un mundo que se ha totalizado, o a un individuo que sólo es tal en sociedad, se está tratando de hacer parcial lo que es en el mismo devenir total, algo relacional y complejo. Parte de esa parcialización le corresponde a la escisión entre el sujeto y el objeto, en contra de la cual Zavaleta reivindica la identidad y la unidad.

La dualidad que presenta la idea del conocimiento y el autoconocimiento en Zavaleta moviliza en gran medida las determinaciones antes ya señaladas sobre el estudio de la relación entre sujeto-objeto: «donde el estudio del objeto es al mismo tiempo un conocimiento de sí mismo transformador» (Goldmann 1973: 99). La transformación de la sociedad como objetivo político y el autoconocimiento como ejercicio teórico adquieren plenamente una dimensión práctica. La práctica, como la del autoconocimiento, nunca es inmediata, siempre se encuentra mediada. Y la forma en que esta práctica va en concordancia con el proceso de conocimiento y autoconocimiento es aún un tema complejo. Según uno de los comentaristas de la obra de Lukács, este problema jamás terminó de resolverlo el filósofo húngaro (Riu 1968: 71), y su discusión derivó en la conocida polémica entre Rosa Luxemburgo y Lenin en torno a los problemas de la organización. En Zavaleta el proceso mediante el cual la clase deviene sujeto es ante todo una dimensión doble: política e histórica. La clase deja de ser un dato inmediato o sociológico en tanto que conquista la posibilidad de ser sujeto de conocimiento, pero ello se logra sólo en la medida de la historia y de la relación con la política. Una clase inerme e inmóvil, aunque exista como dato sociológico o estadístico, no es sujeto ni puede autoconocerse. Para Zavaleta, y he aquí la diferencia más radical con Lukács, la cuestión no se resuelve en la filosofía, ni en el hegelianismo marxista, ni tampoco en una dimensión trascendental o *a priori* del sujeto, al final todas ellas formas especulativas: la clase sólo es sujeto en la medida en que lucha y disputa el poder. El sujeto clase es tal cuando deviene organización, capacidad de movilización, forma de nacimiento de otro poder: ahí se juega la dimensión principal del conocimiento. Como se podrá imaginar, dicha dimensión se juega en la historia del movimiento obrero concreto, que se plantea cuestiones referentes al poder y su dimensión totalizante. No es casual que, en su remembranza sobre Zavaleta, Elvira Concheiro diga que en Bolivia existió «un poderoso movimiento obrero que desde la Revolución del 52 estaba marcado por su vocación de poder» (2006: 180). Esa vocación de poder, más allá de su destino último, conmovió los cimientos de la sociedad capitalista y planteó, con suma claridad, las dimensiones espaciotemporales de la comprensión de una de las sociedades más complejas de ser conocidas.

No sobra decir que la identidad sujeto-objeto sobre la que se basa Zavaleta en su construcción conceptual ha sido muchas veces criticada, aun por aquellos que se consideran exégetas de Lukács: «Esta doctrina de la identidad sujeto-objeto que constituye la llave maestra del edificio conceptual de *Historia y conciencia de clase*, nos parece fundamentada en grandes simplificaciones y también en una hipótesis extremadamente optimista» (Vacatello 1977: 70). Incluso István Mészáros, quizá el discípulo más consecuente de Lukács, señala que la identidad señalada nunca ha tenido realidad histórica. Si el presupuesto lukacsiano es demasiado hegeliano al considerar la identidad sujeto-objeto, y por tanto cercano a un tono más bien idealista o especulativo, no es por supuesto algo que podamos evaluar en este momento. Zavaleta, sin embargo, realiza una lectura de la obra de Lukács no desde la intención de formular un comentario más o menos original de la obra, ni para glosar y afirmar la certeza o importancia de su planteamiento. He aquí el momento de distanciamiento: la lectura de Zavaleta se realiza desde la historia del movimiento obrero, particularmente del boliviano. Es esto lo que lo salva de cualquier consideración de la filosofía idealista: su asidero en la historia concreta de un grupo social que protagonizó grandes batallas por el poder. Rubén Dri señala que, a pesar de la exageración idealista de Lukács, en lo esencial resulta correcto, sobre todo ahí en donde no se olvida

> el peso de las estructuras, la opacidad de lo histórico, la no-homogeneidad del proletariado, especialmente en esta etapa de reconversión del capital que se están produciendo tantas transformaciones que afectan a la composición de clases. Todo ello impone el no saltar por decreto sobre la historia. (2005: 95)

Es esto precisamente lo que Zavaleta hace: partir de la historia heroica del movimiento obrero boliviano para construir su visión de la relación entre clase social y conocimiento.

BIBLIOGRAFÍA

ARATO, A. & Breines P. (1986): *El joven Lukács y los orígenes del marxismo occidental*. México: Fondo de Cultura Económica.

Concheiro Bórquez, Elvira (2006): «René Zavaleta: una mirada comprometida». En Aguiluz Ibargüen, Maya y de los Ríos, Norma: *René Zavaleta Mercado. Ensayos, testimonios, y re-visiones*. Buenos Aires: Miño y Dávila, 179-188.

Dri, Rubén (2005): *Los modos del saber y su periodización: las categorías del pensamiento social*. Buenos Aires: Biblos.

Gandarilla, José (2003): *Globalización, totalidad e historia: ensayos de interpretación crítica*. México: Herramienta/UNAM.

Giller, Diego (2015): *Cada valle es una patria. El problema de la nación de René Zavaleta y sus aportes a la teoría social latinoamericana*. Tesis de Doctorado, UBA.

Goldmann, Lucien (1973): «Reflexiones sobre *Historia y conciencia de clase*». En Mészáros, Itsván: *Aspectos de la historia y la conciencia de clase*. México: UNAM.

Lukács, György (2009): *Historia y conciencia de clase*. México: Grijalbo.

Marshall, Thomas (2005): *Ciudadanía y clase social*. Buenos Aires: Losada.

Riu, Federico (1968): *Historia y totalidad*. Caracas: Monte Ávila.

Tapia Mealla, Luís (2002): *La condición multisocietal. Multiculturalidad, pluralismo, modernidad*. La Paz: Muela del diablo.

Vacatello, Marzio (1977): *György Lukács: de* Historia y conciencia de clase *a la crítica de la cultura burguesa*. Barcelona: Península.

Zavaleta Mercado, René (1988): «Clase y conocimiento». En *Clases sociales y conocimiento*. La Paz: Los amigos del libro, 145-156.

— (1990): «Problemas de la cultura, la clase obrera y los intelectuales». En *El Estado en América Latina*. La Paz: Los amigos del libro, 19-42.

VII.

CLASE Y MULTITUD EN LA OBRA TARDÍA DE RENÉ ZAVALETA MERCADO: INTERFERENCIAS THOMPSONIANAS

Omar Acha (Dr. Emilio Ravignani – CONICET)

INTRODUCCIÓN: TEORÍA E HISTORIA

No ensayo aquí un estudio de «recepción». Me abstengo entonces de ese ejercicio válido y modesto de relevar qué se ha hecho o dicho sobre una obra prestigiosa en otra que así se enriquece. No porque los beneficios de una *Rezeptionsgeschichte* sean inocuos para el entendimiento de un autor. El motivo es que los textos tardíos de René Zavaleta Mercado se resisten a proporcionar un caso adecuado para los menesteres de tales preocupaciones sobre las transmisiones culturales.

Con especial énfasis en el último decenio de su vida, los usos de la cita de autoridad en Zavaleta fueron tácticos, más que propiamente conceptuales. Buscaron brindar soporte de autoridad a modulaciones en general originales, no inscribirse en el registro de la sumisión teórica. Las alegaciones bibliográficas en Zavaleta tenían una inflexión irónica. A veces incluso permiten adivinar un forzamiento. Por ejemplo, citaba la *Microfísica del poder* de Foucault para situar una referencia aparentemente epistémica, la simplificación «foquista» de Régis Debray para señalar que el aislamiento espacial y social de una fracción de clase, como los mineros en Bolivia, encarna una debilidad. O al Lenin en torno a la Asamblea Constituyente de fines de 1917 para aludir a los efectos «estatales» de una mayoría electoral. Los desplazamientos contextuales son tan notorios que conviene no extraer consecuencias excesivas de tales menciones.

Desde luego, también hay menciones bibliográficas de mayor adecuación al tema tratado. Ello ocurre sobre todo respecto de debates interpretativos o políticos en los que Zavaleta cita fragmentos de un escrito discutido. Respecto de lo que me he propuesto explorar aquí (el lugar del tema de la clase y la multitud en sus textos tardíos), las referencias al historiador marxista inglés Edward P. Thompson son de otro calibre, y por cierto no agotan los procedimientos intertextuales del teórico boliviano.

Tal vez la proximidad sea epistemológica: como para Thompson, también para Zavaleta la teoría no es una práctica autónoma. *La teoría es historia.* Zavaleta fue, como Thompson y Gramsci, un historicista, es decir, entendió que la fabricación de ideas —no menos cuando pretenden proceder de un *bíos theoretikós*— es tan deudora de sus condiciones históricas como lo es la producción de automóviles. Y si elaboró una enorme cantidad de conceptos (sus textos están plagados de ellos), los mismos se multiplicaban por otra razón que una generación endógena de segmentos partícipes de una arquitectura nocional: su proliferación obedecía a que constituían esfuerzos por capturar la inasible complejidad de la experiencia histórica. Por eso, desde una perspectiva teórica sistemática, los conceptos zavaletianos —incluso distinguiendo, como se ha hecho siguiendo a Luis H. Antezana, tres periodos: el nacionalista, el marxista ortodoxo, el marxista heterodoxo— muestran que sus conexiones conceptuales no coagularon en una trama compacta, ni carecieron de contradicciones. ¿Por qué? Sencillamente porque la realidad histórica es discontinua y contradictoria, y no hay un espíritu hegeliano que la sintetice sin grietas. Es cierto que el capital es lo más parecido a tal *Geist* idealista, pero como muestra Marx en el volumen II de *El capital*, engendrando en su seno las temporalidades de sus crisis. Más aún, y al respecto Zavaleta aborda una experiencia histórica desconocida por Marx, la boliviana, cuando una historia política refracta conflictos de diversa naturaleza.

He allí un límite analítico para reconstrucciones excesivamente estilizadas que descifran un *organon* teórico zavaletiano donde más bien se descubre una pugna incansable por aferrar conceptualmente una realidad siempre cambiante. A la vez, tampoco cabe avanzar distraídamente hacia una definición *empirista*, como si nos encontráramos en una secuencia desarticulada de nociones. Si Zavaleta en su periodo tardío concibió un enfoque conceptual marxista fue porque encontró en *la lógica de las formas* suscitadas por la dominación capitalista una mutación en la que se conjugaba la diversidad de la experiencia histórica, y en especial su carácter conflictivo.

Descansa allí una diferencia teórica con Thompson, quien no leyó la crítica marxista como una teoría de la dominación formal sino como una teoría de la lucha de clases encuadrada en relaciones sociales de producción. Entiendo que el romanticismo perdurable en el pensamiento thompsoniano no prosperó en una lectura marxista de la dominación como abstracción real enajenada. En cambio, incluso en los momentos en que se aproximó con mayor claridad a la cuestión de la abstracción –pienso en su artículo sobre tiempo, disciplina y capitalismo industrial (en Thompson 1984)– prestó atención preferencial a las resistencias en la lucha de clases. Por eso Thompson (1981) podía circular por los bordes del empirismo, a su juicio una sana inclinación ante los excesos teoricistas del marxismo estructural.

En esta interpretación del encuentro entre Zavaleta y Thompson quiero estimular la ambivalencia del término. Encuentro no involucra una composición armónica. Refiere también a una colisión. Hay que convenir que la ambivalencia entre ambos es una construcción *a posteriori* e interesada. Por eso, más que la dudosa eficacia de una «influencia» o de una «recepción», lo que me propongo producir es una *interferencia*.

En primer lugar, la pregunta planteada como *artificial* no es sólo una manifestación de la tendencia latinoamericana a hallarse en el espejo de los saberes europeos. Es también la puesta en movimiento productivo de un ser-ahí en el que nos encontramos en América Latina al pensarnos en vectores especulares donde descubrimos una singularidad: en el caso de Zavaleta, comprender la historia difícil de la hegemonía obrera en Bolivia. El ejercicio propuesto renuncia entonces a cualquier gesto autenticista de un pensamiento propio, original, autóctono y autónomo, para buscar en la artificialidad (y artificiosidad) de los discursos la operación particular de un uso local con una meta analítica: esclarecer las dimensiones *históricas* en las nociones zavaletianas de clase y multitud.

En segundo lugar, la interrogación propuesta revela un falso problema en las mejores aclimataciones latinoamericanas del marxismo, a saber, el mentado «eurocentrismo» con el que los originalismos intelectuales procuran desgastar la crítica marxista reduciéndola a las aplicaciones dogmáticas y mecánicas. Pues si estas existen y son insustanciales (esa es la verdad circunstancial del denuesto del eurocentrismo), se revela inapropiada para otros esfuerzos, como el de Zavaleta, por capturar desde el marxismo una realidad histórica irreductible a moldes vaciados en la historia social europea. Tal vez pueda rastrearse en esa inclinación historicista del sociólogo boliviano una nunca del todo abolida huella del historicismo nacionalista de su juventud. Por supuesto, Zavaleta no está solo en la desmentida del mimetismo atribuido por el post-de-colonialismo al marxismo: José Carlos Mariátegui, José Aricó o Alberto Flores Galindo ofrecerían materiales diferentes para arribar a conclusiones afines.

La interferencia Zavaleta-Thompson anida especialmente en dos ensayos primordiales de la obra tardía del primero: los estudios intitulados «Las masas en noviembre» y «Forma clase y forma multitud en el proletariado minero en Bolivia», ambos incorporados al volumen colectivo organizado por Zavaleta (1983), *Bolivia, hoy*. De manera lateral apelaré a algunos temas del libro que, siguiendo las claves de aquellos ensayos, iba a plasmar una interpretación general de la historia boliviana, póstumamente publicado como *Lo nacional-popular en Bolivia*.

Me interesa argumentar lo siguiente: una clase social en Zavaleta no es una cosa ya-dada; es una formación y su composición histórica está vigorosamente condicionada por las relaciones de producción. Ahora bien, en nuestros días es sencillo derivar de ese condicionamiento genérico y el arco de posibilidades conflictivas abiertas un «postestructuralismo» donde se diluyen las restricciones impuestas por la dominación capitalista. En efecto, el postestructuralismo parte de la premisa de una heterogeneidad raigal desde la que se construyen los sujetos sociales (por ejemplo, Laclau 1994). El punto de partida marxista compartido por Zavaleta es bien distinto. La deriva de una clase consiste en captar *en el tiempo* su forma emanada de relaciones sociales constituyentes. Y si esa forma es objeto de una formación, si no está dada, si por lo tanto se trasfigura en una «formación histórica de clase» (el *making* del vocabulario thompsoniano), es que no se deduce funcionalmente de la forma en que cristaliza una relación social de producción.

El traspié pernicioso que fue el «materialismo histórico» como interpretación universalista y transhistórica de la crítica marxista del capitalismo condujo a más de un siglo de activistas e intelectuales anticapitalistas a soñar una filosofía especulativa de la historia. Ese «materialismo histórico» iba más allá de unas tesis básicas sobre la relevancia de la producción de bienes de uso y la reproducción de la vida. Creía poder estipular una clave de la evolución social e identificar clases fundamentales en cada época histórica. Señores y siervos en el feudalismo, burgueses y proletarios en el capitalismo, etcétera.

El problema es que para Marx la noción de clase –al igual que el dinero o la mercancía– había hallado una abstracción en la sociedad capitalista que la tornaba bien distinta a las diferencias sociales existentes en otras sociedades complejas. ¿Por qué? Porque sólo en el capitalismo las clases se ordenan alrededor del principio de la propiedad privada y el trabajo asalariado organizados en la producción de mercancías como valores de cambio, esto es, como la forma mercantil del valor. De allí que el concepto de «clase social» fuera diferente en las «formas que preceden a la producción capitalista» (Marx 1988: 433-479). En efecto, mientras en aquellas la dominación sería directa, en la sociedad burguesa la dominación sería social y abstracta. Así las cosas, continuando ese análisis sería equivocado considerar que el concepto de clase propio de la sociedad capitalista sea universal y transhistórico. Los *ciompi* (cardadores de lana) que se sublevaron en la Florencia de fines del 1300 no fueron obreros en conflicto con capitalistas, ni la rebelión de Túpac Amaru II en el Cuzco de 1780 fue expresión de una «lucha de clases» generada por la disputa en torno a la tasa de plusvalía típica de las «relaciones laborales» actuales. La diferenciación es decisiva en el enfoque de Zavaleta pues en su análisis en Bolivia convivían en tensión temporalidades diversas. Sólo que, en contraste con el multiculturalismo actual, para Zavaleta, incluso si la subsunción formal no era plena, el tiempo nacional estaba sobredeterminado por la temporalidad del intercambio generalizado capitalista.

Mi tesis es que el análisis de clases en Zavaleta expone un uso marxista no atenido a una filosofía especulativa de la historia (entonces, a un «materialismo histórico»), sino que más bien dialoga con las múltiples posibilidades habilitadas por la expansión de las relaciones sociales de producción capitalistas, donde se identifican dos nudos problemáticos: 1) la formación del Estado como ordenador de las relaciones entre las clases desde el interior de su antagonismo (por lo que el Estado no es exterior a las relaciones de clases); y 2) la lucha hegemónica por modificar la relación entre las clases y, como su corolario, el estatus histórico del Estado. En ambos temas se expresa, además, la retirada en Zavaleta de las categorías prevalecientes en sus primeras adhesiones nacional-populistas, aunque como señalé previamente, quizás nunca de manera completa, pues sobrevivieron en una metamorfosis gramsciana. Por eso tampoco abogo por una ruptura epistemológica entre el primer Zavaleta nacionalista radical y el segundo, o más exactamente el tercero, marxista.

Una última consideración vinculada con la tesis principal concierne al protocolo de conocimiento que distingue a Zavaleta y Thompson. De éste es sabida su pertenencia a una idiosincrasia historiadora. Para tornar menos críptica esta indicación, con eso refiero a la convicción de que el retrato de las experiencias humanas es inagotable ante los conceptos que aspiran a captarlas. Por eso es preciso un *trabajo* de investigación y narración de los actos en que los seres humanos, en colectividad, vivieron y actuaron en una época (para Thompson, la del afianzamiento del capitalismo en Gran Bretaña). En cambio, Zavaleta, sociólogo, diseñó su proyecto intelectual como un quehacer de *redescripción conceptual*. Lo hizo a tal punto que me parece viable apelar a la noción propuesta por Mary Hesse (1980) de los pasajes paradigmáticos en historia de la ciencia como «redescripciones metafóricas», antes que como el acercamiento a una verdad prediscursiva. Zavaleta inventaba distintos nombres y enunciados para describir una y otra vez, en distintas escalas de análisis y con diferentes densidades conceptuales, un proceso histórico. El trabajo teórico principal consistía en generar renovadas descripciones que rasgaran hacia entendimientos distintos un relato en apariencia indiscutible, esto es, la sujeción obrera al nacionalismo. La tarea de redescripción ligó el análisis zavaletiano a la sociología y la politología más que a la historiografía. Hacia el final ofreceré una síntesis de esas inclinaciones epistémicas que distinguieron los perfiles intelectuales de los dos marxistas del siglo XX aquí convocados.

Una observación final debe subrayar la importancia de la singularidad boliviana en el pensamiento de Zavaleta. Esto es algo destacable pues la noción de marxismo latinoamericano puede deslizarse hacia un originalismo inviable. Zavaleta reflexionó sobre la historia boliviana, en una tensión inerradicable con aquello que el dispositivo nacional simplifica y estataliza. Como Estado-nación, la Bolivia pensada por Zavaleta no se prolongaba en un espacio nacional claro y distinto. No sólo porque su «abigarramiento», como sociedad de tiempos múltiples coexistentes, podía hacia mediados del siglo XX distinguirse de otros itinerarios nacionales donde el Estado había comenzado a consolidarse como centro gravitacional de la dominación burguesa (así en la Argentina de Perón y el Brasil de Vargas). También se distinguía del Perú con relación a su historia contemporánea: en Bolivia una fractura decisiva se había producido con la irrupción de la clase obrera en la revolución nacional de 1952 y el legado antagónico que siguió a la *forma Estado* que el Movimiento Nacionalista Revolucionario (MNR) y el Ejército desde entonces disputaron.

La teoría en Zavaleta es exigida como elucidación de las contradicciones en la historia nacional y en lo que tiende a hacerla estallar. De manera que si, según he destacado antes, la teoría es historia, la inversa es igualmente cierta: en Zavaleta *la historia es teoría*. Se produce aquí un salto categorial, pues en este caso la «historia» es el proceso histórico como generador de conceptos. Aunque creo no lo leyó, hay algo de un Alfred Sohn-Rethel boliviano en Zavaleta: las formas de conocimiento coparticipan de las formas de sociedad. Luego, si aquella historia es boliviana, sin desmedro de lecturas desde otras historias, por ejemplo en los heterogéneos escenarios latinoamericanos, la delimitación de su objeto es otra cosa que un recorte temático nacionalista. Es la asunción de que tanto las tensiones sociales como políticas y teóricas en la experiencia histórica abierta en Bolivia son singulares. Ni telúricas ni intraducibles, ni universales ni generalizables, los desafíos de la teoría se orientan entre los flujos históricos en que se dirimía, para el último Zavaleta, el drama de un proyecto socialista en Bolivia.

La «forma» en la clase y en la multitud

Una clase es *social* justamente porque su ser-ahí de las relaciones de producción (formas de propiedad, regulación del trabajo, constitución del Estado, etcétera) se constituye en reciprocidad con otras clases y con el poder, cuyo núcleo organizador principal, puesto que no el único, es el Estado. En eso Zavaleta era gramsciano. El Estado posee sus particularidades institucionales, pero se despliega en la «sociedad civil», y viceversa.

En sus textos tardíos, Zavaleta se interesó por una fracción de clase, ya presente en textos anteriores: los mineros en la clase obrera boliviana. Su «experiencia de masa» en 1952, instante condensador de una torsión histórica, fue la relevancia en la derrota del Estado oligárquico, el Estado representante de los intereses de «la rosca». Al elevarse como sujeto en la disolución del monopolio de la fuerza por el Estado sedimentado en el Ejército, los mineros generaron un precedente *inolvidable*. Se fundó entonces una memoria de clase, tanto para los mineros que hicieron de su número relativamente escaso una presencia estratégica decisiva, como para las otras clases y en sus fracciones. En efecto, también para esas otras clases, para el campesinado, mas sobre todo para los militares, para los políticos burgueses cualesquiera fuera su orientación, el acontecimiento de 1952 instituía el signo de una posibilidad temible. Pues si el MNR había liderado exitosamente una estrategia integracionista, todos recordaban *un instante de peligro* donde ese resultado no era el único posible.

La importancia de la memoria de clase en Zavaleta no podría ser exagerada. El estudio de las memorias –pues no hay una sola y unívoca memoria de clase, ella misma es, incluso en una misma clase, intrínsecamente controversial– compone una operación decisiva en la reconstitución histórica de las relaciones de clase y en la vida política.

La definición técnico-económica de una clase social atestigua las limitaciones del proceder clasificatorio para la comprensión de la historia cuando debe enfrentar que fue el hecho de «masa», y no el recorte de una clase en una estructura concreta de explotación y apropiación privada del excedente, el que materializó su existencia histórica. Por cierto, por otra razón que la irrelevancia de las posiciones objetivas en una estructura de producción, con sus sectores, ramas y configuraciones económico-sociales. Sucede que esas determinaciones entendidas bajo el régimen de la causalidad mecánica adquieren una eficacia explicativa a un precio muy elevado: el de cristalizar un flujo temporal en un instante para atribuirle una consistencia imaginaria. El mayor esfuerzo intelectual consiste en captar las transformaciones que sufre una estructura de clases en reproducción conflictiva. Y aunque Zavaleta no siempre logró desligarse del molde de estructura material y superestructura ideológico-política que Marx (1859) expuso algo negligentemente en la *Contribución a la crítica de la economía política*, su quehacer comprensivo hizo énfasis sobre la efectividad que en la estructura opera la lucha de clases, con sus expresiones estatales, culturales y políticas. Justamente, en el proceso de «acumulación en el seno de la clase» es que la memoria es un catalizador hacia diferentes configuraciones. Ni la acumulación ni la memoria en la clase tienen una orientación teleológica, un destino necesario. Por tal motivo, en la propia clase, sólo una reconstrucción «histórica» –forzosamente *a posteriori*– es capaz de diseñar su itinerario. La misma sigue trayectorias propias en las relaciones de y entre las clases, sus pugnas interiores, sus antagonismos hegemónicos, sus enfrentamientos. La eficacia de las cambiantes relaciones entre las clases no se agota allí porque involucra también a los procesos de *conocimiento*. Subvirtiendo dicotomías, en Zavaleta la memoria de clase es al mismo tiempo un fenómeno epistémico. En una clase social hay una memoria que es histórica, es su manera de conocer y conocerse. El conocimiento aquí referido no debería ser opuesto a lo mítico sino a la ideología. En lo que concierne a la elaboración de conocimiento científico, el enfoque historiográfico es igualmente afín a la concepción de la experiencia de clase.

Hay que decir, con todo, que Zavaleta encuentra allí un obstáculo en esta interferencia thompsoniana. El que Zavaleta no fuera un historiador entraña más dificultades que las minucias de un ejercicio de patrullaje epistémico que dictaminase, digamos, la ausencia del desafío archival en los razonamientos zavaletianos. Desde allí se impugnarían, por ejemplo, formulaciones quizás inverificables como la siguiente: «Aprender a mandar es quizá el problema más profundo que debe encarar en cualquier época toda clase que quiere ser libre» (Zavaleta 1983: 12). Aunque es cierto que el término «documentación» posee en Zavaleta una valencia bien distinta a los protocolos más historiográficos thompsonianos –en el pensador boliviano el uso de «fuentes secundarias» es decisivo, mientras en Thompson lo son las «fuentes primarias»–, mi señalamiento apunta a otro aspecto, quizás más medular.

Las reconstrucciones de Zavaleta manifiestan entonces una *argumentación agregada* en la que las clases y las masas (tema sobre el que volveré) carecen de nombres individuales o grupales, de palabras, de gestos concretos. Los *nombres propios* presentes en los textos tardíos de Zavaleta pertenecen a una historia política y social que, si no se podría denominar precisamente «desde arriba», sólo presupone, sin materializarlas en la narración, la constitución de *lógicas menores* de plebe en las que se manifiestan las clases y las masas. Una reconstrucción de lo minoritario, como ha enseñado la mejor microhistoria, no renuncia a la configuración de procesos amplios. En todo caso disputa las escalas de visibilización y análisis. Y consecuentemente, en los textos zavaletianos la experiencia de la clase sigue un molde bastante tradicional de agregación social, presentación y representación política, sin alcanzar el plano de redescripción menor, por ejemplo, en materia de vida cotidiana, sexualidad, alimentación, bebida, entre otros, como también en prácticas asociativas, culturales, comunicativas, entre otras.

Para Zavaleta el sindicato es el *espíritu* orgánico de la clase obrera. ¿Sería posible una puesta en marcha desde esas consideraciones de investigaciones «thompsonianas» destinadas a dar cuenta de una más rica historia de la clase? O en otros términos: ¿puede traducirse el análisis zavaletiano a una más consistente investigación que operacionalice el ya señalado lazo reversible entre teoría e historia? Sin esta pregunta podríamos deslizarnos inadvertidamente hacia un contraste puramente teórico, lo que nos conduciría hacia caminos diferentes al que Thompson y Zavaleta suscitan.

Política y representación en una perspectiva no evolutiva

El método sociológico de Zavaleta trabajaba literariamente a través de sinécdoques (donde la parte representa al todo), tal como la que condensa en los mineros a la clase obrera y a la «sociedad civil» en la clase obrera, o al Estado en los militares (Zavaleta 1983: 222). La «representación» opera la relación sinecdóquica. Así las cosas, los mineros encuentran su representación en la Central Obrera Boliviana (COB), de la que constituyen la columna vertebral. El Estado forjado por el acontecimiento revolucionario-nacional de 1952 representa, en su deriva, la historia reciente de las clases en la heterogénea Bolivia. El dominio logrado por el MNR en ese Estado perdurará a las tensiones que lo habitaron en las atormentadas posiciones que en ese esquema tuvieron el movimiento obrero y el campesinado. También ante las peripecias del Estado como representación condensada de la sociedad, subsistió la izquierda política.

La sinécdoque, sin embargo, siempre es imperfecta. La clase obrera no ha sido integrada sin rebordes en el pacto estatal de 1952, ni ese Estado es en el tiempo una entidad igual a sí misma. Sobre todo, para el Zavaleta tardío, la fractura histórica que la revolución nacional(ista) involucró en una muy prolongada dominación oligárquica había inaugurado nuevas posibilidades a la luz de la manifestación de su cada vez más evidente funcionalidad con la dominación capitalista. Esa apertura de lo posible es lo que hace de la «forma multitud» a la vez que la inminencia de un acontecimiento, el desmoronamiento de una «forma clase» que se excede a sí misma tras una «acumulación». La escisión de la clase entonces no se refugia en una perjudicial separación que aísla y prepara el camino real para la derrota (como sucede en el separatismo clasista de cierto obrerismo marxista donde lo social y lo político coinciden).

La multitud es una forma hegemónica donde la clase obrera trasciende su particularidad y logra la anuencia de otra clase, por ejemplo del campesinado, constituyendo un bloque nacional-popular. Este bloque ya no es pensado en los términos del nacionalismo revolucionario, esto es, como alianza jerárquica entre clase trabajadora, campesinado, pequeña-burguesía y burguesía nacional, sino como matriz plebeya, en pugna con la legitimidad estatal heredada.

La multitud no es entonces una formación atrasada en una escala de «modernización», sino una construcción política activa y creativa. La clase adquiere con la forma multitud su existencia política dirigente. Constituye la «forma modificada de la clase» (Zavaleta 1983: 22). Es el momento en que se plasma, Zavaleta lo dice en explícita referencia a Gramsci, una reforma intelectual y moral de sí y de la relación con las otras clases sociales. La «irradiación» que conquista la clase obrera a través de la memoria (desde las obreristas *Tesis de Pulacayo* al activismo minero, y de allí a la Asamblea Popular de 1971) es antiestatal pero no antiestatalista, ni rehúye sistemáticamente a la representación. Por el contrario, lo que se advirtió en «las masas en noviembre» de 1979 fue la polivalencia que la puesta en suspenso de la hegemonía nacionalista-revolucionaria habilitó para disputar la validez de la representación.

La representación política, entonces, antes que una mutilación de no se sabe qué interioridad autónoma, es la oportunidad impura de una disputa por su alcance. Implica la reorganización de la «opinión pública» que desaloja la preeminencia atribuida al MNR como vehículo representativo de lo «nacional-popular». Espontaneidad y organización convergen en una «forma multitud» que es enteramente política, es decir, democrática. A fines de 1979 la multitud obrero-campesina disputó la representación democrática amenazada por el Ejército, pero no generó una alternativa al proyecto del nacionalismo revolucionario. La «deslealtad» al Estado no bastaba (Zavaleta 1983: 239).

Justamente, en *Lo nacional-popular en Bolivia* (Zavaleta 1986) el seguimiento de su prolongado camino debía comenzar hasta el final de la Guerra del Pacífico para rastrear las sedimentaciones de una sociedad abigarrada, y varias encrucijadas donde los nombres de Villarroel, Paz Estenssoro, Lechín o Siles Zuazo, entre otros, formarían el rosario de sus «momentos constitutivos». En esa obra inacabada, en la que Zavaleta alcanzó a esbozar los proemios de 1952, se puede con todo observar que la forma Estado intervenía en la dialéctica de clase y multitud. Dicho de otro modo, el Estado sin ser *causa sui* detentaba una eficacia sobre los antagonismos sociales.

El Estado no es, como en la línea de pensamiento nacional-populista, el vector representativo y soberano de una política transformadora. El Estado es, en cambio, según la descripción de Zavaleta, el precipitado institucional de una lucha política y social, el saldo provisional de una tensión inerradicable. ¿Por qué? Porque tanto si promueve la desigualdad como si impulsa la justicia social, el Estado *presupone* el sistema de clases. No se trata de menoscabar la relevancia de una distinción entre dos estrategias, sino de mostrar que a pesar de ella la funcionalidad sistémica del Estado perdura pues no deriva de las intenciones de sus ocupantes transitorios (Vargas, Perón, Paz Estenssoro...). Tal es el motivo por el cual Zavaleta pensó que también el Estado asumía una forma de dominio (pues no es ajeno a la reproducción del capital, sino un organizador de la acumulación capitalista) que presume la soberanía sobre el todo nacional. Pero como en Bolivia ese «todo» poseía una alta dosis de sutura imaginaria, como disonaba respecto de las diferencias persistentes en el tejido social, el Estado se encontraba en cuestión. Las fases de crisis manifestaban y tornaban cognoscible el carácter transaccional de la *apariencia* estatal. Hacían visibles su condición «superestructural».

El bastimento segmentado o abigarrado, que en Bolivia contravenía a las imaginaciones nacionalistas y estatalistas, subraya una distancia con el modo en que E. P. Thompson estudió la «economía moral» de la multitud durante las décadas de pasaje a la sociedad industrial en Gran Bretaña. El marxismo romántico thompsoniano reconstruyó las resistencias al cambio en los ritmos de vida y de trabajo, en la ruptura de los lazos comunitarios, en los valores de los vínculos colectivos (Thompson 1984). Es sabido que Thompson intervino así en dos debates. Indirectamente en la discusión marxista sobre la transición del «feudalismo al capitalismo». De manera explícita en el desacuerdo historiográfico sobre la evolución del «nivel de vida» a lo largo de la Revolución Industrial. No lo hizo como Eric Hobsbawm, para quien un entendimiento evolutivo del marxismo conducía a destacar la caída del nivel de vida desde una teoría alternativa del progreso. En cambio, Thompson expresó empatía con quienes vivenciaron las fracturas de la experiencia y los sufrimientos de la explotación, sin apelar a una razón histórica trascendente según la cual una superación dialéctica recompensaría a las generaciones futuras por las amarguras de la evolución.

La dialéctica entre clase, multitud y Estado en Zavaleta prescinde de cualquier ontología histórica evolutiva. Por esa razón polemizó con el historiador Heraclio Bonilla, quien en su estudio sobre *El minero de los Andes* concibió a ese proletariado como una reliquia del «desarrollo económico». Para Bonilla el proletariado minero era políticamente «atrasado» porque lo era su lugar en una escala histórica trascendente. En cambio, Zavaleta rastreó las irradiaciones hegemónicas en el seno popular. Ya no en la fórmula nacionalista-populista de una alianza entre clases subalternas y fracciones progresistas de las clases dominantes, sino en un plano horizontal de subalternidad. Hasta cierto punto, esa tarea correspondía a la COB en su tarea hegemónica hacia toda la clase obrera, el campesinado, los pequeños comerciantes, los asalariados no productivos, en fin, todos aquellos sectores potencialmente aliados en una política democrático-revolucionaria. El que esa hegemonía lograra descomponer el pacto militar-campesino o impugnar al MNR como proyecto estatal pero no como ideologema, era el enigma del drama boliviano, y delineaba los desafíos de la izquierda.

Reflexiones finales

Las afinidades y diferencias intelectuales entre Zavaleta y Thompson fueron aquí objeto de una construcción *artificial* destinada a subrayar algunos aspectos de textos tardíos en la obra del sociólogo boliviano. La última década del quehacer intelectual de Zavaleta tuvo como brújula un proyecto preciso: escribir una sociología histórica marxista del drama de la hegemonía nacional-popular en Bolivia. Para esa tarea contaba con una serie de categorías forjadas y reformuladas durante la década del setenta, en una cantera marxista con adherencias de una amplia bibliografía multidisciplinaria, pero con una notable autonomía intelectual. Por lo tanto, un estudio de recepción de una labor así diseñada será siempre más menguado que la lectura *per se* de los textos zavaletianos, esto es, independizados de obediencias hacia archivos conceptuales ajenos.

Mas si la conexión con Thompson es relevante, ello sucede porque las nociones de clase y de multitud son de primera importancia en ambos intelectuales socialistas. Los acentos son desemejantes por las diferencias de objeto: en un caso la Inglaterra del pasaje del siglo XVIII al XIX, en otro la Bolivia del siglo XX. Pero también por inclinaciones epistemológicas. Uno es un historiador marxista, y por ende con compromisos teóricos, pero de reivindicación empírica e incluso empirista. El otro es un sociólogo marxista predispuesto a otras lecturas, embarcado en una obra original donde sus categorías intelectuales habilitan sucesivas redescripciones de una realidad histórica compleja y fluida.

Con sus peculiaridades, ambos proveen una inteligencia del marxismo ajena al «materialismo histórico» de alcance «universal», pues leen a Marx y al marxismo como teoría crítica *de* la sociedad capitalista, y desde el proyecto de una autoemancipación de la clase obrera[1]. No en la figura particularista de una clase elegida, sino en la proyección «gramsciana» de una voluntad nacional-popular (en Zavaleta ya no en su cortocircuito populista) antisistémica, esto es, como construcción políticamente viable e intransigente hacia las estrategias de un buen capitalismo.

En ese orden de cosas, la obra de Zavaleta se revela indómita para interpretaciones estatal-populistas y orientadas a concordias progresistas de un capitalismo nacional más justo e integrador. Dicho en dos palabras: poco más lejano para dar cuenta del último Zavaleta que someterlo al corsé de la «liberación nacional». No he intentado simplificar este aspecto; por eso he destacado que puede hallarse en las perseverancias de una antigua adhesión populista el soporte de una nueva concepción gramsciana de lo «nacional-popular». Al respecto, cabe destacar que cuando buena parte de una generación intelectual de marxistas latinoamericanos abandonaba la política y teoría revolucionarias para asumir el progresismo (sea el socialdemócrata de «la república» o el populista de la «inclusión social»), Zavaleta prosiguió su investigación marxista sobre la historia boliviana, sin deshabitar su avidez por contribuir a la práctica transformadora. En ese momento lo sorprendió la muerte, legando una obra inconclusa, plena de elaboraciones e intuiciones de enorme valor para la reconstrucción del pensamiento crítico en América Latina.

---

[1] Sobre esta perspectiva en Thompson, véase Acha 2013.

Bibliografía

Acha, Omar (2013): «E. P. Thompson, un marxista contra el marxismo como "materialismo histórico"». En *Rey Desnudo. Revista de libros* 3.

Hesse, Mary (1980): «The Explanatory Function of Metaphor». En *Revolutions and Reconstructions in the Philosophy of Science*. Bloomington: Indiana University Press.

Laclau, Ernesto (1996): *Emancipación y diferencia*. Buenos Aires: Ariel.

Marx, Karl (1988): *Elementos fundamentales para la crítica de la economía política (Borrador) 1857-1858*. México: Siglo xxi.

Thompson, Edward Palmer (1981): *Miseria de la teoría*. Barcelona: Crítica.

— (1984): *Tradición, revuelta y conciencia de clase. Estudios sobre la crisis de la sociedad preindustrial*. Barcelona: Crítica.

Zavaleta Mercado, René (ed.): *Bolivia, hoy*. México: Siglo xxi.

— (1986): *Lo nacional-popular en Bolivia*. México: Siglo xxi.

VIII.

BOLIVIA, HOY, TREINTA AÑOS DESPUÉS

James Dunkerley (Queen Mary University of London)
[Traducción de Virginia Ruiz P.]

El jueves 15 de diciembre de 1983 las prensas de Gráfica Panamericana en la Colonia del Valle de Ciudad de México terminaron la impresión de los 3.000 ejemplares de *Bolivia, hoy*. Publicada por Siglo XXI, esta colección de ensayos de 240 páginas fue editada por René Zavaleta Mercado (1937-1984), que contribuyó al volumen dos ensayos propios, además de su introducción a textos de Luis H. Antezana (1943-), Horst Grebe López (1943-), Silvia Rivera Cusicanqui (1949-) y Guillermo Lora (1922-2009).

El día en que los tres mil ejemplares del libro salían de las prensas en el Distrito Federal sólo su editor vivía en México, aunque en ese momento ya tenía el plan de volver a Bolivia para seguir de cerca la rápida evolución de la crisis sociopolítica boliviana, esa que lo había llevado a escribir su capítulo «Las masas en noviembre». Ese extraordinario ensayo de 50 páginas, que tomó la crisis de noviembre de 1979 como *Leitmotiv* para un audaz estudio de la vida nacional contemporánea, abre *Bolivia, hoy* y sería, de ahí en adelante, el texto más íntimamente relacionado con Zavaleta en el mundo entero. De hecho, «Las masas en noviembre» ya había sido publicado en La Paz en junio de 1983 por la Editorial Juventud, en un libro que también incluía otros dos ensayos de Zavaleta: «Forma clase y forma multitud en el proletariado minero en Bolivia», que es el capítulo final de *Bolivia, hoy*, y «Cuatro conceptos de la democracia», que había sido publicado en 1981 en *Bases*, el número único de una revista dedicada a las «expresiones del pensamiento marxista boliviano», editada por Zavaleta junto a Carlos Toranzo, Rivera Cusicanqui y Grebe López (este último un colega de la FLACSO: Grebe López enseñaba economía[1]).

Ese número único de *Bases*, que no ofrece detalles de publicación pero que probablemente apareció en junio o julio de 1981, también incluía la primera versión de «Sistema y procesos ideológicos en Bolivia (1935-1979)», ensayo que apareció apenas alterado dieciocho meses después en *Bolivia, hoy* y que, como es sobre todo evidente en los textos del mismo Zavaleta y de Rivera, ejerció una considerable influencia en la colección como totalidad. Antezana, que en realidad no conoció a Zavaleta, cumpliría posteriormente un rol clave en la interpretación del muchas veces denso, alusivo y conceptualmente desafiante trabajo de su distante editor[2].

---

[1] Cuando exista más de una versión de un texto –como es muy frecuente con los autores de esta colección–, citaré la publicada en Zavaleta Mercado 1983: es el tema de este ensayo. De 1988 en adelante, Los Amigos del Libro comenzó a publicar las (incompletas) *Obras Completas* de Zavaleta Mercado. Ninguna de esas publicaciones incluyó material de *Bolivia, hoy*. En 2011, Plural editores publicó, en la edición de Mauricio Souza Crespo, el primer volumen de *Obra completa*, que reúne libros, artículos, ensayos y panfletos del período 1957-1974. El volumen II cubre el período 1975-1984, es decir, mucho del material discutido en este trabajo. Este ensayo le debe mucho a los consejos, y al préstamo de materiales, de Winston Moore, un vecino del norte de Londres. (Luego de haberse escrito este trabajo se publicó el Tomo III de la *Obra completa*, el cual está dividido en dos volúmenes: *Volumen 1. Notas de prensa: 1954-1984* y *Volumen 2, Otros Escritos 1954-1984* [N. del. E.]).

[2] Antezana (1991a, 1991b, 2009, 2011). Antezana escribió el prólogo al estudio más extenso y detallado del pensamiento de Zavaleta: *La producción del conocimiento local. Historia y política en la obra de René Zavaleta Mercado*, de Luís Tapia Mealla (2002). Tapia, un lector de considerable lucidez, es sin duda un

Para Rivera, que había estado en México ocasionalmente (y que pasó buena parte del período 1980-1982 exiliada en Colombia), su capítulo en *Bolivia, hoy*, «Luchas campesinas contemporáneas en Bolivia: El Movimiento "Katarista", 1970-1980», era algo así como un punto intermedio entre una pieza breve y reflexiva en *Bases*, «Memoria colectiva y movimiento popular: notas para un debate», que se abre con una larga cita de Walter Benjamin y no se ocupa de Bolivia en absoluto, y la publicación en La Paz en octubre de 1984 de *Oprimidos pero no vencidos. Luchas del campesinado aymara y qhechwa, 1900-1980*. Este libro-panfleto, que lleva un prólogo de Antezana, ampliaba notablemente el rango cronológico del texto de Rivera para *Bolivia, hoy*. El libro proponía al final la breve aplicación de una teoría de la memoria colectiva a la experiencia de los indígenas de Bolivia: distingue entre una memoria «larga» (colonial) y una «corta» (la del 52). Fue un trabajo que llegó a ejercer una influencia realmente extraordinaria, tanto en los círculos académicos como en los políticos, en las décadas siguientes[3].

La publicación de *Oprimidos pero no vencidos* se produjo dos años después del fin de los gobiernos militares y en medio de una crisis del gobierno de la UDP, encabezado por Hernán Siles Zuazo, que había ganado las elecciones de 1980 y que, de acuerdo a Zavaleta, se había comportado a lo largo del período 1978-1982 como «un parásito del estruendo campesino y obrero» (Zavaleta 1983a: 34). Zavaleta, que

---

buen ejemplo de la adscripción al «borramiento del autor y al triunfo del texto»: ofrece, en más de 500 páginas, sólo la más mínima información biográfica posible.

[3] La edición original fue publicada, junto con la *Tesis Política de la CSUTCB* de 1983, en La Paz por HISBOL y en Ginebra por UNRISD, que también publicó traducciones al inglés (1987) y al japonés (1998). Una nueva e importante introducción, escrita durante la crisis de octubre de 2003, fue añadida a la tercera edición de 2003. En reconocimiento a las cualidades pioneras de este trabajo Rivera ganó el premio Guggenheim. En la edición de 2003, Rivera (2003: 68) anota que leyó el trabajo «Memoria colectiva» en un taller sobre participación popular en México, en agosto de 1982, al que también asistió Zavaleta.

había pertenecido en diferentes momentos a todos los partidos políticos que componían la coalición de la Unión Democrática y Popular (UDP) –Movimiento Nacionalista Revolucionario (MNR), del que saldría el Movimiento Nacionalista Revolucionario de Izquierda (MNRI), Movimiento de Izquierda Revolucionaria (MIR), Partido Comunista Boliviano (PCB)–, había rechazado la invitación a servir como ministro de minería, posición que había ocupado (a los 27 años) para el MNR entre abril y noviembre de 1964[4]. Su coautor y compañero de militancia Horst Grebe López, con un doctorado en Berlín Oriental y más acostumbrado al «socialismo realmente existente», ya había estado ejerciendo funciones en ese gobierno (en el cargo de Ministro de Trabajo y Minería) desde noviembre de 1983, un mes antes de la publicación de *Bolivia, hoy*. Grebe López dejó el gabinete el 21 de noviembre de 1984, día en que todos los ministros del PCB renunciaron; el partido se fracturó en su V Congreso, en febrero de 1985, dividido por una profunda discrepancia sobre cómo reaccionar a la crisis del «Estado del 52».

Zavaleta, sin embargo, no vivió para ver este desenlace de las luchas internas del partido del cual había sido siempre más un miembro formal que un militante activo. Tampoco, de hecho, fue testigo, en agosto de 1985, del colapso de todo el paradigma político que había estado tratando de entender y cambiar por más de dos décadas. Como Fernando Mayorga escribiría cinco años más tarde: «En 1984 retorna, finalmente, a Bolivia, pero en el mes de junio sufre los primeros síntomas de una enfermedad desconocida y es trasladado

---

[4] Zavaleta (2011a) ofrece un vívido recuento de las etapas finales de su turbulenta «carrera» ministerial en *La caída del MNR y la conjuración de noviembre (Historia del golpe militar del 4 de noviembre de 1964 en Bolivia)*, texto escrito en Oxford en marzo de 1970, publicado por Los amigos del libro en 1995 e incluido en *Obra completa* I.

a México para ser atendido. Permanece en estado de coma durante casi seis meses y fallece el 23 de diciembre» (Mayorga 1989: 10)[5].

El papel central de Zavaleta en la configuración de *Bolivia, hoy* exige, claro, que volvamos más adelante a una discusión detallada de su legado (en la segunda parte de este ensayo), pero que quede registrado aquí que en el momento de su fallecimiento sus colaboradores recorrían senderos considerablemente divergentes. Antezana, orureño como Zavaleta, luego de un doctorado obtenido en Lovaina en 1974, radicaba en Cochabamba y era catedrático en un campo que podría ser descrito como «estudios culturales», terreno en el que aplicaba sus formidables habilidades en filología, su interés (y apetito) por la cultura popular –particularmente la música, el cine y el fútbol–, todo esto de una manera no sectaria y con una no muy común modestia en la aplicación del postestructuralismo francófono (¿tal vez esa modestia era una virtud belga?)[6].

---

[5] La causa precisa de la muerte de René Zavaleta Mercado sigue siendo un misterio. Tuvo que ver sin lugar a dudas con una dolencia cerebral y puede que haya estado relacionada, como sostiene Filemón Escobar (2008), con una lesión sufrida durante su arresto en 1968, cuando asistía, como expositor, a un foro público en el que se criticó las políticas del gobierno de Barrientos en el tema del gas natural. Marcelo Quiroga Santa Cruz, que sería asesinado en el golpe de Estado de julio de 1980, fue detenido al mismo tiempo y mandado también a un campo de confinamiento en Alto Madidi.

[6] Mi idea sobre Bélgica no es del todo caprichosa y merece una mayor consideración de la que es posible otorgarle aquí. Como veremos más adelante, Antezana y Zavaleta fueron influidos por su contemporáneo argentino Ernesto Laclau, que estuvo en Oxford con Zavaleta en 1969-1970 y que trabajó muy de cerca con una belga formada en Lovaina, Chantal Mouffe, su esposa, muy específicamente en *Hegemony and Socialist Strategy* (1985), traducido al inglés por Paul Cammack, que había vivido en Bolivia bajo el banzerato; y por Winston Moore, boliviano con un doctorado supervisado por Laclau y cuyo propio trabajo de finales de los años setenta formó parte integral de lo que podríamos llamar el «marxismo crítico» común en el pensamiento radical boliviano. Antezana (1983) cita el manuscrito de Moore «Política y visión en los Andes bolivianos» en «Sistema y

Grebe López (1984), como hemos visto, era parte del gobierno de la UDP e inevitablemente se enfrentó a las realidades prácticas de trabajar para el Estado en una posición de mando: chocó con ex-camaradas y apoyó empresas capitalistas, como la compañía de zapatos Manaco, en contra de los trabajadores (Webber 2011)[7]. Para Lora, militante trotskista y autor de la *Tesis de Pulacayo*, con la experiencia de toda una vida dedicada a la vituperación de todos y cada uno de los fenómenos políticos que se ubicaran a su derecha, no era ninguna sorpresa que se produjera, con la UDP, tal convergencia entre el «estalinismo» y el «nacionalismo». El capítulo de Lora en *Bolivia, hoy* («La clase obrera después de 1952») es en realidad un «préstamo» y compendio elaborado por Zavaleta a partir de los muchos textos del autor sobre el tema. Lora fue también el menos involucrado, intelectual o políticamente, en los evidentes gestos de innovación y renovación analítica del libro. Su participación en él derivaba de una iniciativa de Zavaleta, que había sido su adversario político en varios grados y varias coyunturas por más de veinticinco años.

En contraste, el retorno de Silvia Rivera Cusicanqui a Bolivia en 1983 marcó su firme giro hacia un intenso activismo político. Al romper por completo con la visión centralista, monocultural y Estado-dependiente de los partidos de izquierda, Rivera apoyó el llamado a un gobierno de los trabajadores y campesinos a partir de la Central Obrera Boliviana (COB) y la Confederación Sindical Única

---

procesos ideológicos». Para una versión publicada, véase Moore 1982. Tal vez más influyente fue la tesis para Lovaina de Javier Hurtado (1986), publicada por Hisbol con el título *El Katarismo*, un ya vital componente empírico de las «Luchas campesinas» de Silvia Rivera. Además de la influencia general de Lovaina en la ideología cristiana, particularmente en el MIR, véase la tesis de doctorado de Roxana Liendo (2009), *Participación popular y el movimiento campesino aymara*.

[7] Jeffrey Webber (2011), que considera casi toda la clase política boliviana contemporánea como "liberal" de una tendencia o de otra, describe a Horst Grebe como un «conservador».

de Trabajadores Campesinos de Bolivia (CSUTCB): «En la COB no se disuelven las especificidades y las diversas prácticas sociales de mineros, campesinos quechua-aymaras, amas de casa, etc. La lucha por una sociedad multicultural coexiste con la lucha por ampliar la democracia obrera» (Rivera 1983: 20-26).

El 13 de noviembre de 1983, justo un mes antes de la publicación de *Bolivia, hoy*, Rivera tuvo un papel central en la creación del Taller de Historia Oral Andina (THOA), que durante las siguientes dos décadas promovería la investigación y difusión de una «historia indígena desde abajo», trabajo que transformó cualitativamente los parámetros conceptuales y políticos de esa disciplina en el país (Stephenson 2002).

Cualquiera fuera su residencia en 1982-1983 o cualquiera fuera la trayectoria política precisa de los autores, es un hecho que *Bolivia, hoy* le debía mucho al hecho de formar parte de la serie «historia inmediata» publicada por la editorial Siglo XXI de México. Precedida por volúmenes de similar formato dedicados a Colombia, Ecuador y Argentina, el libro editado por Zavaleta se parecía sobre todo al primero de la serie, *Centroamérica, hoy*, compilado por el científico político nicaragüense Edelberto Torres Rivas (1975)[8]. De la misma manera en que, años más tarde, Luis Antezana se imaginaría a Zavaleta leyendo el *Felipe Delgado* de Jaime Sáenz, puedo ahora yo imaginar su interés en el libro de Torres Rivas, que explicitaba una idea vital compartida con *Bolivia, hoy*: «Los trabajos contenidos en este volumen han sido escritos por diversos especialistas [...] el proyecto no tiene, como podrá verse, unidad teórica ni un marco metodológico común» (Torres Rivas 1975: 7).

---

[8] Por esos años, Siglo XXI también publicó *Colombia, hoy*, *Ecuador, hoy* y *Argentina, hoy*. Para un delicado estudio sobre el contexto político-literario en México en ese momento, véase King 2007.

Aunque en *Bolivia, hoy* esta divergencia es más visible en el caso del estudio de Lora, y pese a que hay un grado perceptible de influencia de Antezana en los trabajos de Zavaleta y Rivera, todos los capítulos ofrecen tonos y procedimientos expositivos diferentes pero complementarios.

Una trayectoria

Antes de *Bolivia, hoy*, Zavaleta ya había trabajado con el editor argentino de Siglo XXI, Alejandro Orfila, que había publicado cinco mil ejemplares de *El poder dual en América Latina* para la serie Colección mínima de esa casa editorial, en enero de 1974 –un manuscrito terminado en diciembre de 1972 en Santiago, al que Zavaleta le añadió, en diciembre de 1973, un «Postfacio» sobre el golpe de Estado de Pinochet. Tres años después otro ensayo de Zavaleta (1977) apareció en la serie de dos volúmenes *América Latina: Historia de medio siglo*, editada por Pablo González Casanova. Aunque éste es uno de sus textos largos más convencionalmente estructurados, comienza con un desafío ciertamente poético al lector meramente curioso por lo empírico: «El amor, el poder, la guerra. En eso consiste la verdad de la vida. Pues bien, fue en el Chaco, lugar sin vida, donde Bolivia fue a preguntar en qué consistía su vida» (Zavaleta 1977: 74).

El siguiente párrafo, titulado «La memoria histórica», es ya un fuerte indicio de lo que vendría en «Las masas en noviembre» y, más claramente, en el inconcluso *Lo nacional-popular en Bolivia*, póstumamente publicado por Orfila en 1986[9]. Aquí, en este transcurso bibliográfico, tenemos la sensación de un Zavaleta deslizándose

---

[9] La edición de 1986 lleva un breve prefacio sin firma, señalando su naturaleza incompleta. De los tres capítulos, sólo el primero, «La querella del excedente», lleva un aparato académico completo. Los siguientes dos –«El mundo del temible Willka» y «El estupor de los siglos»– no nos llevan sino hasta la Navidad de 1984 en un recorrido que había sido originalmente pensado desde 1952 hasta

por las tres fases atribuidas generalmente a su trayectoria político-intelectual: nacionalista, marxista ortodoxa y marxista crítica. Una trayectoria vívidamente evocada y sintetizada por Jorge Cadena Roa, uno de sus estudiantes en la Universidad Nacional Autónoma de México (UNAM), en esta cita: «Decía René en una de sus clases: "la ideología es el recuerdo del castigo". De pronto la ideología no era falsa conciencia, enajenación producto del fetichismo de las mercancías ni elaboraciones interesadas de parte de los sicofantes de la burguesía. La ideología era memoria» (2006: 79)[10].

La incomodidad teórica como teoría

Para Zavaleta el déficit democrático boliviano es un hecho socialmente compartido, cualesquiera sean los conflictos que ese hecho haya contenido o inspirado. Así, al comienzo de «Las masas en noviembre», Zavaleta presenta su famoso ejemplo de «intersubjetividad», en un uso, de refrescante sencillez, de una categoría de Habermas: «Tú perteneces a un modo de producción y yo a otro, pero ni tú ni yo somos lo mismo después de la batalla de Nanawa: Nanawa es lo que hay de común entre tú y yo. Tal es el principio de intersubjetividad» (1983a: 19).

En el capítulo final, «Forma clase, forma multitud», encontramos que el «marxismo crítico» de Zavaleta revela ya su completa falta de interés en cualquier aplicación formulaica de categorías ideológicas prestadas del canon radical europeo. Más bien, Zavaleta está decidido a encontrar alternativas que tengan un verdadero poder explicativo. Adopta, por ejemplo, el concepto de «acumulación en el seno de la clase» –que suena a economía política marxista pero que Jorge

1980. Sabemos que un cuarto capítulo había sido titulado «La canción de María Barzola». Tal vez podamos ver elementos de él en «Las masas en noviembre».

[10] Las «fases» del pensamiento de Zavaleta fueron propuestas en primera instancia por Luis Antezana (1991b) y son presentadas concisamente por Mauricio Souza Crespo (2011).

Lazarte (1989) nos asegura no aparece en ninguna otra parte en esa tradición–: «Cada clase es [...] lo que ha sido su historia. Suponer que el desarrollo de una clase depende mecánicamente del desarrollo del país (en lo económico y aun en lo cultural) es una hipótesis refutada por todos los datos de la realidad» (Zavaleta 1983b: 238).

La historia, entonces, no es simplemente «recordada» o un instrumento perentorio del heroísmo[11]. En 1952, «el movimiento obrero era capaz de hacer una selección en los elementos integrantes de su memoria, o sea que era un momento de superioridad de la *acumulación en el seno de la clase* sobre la autoconcepción espontaneísta del obrero como multitud o como plebe en acción y no como clase» (Zavaleta 1983b: 235).

Entonces, como lo escribió en otra parte, no fueron sus autores reales, sino el MNR –el «partido de los cholos» pero también el de los «parientes pobres de la oligarquía»– el que le dio vida a la *Tesis de Pulacayo* y al programa pirista de reforma agraria (Zavaleta 2011b). ¿Quién iba a admitir esto? No las masas: «En el bando popular el principal problema sigue radicando en su incapacidad casi congénita de razonar en términos materialistas (y no mitológicos) acerca del país y de su propio poder» (Zavaleta 1982: 164).

Años después, Gustavo Rodríguez Ostria comenzaba un ensayo sobre los mineros en Bolivia recordando que «con justa razón a principios de los 80, René Zavaleta Mercado decía que sin los mineros no habría valido la pena vivir en Bolivia» (2001: 271). Y, aun así, Luis H. Antezana pensaba que Zavaleta «se sentía incómodo con el tradicional concepto de «clase» para caracterizar al proletariado minero como «clase obrera» [...] finalmente lo desplaza hacia el concepto de "masa", situando el concepto de "clase" a un nivel estrictamente teórico» (1991: 124)

---

[11] La historia puede, por supuesto, ser «olvidada». Antezana (1988) considerará más tarde que este elemento está muy sedimentado en el libro de Rivera.

Los herederos

Tal vez ahí, en su desconfianza o «incomodidad», radique una de las razones por las que el legado analítico de Zavaleta haya logrado sobrevivir las derrotas de 1985-1986. En *El asalto porista. El trotskismo y el despotismo de las aclamaciones en los sindicatos mineros de Bolivia*, Zavaleta empieza con una diatriba en contra de la intervención dogmática de Lora en el congreso de la Federación Sindical de Trabajadores Mineros de Bolivia (FSTMB) de 1959, porque el trotskista declara que el Partido Obrero Revolucionario (POR) «tomará el poder aún a riesgo de convertir su experiencia en una nueva Comuna de París» (Zavaleta 2011c: 41). Décadas más tarde, mucho después de que la FSTMB y la COB hubieran sido reducidas a las más endebles versiones de sí mismas bajo el «Estado del 52», hay algo de paradójico en el hecho de que las ideas de Zavaleta fueran acogidas, en gran medida, y de cara a la construcción de un movimiento de masas post-mineras y post-obreras, por un grupo de intelectuales jóvenes reunidos bajo el nombre de «Comuna»[12]. Pero los tiempos eran otros. El pesimismo de 1982, cuando Zavaleta consideraba que Bolivia era «más señorial, católica e hispánica que nunca», había sido sobrepasado por la historia y una inversa «acumulación en el seno de clase» a través de la cual la «forma multitud» recuperaba atributos de clase en el marco de una restaurada sensibilidad materialista.

De hecho, para 2007 el gobierno de Bolivia invitaba a prominentes intelectuales internacionales −como Toni Negri y Michael Hart− a unirse al vicepresidente Álvaro García Linera y a Luis Tapia en la

---

[12] Además de los muchos trabajos individuales de Tapia, que comprensiblemente se apoyan sustancialmente en Zavaleta, véase Yaksic & Tapia 1997 y García Linera 2000 y 2001.

explicación (y celebración) de la «multitud y sociedad abigarrada», precisamente en oposición al «imperio»[13].

Hacia una definición de lo abigarrado

Es la fama del concepto la que nos mueve a buscar una definición un poco más precisa de «sociedad abigarrada». Después de todo, el atractivo epigrama de Zavaleta sobre Nanawa podría considerarse sólo una especie de atajo poético, una forma de eludir la discusión de esos aspectos materialistas que Grebe López (1983) discute parcialmente en su capítulo de *Bolivia, hoy*: las diversas fuerzas precapitalistas, las relaciones desiguales de producción y un patrón tan errático en la apropiación del excedente que las clases dominantes no llegan nunca a desarrollarse mucho más allá de lo que Marx llamó el «capital comercial».

En *Bolivia, hoy*, «formación abigarrada» aparece muy al principio, pero es un concepto que Zavaleta no explica ni desarrolla. Vuelve, al final del volumen, en «Forma clase, forma multitud», pero con una similar familiaridad carente de explicaciones: «país con el abigarramiento de Bolivia» (Zavaleta 1983b: 226); «sociedades abigarradas o heterogénicas» (Zavaleta 1983b: 228). A cierto nivel –digamos que el de «dato de la realidad»– el hecho no tiene importancia, especialmente para (todos) los bolivianos que, treinta años después, han reconocido (y a veces celebrado) un país de muchas culturas y etnias. Ahora, naturalmente, comenzamos a ser testigos incluso de políticas que responden a la idea de ese abigarramiento. Pero el «sentido político» de la expresión «sociedad abigarrada» era, a principios de los años ochenta, un sentido todavía no realizado, un conjunto dispar y

---

[13] Negri y Hart 2007. En mi opinión, el trabajo de García Linera le debe mucho más a Zavaleta de lo que quiere admitir, pero ese estudio lo dejamos para otro momento. Mucho del trabajo Comuna es autorreferencial e inaccesible para un lector no versado en los modos discursivos requeridos.

contradictorio de postulados teóricos; hasta Grebe López tuvo, en su texto, que retroceder a la figura de Franz Tamayo para probar su tesis.

Dos conexiones inglesas

Bolivia, hoy nos da algunas pistas de cómo sus ideas podrían ser exploradas más profundamente, especialmente en relación con diversas corrientes de pensamiento desarrolladas fuera de Bolivia. Acaso valga la pena tomar en cuenta esas posibilidades de ampliación: a la evocación de Nanawa para comprender el 52, y a la evocación del 52 para comprender el 79, les falta en aliento explicativo lo que tienen en profundidad histórica.

Primero deberíamos destacar el concepto de «economía moral», que estudió más profundamente E. P. Thompson (1924-1993) en relación con la economía inglesa del siglo XVIII, que en algunos aspectos se parece a la economía de Bolivia en el siglo XX. Zavaleta y Rivera citan a Thompson, que, como Hobsbawm, había sido una figura central del grupo de historiadores del Partido Comunista Británico (PCB). La obra de Thompson era acaso un ejemplo de dos gestos implícitos a lo largo de *Bolivia, hoy*: una curiosidad empática, aunque poco reverencial con pobres y oprimidos, y una apreciación escasamente dogmática de su capacidad para la acción en cualquier contexto social o «modo de producción». El trabajo de Thompson (1963), que tiene su mejor expresión en *The Making of the English Working Class*, sería luego mucho más influyente por su interés en lo que ahora podríamos llamar «un universo ético subalterno», preocupación que luego será central en la revista del Taller de Historia (*History Workshop Journal* o HWJ), una agrupación de sorprendente cercanía con el THOA.

Una segunda veta también tiene características británicas, pero es una puramente contingente: el hecho que Zavaleta estuviera en Oxford, por un año, al mismo tiempo que Ernesto Laclau (1935-

2014), contemporáneo argentino ocupado en teorizar las insuficiencias teóricas del peronismo y las debilidades prácticas del marxismo. Según Laclau, mayormente indiferente al tema de la etnicidad, el desafío clave era entender el «populismo», y particularmente cómo podría ser comprendido en términos que fueran más allá de ciertos rasgos –carisma, discurso denunciatorio, supra clase o clientelismo corporativista, etcétera– que tanto obsesionaban a los cientistas políticos y que eran descartados como superficiales por los marxistas ortodoxos. Para Laclau, la experiencia del fascismo europeo estaba en el centro de esta mezcla y en 1977 publicó *Politics and ideology in marxist theory: Capitalism, fascism, populism*, como el primer paso, todavía bastante marxista, de lo que se convertiría en los años ochenta en una significativa corriente «post-marxista», que incluía una mezcla ecléctica de teorías, entre las que se encontraba el psicoanálisis, para postular la posibilidad política de una democracia radical.

Abigarramiento y Ernst Bloch

Otra veta o conexión es la siguiente: el horizonte explicativo de varios de los contribuyentes a *Bolivia, hoy* tenía algunos elementos en común con el de Ernst Bloch (1885-1977), que había estudiado también muy de cerca el surgimiento del nazismo y cuyo trabajo era conocido por Antezana, Zavaleta (que lo cita en *Lo nacional-popular*, pero no en *Bolivia, hoy*) y, particularmente, Rivera (1983b), que lo usa en *Oprimidos pero no vencidos*. Bloch, como Thompson y Zavaleta, estaba profundamente insatisfecho con el formalismo abstracto de la tradición marxista, en la que había pasado la mayor parte de su vida (incluso durante su exilio en Estados Unidos). En términos menos poéticos que los de Zavaleta, Bloch desarrolló en 1932 –aproximadamente un año antes de la batalla de Nanawa– el concepto de *«die Ungleichzeitigket des Gleichzeitigen»*, la «no simultaneidad de lo simultáneo», para explicar e iluminar lo que en términos marxistas clásicos se conocería como la naturaleza «desigual y combinada» de la economía, la sociedad y la política alemana.

Bloch, que fue un gran escritor, a menudo ensayaba una prosa tan imaginativa y fuerte como la de Zavaleta. Su explicación de la «no simultaneidad de lo simultáneo» es clara y cuidadosa, y merece ser citada porque, en mi opinión, nos ayuda a dilucidar el significado de «abigarrado» y a decodificar aún más el aparato explicativo desplegado por Zavaleta y Rivera en relación con la «memoria histórica»:

> No toda la gente existe en el mismo Ahora. Lo hace externamente, en virtud del hecho de que vive al mismo tiempo con otros. Más bien, esa gente carga con ella cosas más antiguas, cosas que están presentes en ellos de maneras intrincadas. Uno tiene su propio tiempo de acuerdo a dónde está corporalmente, sobre todo en términos de clase. Pero épocas anteriores a la propia siguen tornando visibles o produciendo estratos más antiguos; es fácil volver o soñar con el camino de regreso a tiempos pasados [...] Más allá de muchos falsos no-sincronismos (no-simultaneidades), hay uno en particular: la naturaleza, y más que ella, el fantasma de la historia que adviene muy fácilmente al campesino desesperado, al pequeño-burgués en bancarrota; la depresión que libera a este fantasma se hace presente en un país que posee una cantidad particularmente grande de materiales pre-capitalistas. (Bloch 1977: 22)

En estos términos, Bolivia sigue siendo, indiscutiblemente, «una sociedad abigarrada». Hecho que no ha demostrado ser un obstáculo para cambios considerables: la no-simultaneidad no supone el retraso, tampoco la inmovilidad. Por eso la marginación del proletariado minero de los asuntos nacionales —esa fuerza social que para Zavaleta hacía de Bolivia un lugar en el que valía la pena vivir— no ha supuesto el fin de una política popular radical.

Dos contribuciones finales

Si no le he prestado la suficiente atención a los ensayos de Lora y Grebe López en *Bolivia, hoy*, ello en parte se debió a que son los menos innovadores en su estilo y porque se refieren a realidades que fueron transformadas sustancialmente por el Decreto Supremo 21.060. Pero son ensayos que contienen pasajes ricos y sugerentes, que sin duda merecen un grupo de lectores más amplio y más joven. Obviamente, el estilo de Zavaleta circula a más altos niveles que las cansadas certezas doctrinales de Lora, pero hay razones por las que estos dos orureños no pudieron nunca dejarse en paz –de acuerdo con Souza Crespo (2011), Lora es probablemente el autor boliviano más citado por Zavaleta–. El audaz estilo de este último se podía liberar de la «regularidad» del leninismo ortodoxo sólo al precio de convertirse en escritura para una élite. El hombre que vivió la mitad de su vida fuera de Bolivia, que disfrutaba del whisky tanto como del singani, «conoció el país pero no dialogó con él; avanzó menos en el re-conocimiento (ej. Quiroga Santa Cruz) y más en lo cognoscitivo (en homenaje a Almaraz)» (Rodas Morales 2006: 117). Zavaleta necesitaba discutir con Lora precisamente porque esas discusiones devenían para él «un principio de realidad». Así aparece Lora en *Bolivia, hoy*.

De maneras parecidas, muchos de los pasajes más crípticos y alusivos del libro se benefician del hecho de aparecer junto a una empírica y sólida deconstrucción de la economía contemporánea a cargo de Grebe López (un capítulo que además presta la debida atención a Santa Cruz, ausente en el resto). Sospecho que fue a través de su trabajo en México, junto a Grebe López y Carlos Toranzo, que Zavaleta llegó a desarrollar dos observaciones vitales en *Lo nacional-popular*: «la captación del excedente ha sido siempre un concepto ajeno a la clase dominante en Bolivia» (1986: 17), y «el requisito del Estado [...] no es el excedente sino la forma consciente de la adquisición del excedente» (1986: 29). Dos proposiciones que son hoy tan estimulantes como lo fueron cuando *Bolivia, hoy* apareció, hace treinta años.

BIBLIOGRAFÍA

ANTEZANA, Luís (1983): «Sistema y procesos ideológicos en Bolivia (1935-1979)». En Zavaleta Mercado, René (ed.): *Bolivia, hoy*. México: Siglo XXI, 60-84.
— (1988): «La memoria y el olvido». *Autodeterminación* 6/7: 158-9.
— (1991a): *Dos conceptos en la obra de René Zavaleta Mercado: Formación abigarrada y democracia como autodeterminación*. Maryland: Latin American Studies Center.
— (1991b): *La diversidad social en Zavaleta Mercado*. La Paz: CEBEM.
— (2006): «Zavaleta leyendo Felipe Delgado». En Aguiluz Ibargüen, Maya & Ríos Méndez, Norma (eds.): *René Zavaleta Mercado: ensayos, testimonios y re-visiones*. Buenos Aires: Mino y Dávila, 163-170.
— (2009): «La crisis como método en René Zavaleta Mercado». En *Ecuador Debate* 77: 107-124.
— (2011): *Ensayos escogidos, 1976-2010*. La Paz: Plural editores.
BLOCH, Ernst (1977): «Non-Synchronism». En *New German Critique* 11.
CADENA ROA, Jorge (2006): «René Zavaleta, el maestro». En Aguiluz Ibargüen, Maya & Ríos Méndez, Norma (eds.): *René Zavaleta Mercado: ensayos, testimonios y re-visiones*. Buenos Aires: Mino y Dávila, 77-81.
ESCOBAR, Filemón (2008): *De la Revolución al Pachakuti*. La Paz: Garza Azul.
GARCÍA LINERA, Álvaro et al. (2000): *El fantasma insomne*. La Paz: Muela del diablo.
— (2001): *Tiempos de rebelión*. La Paz: Muela del diablo.
GREBE LÓPEZ, Horst (1983): «El excedente sin acumulación». En Zavaleta Mercado, René (comp.): *Bolivia, hoy*. México: Siglo XXI, 85-128.
HURTADO, Javier (1986): *El Katarismo (1955-2012)*. La Paz: Hisbol.
KING, John (2007): *The Role of Mexico's* Plural *in Latin American Literary and Political Culture*. New York: Palgrave.
LACLAU, Ernesto (1977): *Politics and ideology in marxist theory: Capitalism, fascism, populism*. London: NBL.
LACLAU, Ernesto & Mouffe, Chantal (1985): *Hegemony and Socialist Strategy. Towards a Radical Democratic Politics*. London: Verso.
LAZARTE, Jorge (1989): «La clase obrera en Zavaleta Mercado». En Mayorga,

Fernando (ed.): *El pensamiento de Zavaleta Mercado*. Cochabamba: CISO-UMSS, 51-61.

Liendo, Roxana (2009): *Participación popular y el movimiento campesino aymara*. Tesis de Doctorado (mimeo).

Mayorga, Fernando (1989): «Presentación». En Mayorga, Fernando (ed.): *El pensamiento de Zavaleta Mercado*. Cochabamba: CISO-UMSS, 3-14.

Moore, Winston (1982): «Política y visión en los Andes bolivianos». En Rodríguez Ostria, Gustavo (ed.): *Cambios en el agro y el campesinado boliviano*. La Paz: MUSEF, 157-172.

Negri, Toni & Hart, Michael *et al.* (2007): *Imperio, multitud y sociedad abigarrada*: La Paz: Vicepresidencia de la República.

Rivera Cusicanqui, Silvia (1983a): «Luchas campesinas contemporáneas en Bolivia: El Movimiento "Katarista", 1970-1980». En Zavaleta Mercado, René (ed.): *Bolivia, hoy*. México: Siglo xxi, 129-168.

— (1983b): *Aquí* 101: 20-26.

— (2003): *Oprimidos pero no vencidos. Luchas del campesinado aymara y qhechwa, 1900-1980*. La Paz: HISBOL.

Rodas Morales, Hugo (2006): «Zavaleta: narratividad autobiográfica y socialismo local». En Aguiluz Ibargüen, Maya & Ríos Méndez, Norma (eds.): *René Zavaleta Mercado: ensayos, testimonios y re-visiones*. Buenos Aires: Mino y Dávila, 111-144.

Rodríguez Ostria, Gustavo (2001): «Los mineros de Bolivia en una perspectiva histórica». En *Convergencia* 8 (24): 271-298.

Souza Crespo, Mauricio (2011): «Apuntes sobre la obra de René Zavaleta Mercado». En Souza Crespo, Mauricio (ed.): *Obra completa. Tomo I: Ensayos 1957-1974*. La Paz: Plural editores, 11-28.

Stephenson, Marcia (2002): «Forging an Indigenous Counterpublic Sphere; The Taller de Historia Oral Andina in Bolivia». En *Latin American Research Review* 37: 99-118.

Tapia Mealla, Luís (2002a): *La condición multisocietal. Multicultural, pluralismo, modernidad*. La Paz: Muela del diablo.

Thompson, Edward Palmer (1963): *The Making of the English Working Class*. New York: Vintage Books.

Torres Rivas, Edelberto *et al.* (1975): *Centroamérica, hoy.* México: Siglo XXI.

Weber, Jeffrey (2011): *From Rebellion to Reform in Bolivia.* Chicago: Haymarket.

Yaksic, Fabián & Tapia Mealla, Luís (1997): *Bolivia. Modernizaciones empobrecedoras.* La Paz: Muela del Diablo.

Zavaleta Mercado, René (1974): *El poder dual en América Latina. Estudio de los casos de Bolivia y Chile.* México: Siglo XXI.

— (1977): «Consideraciones generales sobre la historia de Bolivia (1932-1971)». En González Casanova, Pablo: *América Latina: Historia de medio siglo. América del Sur, I.* México: Siglo XXI.

— (1982): «A 30 años de la Revolución de Abril». En *Historia boliviana* 2 (2): 162-164.

— (1983a): «Las masas en noviembre». En Zavaleta Mercado, René (comp.): *Bolivia, hoy.* México: Siglo XXI, 11-59.

— (1983b): «Forma clase y forma multitud en el proletariado minero en Bolivia». En Zavaleta Mercado, René (ed.): *Bolivia, hoy.* México: Siglo XXI, 219-240.

— (2011a): «La caída del MNR y la conjuración de noviembre (Historia del golpe militar del 4 de noviembre de 1964 en Bolivia)». En Souza Crespo, Mauricio (ed.): *Obra completa. Tomo I: Ensayos 1957-1974.* La Paz: Plural editores, 211-332.

— (2011b): «Ovando el bonapartista». En Souza Crespo, Mauricio (ed.): *Obra completa. Tomo I: Ensayos 1957-1974.* La Paz: Plural editores, 649-658.

— (2011c): «El asalto porista. El trotskysmo y el despotismo de las aclamaciones en los sindicatos mineros de Bolivia». En Souza Crespo, Mauricio (ed.): *Obra completa. Tomo I: Ensayos 1957-1974.* La Paz: Plural editores, 33-56.

IX.

Zavaleta, Reinaga y la lucha por la construcción de prácticas y pensamiento emancipativo en el actual ciclo estatal boliviano

Jorge Viaña (UMSA)

En el presente artículo se plantean bases mínimas para reflexionar sobre el grave error que se está cometiendo en la coyuntura del ciclo estatal boliviano, que cumple diez años (2005-2015). Luego de toda una década ya no hay excusas para no avanzar en algo fundamental: el proyecto estratégico, la politización desde abajo y el poder popular construyéndose *desde* y *en* las masas politizadas.

Consideramos que en Bolivia no se han podido crear las condiciones materiales y subjetivas para el aglutinamiento del polo más emancipativo del proceso dentro y fuera del Estado ni la plena construcción de cuadros políticos. En efecto, no se ha intentado –como sí lo hizo Venezuela desde 2003– una reestructuración organizativa en función de los objetivos de construir bases del anticapitalismo y descolonización profunda, ni tampoco se ha avanzado lo necesario para crear bases de autogobierno y poder popular desde abajo. Ni siquiera se ha podido ir acompañando con una politización amplia y movilizada desde la sociedad que no esté basada, casi exclusivamente, en priorizar las coyunturas y el llamado a votar. En suma, casi todo el esfuerzo se ha concentrado en hacer maquinarias electorales y campañas permanentes. Así, por mucho que se hubiera generado o redistribuido exitosamente el excedente, realizado infinidad de cambios formales y legales o atendido a las diversas coyunturas, esto no es suficiente si se descuida la construcción de un horizonte estratégico tanto como la reorganización de la sociedad en función de cambios más profundos relativos a la descolonización y al anticapitalismo con los que se intenten construir organizativa y políticamente a las bases sociales para avanzar hacia el socialismo comunitario. Estamos en un momento en que las condiciones del escenario internacional y las condiciones internas del «proceso de cambio» en Bolivia han vuelto urgente la necesidad de debatir estas cuestiones. Más aún si se tiene en cuenta que en Bolivia, tal como nos enseña la historia, los ciclos estatales son cortos y con virajes profundos.

¿Qué es el buen vivir? ¿Qué es el Estado Plurinacional? ¿Cómo se articulan descolonización y anticapitalismo? ¿Cómo articulamos prácticas y reflexiones que ayuden a seguir construyendo un horizonte estratégico para realizar cambios estructurales sin pensar y actuar solamente en función de las coyunturas? ¿Cómo avanzamos de manera práctica hacia formas de organización que superen el capitalismo y la colonialidad? Algo parece seguro: sin investigación y reflexión desde el marxismo y el indianismo esto es imposible de realizar. Sin embargo, pareciera que, a no ser por el aporte de algunos individuos aislados, esto no es prioridad, ya que no se lo está haciendo con la profundidad, importancia y vigor que se requiere.

En este artículo haremos una síntesis de la biografía y las etapas de la producción de las obras de René Zavaleta y Fausto Reinaga, para luego plantear algunos aspectos centrales del núcleo de lo que consideramos el lugar en el que se trenzan sus aportes. Ellos no sólo configuran la base epistemológica para comprender las formas y especificidades de la dominación, el desarrollo del capital y las rutas de la lucha por la emancipación social en Bolivia, sino que sirven también para dar continuidad crítica y emancipativa al buen vivir y a la construcción de un Estado Plurinacional, que hoy sólo existe en germen. Esperamos que este insumo se transforme en fuerza productiva de las luchas en marcha y que invite a otros bolivianos y latinoamericanos a ayudarnos en el intento por seguir siendo expresión de las tendencias más auténticamente autoemancipativas. Pero también, que sirva como lucha contra el pragmatismo estatalista y economicista-liberal, que no entiende de esta urgencia.

Esbozo de biografía mínima de René Zavaleta

René Zavaleta nació en Oruro, Bolivia, el 3 de junio de 1937 y murió, cuarenta y siete años después, en Ciudad de México. La Revolución de 1952 lo marcó en su adolescencia, cuando sólo tenía catorce años de edad. Antes de cumplir los diecisiete, y bajo la influencia de autores nacionalistas como Augusto Céspedes y Carlos Montenegro, comenzó a escribir para la prensa boliviana. En 1956 ya trabajaba como periodista en Montevideo en los periódicos *Marcha* y *La Mañana*. Ese año comienza a estudiar la carrera de Derecho. A fines de la década del cincuenta es nombrado Agregado Cultural en la Embajada de Bolivia en Uruguay (1958-1960). En 1959 fungió como subdirector del periódico boliviano *La Nación*. Entre 1960 y 1962 trabajó como Primer Secretario de la Embajada de Bolivia en Santiago de Chile. En 1962 fue elegido diputado nacional y en 1964, con sólo veintisiete años, se transforma en ministro de Minas y Petróleo, a la vez que recibe el título de abogado. Tras el golpe de Estado comandado por el General René Barrientos Ortuño en noviembre de 1964, debe salir al exilio. A fines de los sesenta ya se había convencido de que el Movimiento Nacionalista Revolucionario (MNR), del cual fue hasta entonces militante, no iba más. Junto a otros compañeros bolivianos, en 1971 fue fundador del Movimiento de Izquierda Revolucionaria (MIR). Y desde 1978 hasta su muerte, fue afiliado del Partido Comunista de Bolivia (PCB).

Tal vez los últimos catorce años de su vida hayan sido los más interesantes. En 1970 se produce la Asamblea Popular en Bolivia. Al año siguiente, el golpe de Estado comandado por Hugo Banzer lo obliga a un nuevo exilio, esta vez en Chile. Allí, entre 1972 y 1973, trabaja en la Oficina de Planificación Nacional (ODEPLAN) de la Presidencia. En 1972 termina de escribir *El Poder dual en América Latina*, que es su paso más franco al marxismo. En 1973 llega a México, y hasta 1975 trabaja en la Comisión Económica para América Latina y el Caribe (CEPAL) y en la UNESCO. En 1976 es elegido como el primer director de la FLACSO en México, cargo que ocupa hasta 1980. A partir de ese año trabaja como profesor en la Universidad Nacional Autónoma de México (UNAM) y en la Universidad Autónoma Metropolitana (UAM).

Esquema de sus etapas y un esbozo sintético de su obra

Se podría decir que la obra de Zavaleta tuvo dos grandes etapas: la nacionalista y la marxista. La etapa nacionalista, que duró desde su adolescencia hasta principios de los años setenta, puede dividirse en cuatro subperíodos. El primero de ellos estuvo marcado por aquello que Luís Tapia (2002) llamó «culturalismo telúrico». A pesar de la opresión económica y política milenaria, el eje es la fortaleza cultural indígena, la cual es contrapuesta a la cultura occidental decadente. Tal vez su influencia más importante haya sido el literato Carlos Medinaceli. Los textos de este subperíodo fueron escritos y publicados entre 1952 y 1954.

La segunda sub-etapa, que puede ser caracterizada como de periodismo político, está conformada por sus escritos para el semanario *Marcha* y el diario *La Mañana*, de Uruguay, y *La Nación*, periódico oficial del MNR. Céspedes (su mejor amigo en esos años) y Montenegro fueron la principal inspiración de este subperíodo.

En la tercera sub-etapa Zavaleta ya es un teórico del nacionalismo. Sus textos más significativos son *Estado nacional o pueblo de pastores*

(El imperialismo y el desarrollo fisiocratico), La Revolución boliviana y la cuestión del poder y *Bolivia. El desarrollo de la conciencia nacional* (1967). Mientras los dos primeros reúnen conferencias, discursos y participaciones en foros de discusión, *Bolivia. El desarrollo...* es estrictamente el único libro de los mencionados. En ellos buscó construir una estrategia alternativa al «desarrollo fisiocrático», propiciada por la corriente hegemónica del MNR, que priorice la construcción de una industria pesada. Pero también, en su enfrentamiento con el imperialismo, exploró los diversos modos de construcción de un yo-colectivo –«la nación»– que pueda generar soberanía.

Finalmente, la cuarta y última sub-etapa es la de la salida del horizonte nacionalista, a fines de los años sesenta y principios de los setenta. Bajo la influencia del Sergio Almaraz (1969) de *Réquiem para una república*, en 1970 escribe *La Caída del MNR y la Conjuración de noviembre*, donde analiza las causas de la derrota del MNR frente al golpe de Estado de noviembre 1964. Este libro, que permanecerá inédito hasta 1995, es una bisagra entre su etapa nacionalista y su etapa marxista.

Entre 1970 y 1972 pasa definitivamente a un lenguaje y estructuras francamente marxistas. Debido a su profundidad y a las reminiscencias de su primera posición de un «culturalismo telúrico», logra incorporar el análisis y la importancia de la condición colonial. O de las características del colonialismo interno, tan ajeno a los marxismos de la época. A fines de 1972 termina *El poder dual*, aunque ya en *La formación de la conciencia nacional* había citado a Trotsky y la teoría del desarrollo desigual y combinado en la historia. Este es su momento de despegue y de mayor producción: publica «La revolución democrática de 1952 y las tendencias sociológicas emergentes» (1974), «Clase y conocimiento» (1975), «Las formaciones aparentes en Marx» (1978), «Notas sobre fascismo, dictadura y coyuntura de disolución» (1979), «Las masas en noviembre» (1980), «Forma Clase y forma multitud en el proletariado minero en Bolivia», «Cuatro conceptos de la democracia» (1981), «Notas sobre la cuestión nacional en América latina» (1981), «Algunos problemas ideológicos actuales del movimiento obrero» (1982), «Problemas de la determinación dependiente y la forma primordial» (1983) y «El Estado en América Latina» (1983). En esos años comienza a escribir *Lo nacional-popular en Bolivia*, trabajo que queda incompleto a causa de su muerte. Publicado en 1986, sólo se conocen los primeros tres capítulos.

En líneas generales, se puede decir que sus últimos catorce años de vida estuvieron dedicados a producir un proyecto epistemológico y político riguroso y profundo para países como Bolivia. Y que, como fuerza productiva de las luchas, una buena parte de este trabajo fue realizada bajo la forma de un intenso revisionismo histórico.

En Zavaleta, el núcleo de la creación teórica está dado por la construcción de un proyecto epistemológico que sea capaz de articular un método compuesto, esto es, la aplicación de un modelo de regularidad –el marxismo y la ley del valor–, con la producción de conocimiento local –porque Bolivia no es un país generalizadamente capitalista ni mucho menos. Y todo ello, bajo la idea regulativa fundamental de lo que llamó «La crisis como método», que básicamente quiere decir que las grandes crisis son los momentos más adecuados para estudiar sociedades abigarradas. Con estos elementos epistemológicos se podía construir la siguiente ecuación: Conocimiento local = Síntesis de teorías generales (ley del valor, subsunción formal, marxismo, etc.) + Producción teórica adicional (sociedad abigarrada, forma primordial, eje estatal, etc.) + Lógica del lugar (datos, hechos, historia local).

La selección simbólica de momentos constitutivos dentro de estas grandes coyunturas de crisis generales no sólo permitiría superar los estudios sociologistas y la falta de unidad convencional de la realidad social, sino también realizar lo que él denominaba «análisis genéticos estructurales». Bajo la influencia de Antonio Gramsci, algunos marxistas latinoamericanos e intelectuales ajenos a esta corriente, emprende la triple tarea de hacer revisionismo histórico, debate político y creación de teoría. De ese intento surgen categorías como «momento constitutivo», «forma primordial», «eje estatal», «ecuación social», «óptimo social», «democracia como autodeterminación de las masas», «sociedad abigarrada», «estado aparente», «paradoja señorial», «articulación señorial», «acumulación en el seno de la clase», «formaciones aparentes», «forma masa» y «forma multitud», entre muchas otras que lograron hacer aterrizar al marxismo y articularlo con aquellos problemas que éste no lograba desarrollar en los años setenta y ochenta, tales como la condición colonial y la importancia de lo indígena y lo comunitario en Bolivia. En tal sentido, fue pionero lúcido de una de las reflexiones y producciones más potentes y emancipativas de los últimos cincuenta años en Bolivia. La profundidad y radicalidad del revisionismo histórico, tanto como su aporte epistemológico y teórico, son tal vez lo mejor que se produjo en términos académicos y como fuerza productiva para las luchas que vivimos en nuestro país.

Esbozo de biografía mínima de Fausto Reinaga

José Félix Reinaga (Fausto Reinaga) nació el 27 de marzo de 1906, en Santiago de Macha, un norteño pueblo potosino. En 1994, con ochenta y ocho años de edad, murió en la ciudad de La Paz. Se dice que a los diecisiete años aprendió el español en las escuelas de Colquechaca. En 1924 llega a Oruro para terminar la primaria en el colegio Bolívar. A la edad de veinte, trabaja como reportero del diario *La Vanguardia* y del periódico *La Patria*. En 1930 es director del periódico *El Tribuno*, órgano del partido Republicano. Entre 1932 y 1934 es preceptor de la escuela municipal de Colquechaca y profesor de filosofía del colegio Junín de Sucre. Para ese entonces, declara haberse vuelto marxista y es detenido por su activismo político. A los treinta años se gradúa como abogado en Sucre, y al año siguiente se casa con Delfina Burgoa.

En 1940 publica su tesis «Mitayos y Yanaconas». Ese mismo año, es catedrático de economía política en la Universidad Pública de Oruro y participa en la fundación del Partido de Izquierda Revolucionaria (PIR). Entre 1941 y 1942 es profesor de sociología en la Universidad Pública de Potosí. En 1944 es elegido diputado por el MNR por la provincia Chayanta. Al año siguiente participa del Primer Congreso Indigenal de Bolivia. Realiza viajes a México, Estados Unidos y Perú y tras la caída del gobierno de Gualberto Villarroel, en 1946, se exilia en Argentina. En 1947 es expulsado del MNR. En 1949 regresa a Bolivia, donde es apresado por seis meses. Participa en la Revolución Nacional de 1952 y es asesor de la comisión de la reforma agraria. En 1953 publica *Tierra y Libertad*. Por discrepancias con el MNR, entre 1953 y 1957 es detenido en cuatro ocasiones. En 1957 viaja a Alemania Oriental y la Unión Soviética. En 1960 publica *El Sentimiento mesiánico del pueblo ruso* y participa de un congreso comunista en Uruguay.

En 1962 funda el Partido de Indios Amaras y Kechuas (PIAK), dando inicio a su etapa indianista. Entre 1964 y 1965 asume una posición radicalmente indianista. En 1966 el PIAK se convierte en el Partido Indio de Bolivia (PIB). Ese año Reinaga empieza una larga y compleja relación con las Fuerzas Armadas de Bolivia. Publica *El Indio y los Escritores de América* en 1968, *La Revolución India* y el *Manifiesto del Partido Indio de Bolivia,* en 1970, y su obra más conocida e influyente, *Tesis India*, en 1971. Por esos años desarrolla una intensa actividad junto a las organizaciones campesinas de La Paz y Oruro y en 1972 es nuevamente encarcelado. En 1974 publica *América India y Occidente*, iniciando el periodo amáutico. Entre 1976 y 1980 profundiza su relación con algunos miembros de las Fuerzas Armadas. Reinaga se opone a los recientemente surgidos Consejo Indio de Sudamérica (CISA), al Movimiento Indio Tupak Katari (MITKA), al Frente Único de Liberación Katarista (FULKA) y a la Central Sindical Única de Trabajadores Campesinos de Bolivia (CSUTCB). En 1980 participa de un polémico incidente cuando intenta incidir en el gobierno de la narco-dictadura de Luís García Meza. Sus últimos libros se publican entre 1982 y 1991, ya en tiempos de democracia.

Esquema de sus etapas y un esbozo sintético de su obra

En lo que sigue, sintetizaremos las diversas y públicas autoevaluaciones que Reinaga hiciera de su propia obra. La primera de ellas aparece en su célebre *La Revolución India*, publicado en 1970, donde plantea la evolución de su pensamiento en tres etapas (Reinaga 1971). La primera de ellas, trascurrida entre los años cuarenta y 1964, estuvo absorbida por lo que él denominó «Occidente», aunque reconoce que allí existía una rebeldía indígena. En algunas de sus producciones calificó esta época como pensamiento «esclavo», en el sentido de que luchaba por la asimilación de lo indígena desde el marxismo. También la definió como «Producción Cholista». En la segunda etapa, que va de 1964 a 1971, su producción fue caracterizada como la búsqueda de la «liberación del indio». Desde esta posición, enfrentó a la Revolución Nacional y a la Revolución Comunista, propuso una Revolución India y se dio a la tarea de destruir al «cholaje blanco-mestizo». Siguiendo su propio testimonio, se puede decir que en estos años inicia su proceso de radicalización indianista, cuyo momento más profundo se produce entre 1969 y 1971. Los procesos históricos y políticos vividos en el cruce de las décadas del sesenta y setenta, en especial la coyuntura del resquebrajamiento del Pacto Militar-Campesino a finales del año 1970, con el arribo de Juan José Torres al poder y su fugaz gobierno de diez meses de duración –la llamada «Asamblea Popular»–, tanto como el surgimiento gradual de un indianismo de masas a fines de los años setenta, fueron definitivos tanto para este periodo de la obra de Reinaga como para la construcción del indianismo en general.

La segunda autoevaluación fue elaborada en *La Revolución Amáutica* (1978). Allí planteó otra caracterización de su propio pensamiento, dando más elementos y precisando mejor su evolución. Según este testimonio, entre 1940 y 1960 forcejea entre el mundo marxista y el mundo nazifascista. Se podría interpretar que estas son las dos bandas entre las que se debate y que, por lo tanto, son los dos extremos posibles de defender, siendo muy complicado conciliarlos. Es en este momento de superación del pensamiento que denomina «mestizo» cuando surge la famosa trilogía en la que estaría compuesta su obra. Ninguna obra del periodo 1940-1960 forma parte de dicha trilogía, cuyo punto de partida es precisamente la superación del «pensamiento mestizo» a través del indianismo. Componen esta etapa *El indio y el cholaje boliviano* (1964), *La Intelligentsia del cholaje boliviano* (1967) y *El indio y los escritores de América* (1968). La segunda etapa, que es la más conocida, es definida como la de «camino al poder». A través de obras como *La Revolución India* (1970), *Manifiesto del Partido Indio* (1970) y *Tesis India* (1971), el planteamiento indianista llega a su cúspide. La tercera estación de la trilogía marca un cambio de rumbo fundamental respecto de casi todos los aspectos y prioridades de su propuesta. Surge el pensamiento amáutico, cuya cristalización se encuentra en libros como *América India y Occidente* (1974), *La Razón y el indio* (1978) y *El pensamiento amáutico* (1978).

Reinaga opone las dos primeras etapas de esta trilogía con la última, indicando que lo importante de aquellas es su perspectiva «cósmica». Le imprime un peso mayor a la última etapa, porque la define como un pensamiento capaz de garantizar una praxis y una ideología propia. Esto es fundamental porque posteriormente planteará que la superación de sus posiciones indianistas se da gracias al surgimiento de lo que denominará «reinaguismo». Incluso va más allá, ya que en 1978, en la descripción del tránsito de la segunda a la tercera etapa, no aparece el indianismo, sino el tránsito del marxismo a lo que Reinaga denomina «galaxismo cósmico». Esto es de vital importancia porque parecería que en este periodo transita hacia posiciones más pragmáticas, centradas en la preocupación fundamental de ocupación de espacios de poder, sobre todo en su vínculo con el ejército. El viraje que se da en la tercera y última etapa coincide con una época de ruptura definitiva del pacto Militar-Campesino y de reconfiguración de las relaciones de clases en Bolivia.

La tercera y última autoevaluación, que es también la más ilustrativa, aparece configurada en *La Revolución Amáutica* (1981). En este texto ya están claramente planteadas aquellas tendencias que apenas habían sido insinuadas en 1978. Pero además, hay ciertas modificaciones y precisiones que nos ayudan a entender su trayectoria. Aquí plantea que primero fue «pagano», luego «cristiano» –«católico» y «luterano»–, y después «marxista», «indianista» y «reinaguista». Lo interesante de este planteamiento es que lo expone como superación de etapas: cuando deja el cristianismo se vuelve marxista, cuando abandona el marxismo (dice textualmente «sepultado el marxismo») se convierte en indianista y cuando desiste del indianismo se transforma en reinaguista. Esta última etapa no sólo es presentada como opuesta a cualquier mitología occidental, sino que también es definida como «científica». Aquí insiste en presentar al «reinaguismo» como «otro pensamiento» y «otra religión», sinónimo del «pensamiento cósmico» y de la «revolución amáutica». Pero paradójicamente, es la etapa en la que hace una aparente apertura a sectores que denomina «mestizos» e incluso a «blancos».

El gran aporte de Reinaga fue que su crítica radical a las visiones y prácticas racistas y colonialistas no estuvo enfocada sólo en los sectores señoriales de la élite, sino también en los sectores sindicales y partidos de izquierda. De este modo contribuyó a que el marxismo en Bolivia diera un salto desde el marxismo primitivo de manual y eurocéntrico a un marxismo como el de Zavaleta, afectado y transformado por la crítica indianista y el ascenso de los indígenas desde fines de los setenta.

La condición colonial y la lucha revolucionaria

Pasemos ahora a analizar uno de los núcleos centrales donde se trenzan las reflexiones y posturas de Zavaleta y Reinaga, núcleo que se ha convertido en el eje central de una propuesta que pretende articular la reflexión de las formas de dominación y la carga histórica de la condición colonial, y, por lo tanto, explorar las formas de las luchas emancipativas en Bolivia y una buena parte de Latinoamérica.

El largo –y al principio ignorado– debate que se viene dando desde mediados de los años sesenta sobre la temática de la condición colonial y la descolonización parte de vertientes diversas y vetas muy contrastantes. Siempre están las referencias a Rodolfo Stavenhagen (1975), Pablo González Casanova (1976), Frantz Fanon (1976) y Guillermo Bonfil Batalla (1993). Y en Bolivia son inevitables las referencias a Reinaga (1967, 1970, 2001) y Zavaleta (2008) primero, y a Rivera (1993) y García Linera (1994, 2007) después. Por sus significativos aportes, también hay que mencionar los trabajos de los Estudios de la subalternidad, con autores como Dipesh Chacrabarty (1999), Gayatri Spivak (2003) y Ranajit Guha (2007). Los Estudios de la subalternidad nacieron como revisión crítica de las narrativas históricas producidas en la India colonial y postcolonial.

Las «colonias internas» en el entramado colonial internacional

González Casanova fue quien con más claridad planteó a mediados de los años sesenta en México el concepto de «colonialismo interno»:

> El problema del indígena es esencialmente un problema de colonialismo interno. Las comunidades indígenas son nuestras colonias internas. La comunidad indígena es una colonia en el interior de los límites nacionales. La comunidad indígena tiene las características de la sociedad colonizada. (en Ticona 2000: 141)

Lo más fuerte de este pensamiento crítico es que hacía énfasis en otros elementos clave de la explicación de las formas de dominación y explotación de las sociedades latinoamericanas, en especial

México, Guatemala, Perú, Ecuador y Bolivia. González Casanova pensaba a la comunidad indígena como colonia de los grupos, clases y castas dominantes en el marco del estado nacional, las cuales, a su vez, se encontraban bajo relaciones coloniales en el entramado internacional de las relaciones de poder. Esta visión rompía con la tendencia nacionalista de los marxismos de manual, pero también con las prácticas y discursos señoriales de «la nación», para posicionar la idea de «colonialismo interno» como eje explicativo del complejo sistema de solidificación de las formas de dominación en países con fuerte presencia indígena:

> Acostumbrados a pensar el colonialismo como un fenómeno internacional, no hemos pensado en nuestro propio colonialismo. Acostumbrados a pensar en México como antigua colonia o como semi colonia de potencias extranjeras, y en los mexicanos en general como colonizados por los extranjeros, nuestra conciencia de ser a la vez colonizadores y colonizados no se ha desarrollado. (González Casanova en Ticona 2000: 141)

Esta propuesta logró desplazar la idea del colonialismo como un fenómeno puramente internacional por aquella otra que lo entiende como la articulación entre los fenómenos internacionales y la condición colonial interna de las naciones:

> Todo el sistema tiende a aumentar —como observa Myrdal— la desigualdad internacional, las desigualdades económicas, políticas y culturales entre la metrópoli y la colonia y también la desigualdad interna, entre los metropolitanos y los indígenas: desigualdades raciales, de castas, de fueros, religiosas, rurales y urbanas, de clase. *Esta desigualdad universal tiene particular importancia para la comprensión de la sociedad colonial y está estrechamente vinculada a la dinámica de las sociedades duales o plurales.* (González Casanova en Ticona 2000: 148-149; énfasis mío)

Si bien el tema de la desigualdad es fundamental, tal vez la descripción de la estructura y dinámicas básicas del colonialismo interno sea más importante como elemento explicativo. Aquello que González Casanova llamó sociedad dual, y que funge como fundamento central del colonialismo interno, también fue planteado por esos mismos años, aunque con otros términos, por Fausto Reinaga. «En Bolivia hay dos Bolivias. Una Bolivia mestiza europeizada y otra Bolivia kolla-autóctona. Una Bolivia chola y otra Bolivia india. Bolívar fundó una República con esclavos, una República con indios» (Reinaga 2001: 174).

La existencia de la «sociedad dual» o «plural» coincide y se entrelaza con la existencia de la sociedad colonial, aunque hay que distinguir entre «colonias de emigrantes» o «colonias de granjeros», por una parte, y «colonias de explotación», por la otra. Las primeras han tendido a ser, sin duda, sociedades homogéneas que «se han movido en dirección a una situación de igualdad con la madre patria, tanto en las finanzas como en el equipo industrial y hacia una independencia política formal o potencial». En cambio, en las «colonias de explotación», las cuales tienen culturas heterogéneas, la situación típicamente colonial se acentúa: «La sociedad colonial por regla general consiste en una serie de gustos más o menos conscientes de sí mismos, a menudo separados entre sí por distintos colores y que tratan de vivir sus vidas separadas dentro de un marco político único. En resumen, las sociedades coloniales tienden a ser plurales» (González Casanova en Ticona 2000: 149).

González Casanova denomina «sociedad dual» al hecho de que dentro de un marco político único colonizadores y colonizados vivan «sus vidas separadas». Esta situación se preserva cuando se fundan nuevas republicas allí donde hay una larga y profunda experiencia colonial. Las independencias formales de las naciones que reconstituyen un tipo de colonialismo interno son las que constituyen un marco político único que termina construyendo un *apartheid* de facto:

Es un hecho bien conocido que al lograr su independencia las antiguas colonias, no cambia súbitamente su estructura internacional e interna. La estructura social internacional continúa en gran parte siendo la misma y amerita una política de «descolonización», según se ha visto con toda claridad, particularmente por los dirigentes de las nuevas naciones y por los investigadores europeos. En el terreno interno ocurre otro tanto, aunque el problema no haya merecido el mismo énfasis sino, como dijimos anteriormente, observaciones ocasionales. *Las nuevas naciones conservan, sobre todo, el carácter dual de la sociedad y un tipo de relaciones similares a las de la sociedad colonial, que amerita un estudio objetivo y sistemático.* (González Casanova en Ticona 2000: 149; énfasis mío)

Aquí se puede ver claramente cómo el concepto de carácter dual en González Casanova se fusiona con el de «sociedad plural»: «En las sociedades plurales, las formas internas del colonialismo permanecen después de la independencia política y de grandes cambios sociales como la reforma agraria, la industrialización y movilización» (González Casanova en Ticona 2000: 152).

Las categorías de «sociedad dual» y «sociedad plural», que González Casanova utiliza indistintamente, son las que Zavaleta trabajará bajo la idea de diversidad profunda y abigarramiento, cuyo núcleo explicativo se encuentra en la idea de «articulación señorial», sobre el que volveremos más adelante. La importancia de González Casanova radica en su intento por dar cuenta de manera sistemática del problema del «colonialismo interno», que abarca varios aspectos de la realidad:

> la noción de colonialismo interno no es solo psicológica, sino estructural. Ligada a la política de los gobiernos nacionales [...] puede tener un valor económico y político [...] e idear instrumentos específicos –infraestructurales, económicos, políticos y educacionales– que aceleren deliberadamente los procesos de descolonización no solo externa, sino interna y, por ende los procesos de desarrollo. *También puede ser la base*

de una lucha contra el colonialismo, como fenómeno no solo internacional, sino interno, y derivar en movimientos políticos y revolucionarios que superen los conceptos de integración racial o de lucha racial, ampliando la estrategia de los trabajadores colonizados. (citado en Ticona 2000: 153; énfasis mío)

El «pan-indianismo» transnacional

Una de las fuerzas más grandes de unificación de los subalternos es la construcción de grandes discursos unificadores con los que se intenta totalizar los elementos de diversas realidades, las cuales se perciben unidas frente a una misma amenaza y un mismo enemigo. Este parece ser el caso de Reinaga, con la enorme fuerza y limitaciones que esto genera. García Linera sintetiza así la apuesta de Reinaga: «En su etapa inicial, este discurso toma la forma de un pan-indigenismo, en la medida en que se refiere a una misma identidad india que se extiende a lo largo de todo el continente, con pequeñas variantes regionales» (2007: 160).

La lectura que traía el indianismo era la del panindianismo, una patria india que iba desde Chiapas hasta Tierra del Fuego. Mostraremos como se expresa esta visión en los textos de Reinaga, la cual, en rigor, va más allá de un pan-indianismo porque plantea una lucha global entre el occidente blanco y la gran mayoría de pueblos englobados en la idea de «indios». Esta posición se corresponde con la «etapa amáutica» de su pensamiento, que sería la de sus últimos años. Expondremos, además, que un referente fundamental de Reinaga fue Frantz Fanon y la lucha por el poder negro en Norte América (Lucero 2007)[1]:

---

[1] La idea de los orígenes «africanos» del indianismo fue analizada por Lucero (2007) en un artículo que lleva el sugerente título: «Fanon, Reinaga y los orígenes "africanos" del indianismo en los Andes».

Pero EE. UU. y Europa se hallan cercados por los «indígenas» del Asia, África e Indoamérica. De la población actual del mundo, que es de 3.180.000.000, 2.500.000.000 son indios; y 680.000.000 son blancos. Dos mil quinientos millones de «indígenas»: dos mil quinientos millones de indios se han levantado contra seiscientos ochenta millones de blancos, exigiendo su libertad. Y estos 2.500.000.000 de «indígenas» del mundo, estos 2.500.000.000 de indios hambrientos y esclavos del planeta Tierra cercan al Occidente con tal fuerza y con tal cenital conciencia, que la victoria, si sabemos luchar, la cantaremos los indios del mundo. (Reinaga 2001: 67)

Esta idea también está presente en su *Manifiesto del Partido Indio* de Bolivia:

La revolución india, en el plano mundial es la revolución del Tercer Mundo... El tercer mundo no es el blanco-mestizo comunista o nacionalista de la América cipaya. El tercer mundo es el África negra y la amarilla Asia esclavas; y en América es el indio, el hombre salido de Anáwac y Tiwanaku; el hijo de Mojtesuma y de Manco Kapaj. (Reinaga 1970b: 77)

Bajo otros fundamentos y horizontes, esta noción es muy similar a la que plantea Fanon –autor muy citado en los textos de Reinaga y en especial en *Revolución India*–, en su famoso libro los *Condenados de la Tierra*: «"¿Nacionalidades indígenas?" No hay tal cosa. El indio es una sola Nación. El indio es la tierra animada; es la tierra vitalizada; tierra viva» (Reinaga 2001: 117). La idea de una sola nación india –al menos continental, con alcance mundial en el mejor de los casos– se concretiza en la propuesta de entender la dominación como una confrontación entre castas señoriales e indios, en especial por las características de las incipientes burguesías. Esta idea de castas señoriales –como luego las llamará Zavaleta– será retomada por muchos de los que después estudiaron y denunciaron el tema del colonialismo interno: «Al indio no le oprime una burguesía; *al indio lo explota una casta,* una subraza, una cultura. Al indio lo esclaviza el criollo-mestizo-cholo convertido, antes en España, ahora en Bolivia» (Reinaga 2001: 122; énfasis mío).

En medio de «marxismos de manual» que no entendían y a los que no les importaba la temática indígena, fue fundamental la propuesta de analizar la estabilización y consolidación de un sistema de dominación y explotación basado en la noción de casta que introduce Reinaga, el cual, como ya se dijo, está articulado a un posicionamiento transnacional muy claro:

> El Poder Indio, hoy por hoy, es la idea-fuerza de la reconstrucción, la resurrección, el renacimiento, la reconquista de su Nación y de su Estado. *El primer paso del Poder Indio en Bolivia es la liberación del Kollasuyo; el segundo la reconstrucción del Tawantinsuyu del siglo XX; y el tercer paso la edificación de la Nación-Continente, el Estado-Continente de Indoamérica.* (2001: 170-171; énfasis mío)

Tal vez el elemento central de la obra de Reinaga sea su preocupación por llevar adelante un revisionismo histórico de largo alcance. Casi todos sus trabajos están plagados de replanteos y reconstrucciones históricas desde la época colonial —incluso precolonial— hasta nuestros días.

Esta metodología de revisionismo histórico como eje de una argumentación teórica también será ensayada por los teóricos del nacionalismo revolucionario, en especial por Montenegro y Céspedes, y será el proyecto más importante de Zavaleta. De hecho, *Lo nacional-popular en Bolivia* fue un trabajo de relectura y replanteo de la historia.

Pasemos ahora a bosquejar algunas limitaciones de la propuesta de Reinaga. Según García Linera, en Reinaga se hace abstracción de las diferencias concretas que existen entre los pueblos y naciones indígenas:

> Esta mirada transnacional de la estructura civilizatoria indígena puede considerarse imaginariamente expansiva en la medida en que

supera el localismo clásico de la demanda indígena; *pero, al mismo tiempo, presenta una debilidad en la medida en que minimiza las propias diferencias intra-indígenas y las diferentes estrategias de integración, disolución o resistencia por las que cada nacionalidad indígena optó*, dentro de los múltiples regímenes republicanos instaurados desde el siglo pasado. (2007: 160; énfasis mío)

En el pasaje siguiente queda todavía más clara la debilidad de esta primera forma clásica y fundacional del discurso indianista, con su núcleo central del panindianismo transnacional:

> El aporte que intentamos hacer desde una lectura más marxista de la visión es la delimitación territorial del indianismo, hay un mundo aymara, hay nacionalidad aymara, hay un mundo quechua, hay protonacionalidades quechuas; la idea de un mundo de gran patria india funciona como ideario utópico pero no tiene sostenibilidad política real, entonces hay que apuntar a identidades fuertes, no a identidades amplias pero ambiguas y difusas. Se apunta, así, a una identidad fuerte que es la aymara, y se comienza a construir símbolos, narrativas, que permitan cohesionar la identidad en torno a lo aymara y en torno a lo quechua [...] la territorialización de la identidad indígena. (García Linera 2009: 22)

Aunque siguen existiendo posiciones que plantean la discusión desde un panindianismo internacional, los aportes de los años noventa son más locales y localizados, en especial las propuestas de transformaciones estatales como el «Estado plurinacional» y los debates sobre autonomías indígenas.

Zavaleta y la mutua determinación de los componentes de la relación de dominación colonial

El texto que Zavaleta dejó incompleto al morir era un intento de revisión histórica de Bolivia, que abarcaba el periodo comprendido entre 1952 y 1980. Ahora bien, para esta revisión se remontó más atrás en el pasado y escribió tres capítulos. En el primero, «La querella del excedente», rastreó los dilemas de la época de la Guerra del Pacífico y la génesis de la oligarquía. El segundo capítulo, «El mundo del temible Willka», es la historia de la consolidación de la oligarquía y del Estado, entre 1880 y 1925 aproximadamente. Finalmente, en el tercer capítulo, «El estupor de los siglos», examinó las consecuencias de la derrota de Zarate Willka, tomando los años posteriores a 1900, empalmándolo con el capítulo anterior y con la Guerra del Chaco. Tal vez lo más importante sea el análisis del surgimiento de la ideología del Estado y de las castas que lo construyen, la cual se empieza a bosquejar hacia fines del siglo XIX. Como se sabe, los capítulos que irían a analizar desde 1952 en adelante no llegaron a escribirse.

Retomando las propuestas de Mariátegui y Flores Galindo, uno de los ejes centrales del análisis de Zavaleta fue la constitución de «la forma gamonal del estado»: «En realidad el gamonalismo como tal es una forma extraeconómica de extracción de excedente. Alberto Flores Galindo sugiere que se pueda hablar, como lo había hecho Fontana, de "una agregación de células rurales aisladas"» (Zavaleta 1986: 92).

Este eje también va a ser central en los años noventa, cuando una corriente fundamental del debate ubique sus análisis y propuestas en la necesaria descolonización del Estado bajo la forma de la plurinacionalidad y la constitución de amplias autonomías indígenas.

Por su parte, Zavaleta llevó el análisis de una «forma extraeconómica de extracción del excedente» hasta las últimas consecuencias: «lo que había de capitalista en Bolivia estaba siempre determinado por lo que había de no capitalista en Bolivia. En realidad, los capitalistas mismos tenían depositadas sus ilusiones no en los valores burgueses sino en los símbolos señoriales» (1986: 110). La explicación de fondo del fenómeno de la extracción extraeconómica del excedente es la legalización de la expoliación de las comunidades indígenas bajo múltiples formas:

el único negocio estable en Bolivia eran los indios. Dígase a la vez que la única creencia ingénita e irrenunciable de esta casta fue siempre el juramento de su superioridad sobre los indios, creencia en sí no negociable, con el liberalismo o sin él y aun con el marxismo o sin él [...] Es legítimo sostener que, desde el momento mismo en que ponen pie en estas tierras los españoles, el carácter precapitalista más consistente es el desfalco de la fuerza de trabajo. Todas las fases del capitalismo hasta hoy se han basado en esta lógica desfalcatoria. (Zavaleta 1986: 112-113)

A través de múltiples ciclos estatales y diversas formas políticas, la articulación de larga duración de la sociedad lograba reconstruir de manera incesante esta condición colonial, cuyo reflejo en la superestructura estatal es «la forma gamonal del Estado». Pero en rigor, todas las fases del capitalismo están basadas en las lógicas desfalcatorias de este tipo de «colonialismo interno», aunque Zavaleta no haya utilizado esta categoría. Es que la tremenda persistencia de la condición colonial siempre fue uno de los ejes centrales de construcción de todos los ciclos de desarrollo capitalista en Bolivia:

Demuestra la vitalidad de la casta señorial que en realidad se ha reorganizado de esta manera tres veces, la primera con el melgarejismo y los conservadores, la segunda con la revolución federal y la tercera con la revolución democrática de 1952. (Zavaleta 1986: 121)

Por estos motivos, es comparable con el *apartheid* sudafricano o con las condiciones esclavistas del sur de Estados Unidos antes de la guerra de secesión:

Para todo efecto político, un país que resolvía existir al margen de los vencidos y que además declaraba el monopolio político de los vencedores a través del voto calificado [se refiere a la derrota de Willka y la «democracia restringida» que surgió a principios de siglo] de una manera que es *sólo comparable a la formación surnorteamericana, o de la Sudáfrica actual*. (Zavaleta 1986: 236; énfasis mío)

Este es un tema central, porque a diferencia de los marxistas de manual y las interpretaciones mecanicistas, se sabe que la penetración del capitalismo en países de larga persistencia de estructuras coloniales en lugar de destruirlas las termina reforzando y profundizando, volviéndolas todavía más perversas y difusas: «el capitalismo de los ingleses en la India profundizó el sistema precapitalista y osificado de las castas y cuando la India tuvo que encarar su revolución burguesa tuvo que hacerla contra las castas y contra los ingleses» (Zavaleta 1986: 116). En suma, la fusión de la subsunción formal con las formas del gamonalismo, tanto como la permanencia secular de la condición colonial, fueron el eje de todo el trabajo de Zavaleta, el cual superaba con mucho al marxismo vulgar que había circulado de forma generalizada en Bolivia desde los años cuarenta hasta los ochenta, y replanteaba el debate indianista sobre otras bases.

Pero tal vez lo más interesante haya sido su propuesta de analizar la casta señorial como «extrañamiento de un sector social completo», «enferma» y «envilecida» por sus privilegios:

> Debe hablarse en realidad de la decadencia o enfermedad de una casta hereditaria. La propia servidumbre envileció de tal modo la vida cotidiana de esos hombres que después (y hasta hoy mismo) se acostumbraron a ver como datos de la rutina del día a lo que en realidad eran hechos de una extraña perversidad espiritual. (Zavaleta 1986: 125)

De ahí surge la célebre noción de «paradoja señorial» o «articulación señorial». A diferencia del sentido feudal puramente europeo, en América lo señorial se construye en el «encuentro» con lo indio, que modifica sustancialmente las formas típicas feudales españolas: «El punto de partida en todo caso es que donde no hay indio no hay señor. El amo se reconoce en el siervo, *el indio pasa a ser la clase de la identidad del señor: "La verdad de la conciencia independiente es la conciencia servil"*» (Zavaleta 1986: 131; énfasis mío).

¿Qué quieren decir estas extrañas palabras de Zavaleta? ¿Cómo puede ser que el indio pase a ser la clase de la identidad del señor? ¿Cómo puede ser que la verdad de la conciencia independiente es la conciencia servil? La respuesta es muy sencilla y está en el precio que ha pagado el vencedor, tal como se ha adelantado en una cita anterior. Esto constituye una deformación inevitable que le impone la realidad de su ser «señor», «una forma de ser que se engaña siempre», como diría Zavaleta, porque no se puede vencer en una confrontación como ésta y salir intacto. Y porque no es posible en esta situación vencer impunemente; la victoria se cobra un precio caro e imperceptible para el «señor»: «El indio, por tanto, es la prueba de que el señor existe. Se expresa ello por otra parte en el trauma de la victoria o la deformación del vencedor, que es una *forma de ser* que se engaña siempre: "El señor es la potencia sobre este ser, pues ha demostrado en la lucha que sólo existe como algo negativo"» (Zavaleta 1986: 131).

Un elemento central de esta explicación que hace Zavaleta está en la interesante afirmación de la existencia del «señor» sólo como algo negativo, porque su afirmación positiva depende de la negación y el desprecio del indio, del cual depende absolutamente:

> Este aspecto resulta quizá el más revelador sobre el comportamiento de la casta señorial respecto del acto productivo fundamental de esta sociedad que ha sido siempre el agrícola. Es un sector que no participa sino en la captura del excedente o sea en el comienzo de la circulación y, como clase en el fondo circulacionista, su poder proviene del control represivo y monopólico del mercado [...] El señor, entre tanto, es ajeno a ello en la práctica, es materialmente extraño a la transformación de la materia y, en su visión, el siervo se convierte en la parte de su ser (de su cuerpo) que está en relación con la cosa. Ve por tanto, por medio de otro. (Zavaleta 1986: 132)

Esta transformación del pongo o del siervo en parte del ser del señor es clave en la propuesta de Zavaleta: aquí se demuestra que en las relaciones coloniales no sólo los que están en situación de ser subalternos ven con los ojos de otros, sino que también el amo «ve por medio de otro», en este caso, el pongo. Todo esto termina haciendo de las relaciones coloniales relaciones absolutamente esquizofrénicas, una verdadera enfermedad de la cual nadie escapa: mientras unos sienten lástima de sí mismos, otros se sienten afortunados de tener indios a su disposición. Sin darse cuenta que «el siervo es la enfermedad del amo», todos quedan enredados en una misma y nefasta trama colonial: «La verdad es que oprimir es pertenecer al que se oprime y también que mientras más personal sea la vinculación el siervo impregna más con su servidumbre al amo. El siervo es la enfermedad del amo y no su libertad; es su droga. Se trata entonces de una articulación nefasta» (Zavaleta 1986: 134).

Con todo, no se pude dejar de tener en cuenta que lo fundamental de esta articulación señorial es que, producto de las condiciones internaciones de la trama colonial y del desarrollo del capital, la casta señorial se volvió profundamente entreguista:

> El acoso de la plebe mestiza e india es la última ratio de la incertidumbre racial de la casta oligárquica. Es el asedio permanente lo que la convirtió en una clase entreguista y pérfida. Si a eso se añadieran acontecimientos como los de Belzu, Zarate y el 52 tendremos una clase inevitablemente desmoralizada. Perpleja de una perplejidad que viene del fondo de todas las cosas. (Zavaleta 1986: 137)

Esta caracterización de las consecuencias y características de la «articulación señorial» desde el polo señorial es un aspecto casi desconocido. Pasemos a ver cómo se plantea esta «articulación» desde el polo colonizado, donde la idea de la interiorización de la visión del amo es mucho más conocida y difundida:

> En la visión en cierto modo grosera del asunto, lo señorial se identifica (y esto tiene la certidumbre usual a toda visión popular) con la clase

dominante tradicional, incluso al través de sus mutaciones y sucesiones y en este sentido el señor total, esto es, el señorío en el decurso del tiempo, se parece al capitalista total. Esta identificación es indudable por cuanto, acompañada la representación por el acto represivo, *«el miedo al señor, es el comienzo de la sabiduría» y, a lo último, ocurre la distribución universal de la visión de las cosas hasta que el esclavo se mira en efecto con los ojos del amo.* (Zavaleta 1986: 132; énfasis mío)

Aquí tenemos la contraparte dialéctica de la anterior idea, en la que el esclavo acaba mirando con los ojos del amo; o mejor, donde la lógica del señor se convierte en la lógica del siervo.

Basada en partes bíblicas de Salmos y Proverbios, en la siguiente cita de Hegel, en el cual se basó Zavaleta, está más claramente planteada la idea de que el siervo acaba mirando con los ojos del amo: «Pero este (el siervo) en el servicio del señor se mata trabajando [y mata] su querer particular y obstinación, supera la inmediatez interior del deseo y hace de esta enajenación y del temor al señor el principio de la sabiduría» (1997: 480).

Este tema de la mutua determinación de los componentes de la relación de dominación es crucial para la comprensión y destrucción de la dinámica de la condición colonial y está presente, de una u otra manera, en casi todas las reflexiones sobre este problema, aunque no con tanta profundidad. Se sintetiza la idea de que lo señorial afecta y determina a lo indígena y lo indígena también –aunque esto sea menos visible– afecta y determina lo señorial.

Este es el aporte significativo de la lectura de la colonialidad que hace Zavaleta, rematando en la famosa frase:

> la articulación señorial es aquella que está basada en un pacto jerárquico originario, que puede ser factual o contractual, o sea que se funda no en la igualdad, sino en la desigualdad esencial entre los hombres. Esto es a la vez un mecanismo de construcción de la conformidad porque se trata de un acto jerárquico sucesivo. *Esto dice que en la gratificación*

(que puede basarse en elementos económicos o raciales, o de estirpe o aun regionales) hay siempre alguien que está por debajo de uno. El hecho de que nadie sea el último jamás y todos sean «hijos de algo» legitima toda la escala conceptual. (1986: 133; énfasis mío)

En la profunda interpretación que Zavaleta hace de las aspiraciones del movimiento de Amaru considera que tanto éste como Belzu significaban una articulación y formulación democrática estructural diferente de la más comunitaria o «maximalista» de Tupaj Katari, y contraria de la articulación señorial de Santa Cruz:

> Katari es el fundador del maximalismo de estas masas, su rasgo táctico no siempre tan estructurado, en tanto que Amaru, la descampesinizacion potosina y el mercado interior que generó, hablan de la formulación democrático-estructural de la nación o sea de un ordenamiento verosímil de lo democrático, y Belzu, de ciertas formas nacientes de la masa entendida como captura estatal. (Zavaleta 1986: 135)

Esto es muy importante porque considera que la «disolución de la identidad popular», la «lealtad» y el «servicio espiritual» hacia lo señorial son consecuencia de la situación y condición colonial. Citando a Tupaj Amaru, muestra que lo que éste pretendía era «ser asimilado al señorío español y no se pide por un instante la supresión de la servidumbre sino de la devolución de *sus* yanaconas» (Zavaleta 1986: 133). No obstante, el reclamo del reconocimiento de la condición colonial por parte de Amaru no significa necesariamente que el suyo fuese un proyecto señorial como sí lo fue, por ejemplo, el del Mariscal Andrés de Santa Cruz al inicio de la república. Al menos, no lo es en el sentido en el que lo estamos analizando:

> Por otra parte, el que Condorcanqui gastara cuatro años reclamando reconocimiento de su condición señorial estaba lejos de ser un acto meramente político. Significa ello que hay una lógica de disolución de la identidad popular que se basa en esta lealtad o servicio espiritual

hacia lo señorial, lealtad que sin duda se reparte por toda la sociedad y sus grados. Aquí, por tanto, el que no atina a reclamar el título de señor español, reclama al menos el de señor pre-español, pero el razonamiento de lo señorial queda en pie. La atribución de tales criterios a la multitud de fetiches jerárquicos familiares, raciales, étnicos, regionales es infinita en la práctica. *Es quizá el sentido conservador más consistente entre todos los que existen en la sociedad boliviana, el sentimiento reaccionario más general.* Ser señor aquí es máximo objetivo de la vida (pero no señor en el sentido de amo de sí mismo, sino en la referencia al que se considera inferior en el rango) [...] Podemos entonces hablar de los móviles desagregatorios o triunfo de lo señorial en el seno de lo popular. (Zavaleta 1986: 133-134; énfasis mío)

Estas reflexiones de Zavaleta nos proyectan a una tarea enorme y bien diferente a la simple denuncia de la condición colonial, que muchas veces es mecánica, lastimera y quejumbrosa –que por lo demás se entiende, aunque en un determinado nivel ya no ayuda en la articulación de los caminos de la emancipación. Nos saca, decíamos, de los escenarios meramente confrontacionales y dicotómicos (que también tienen su importancia y dependiendo del momento, a veces muchísima importancia) para plantearnos que en verdad la tarea principal no es enfrentar a un enemigo externo (lo cual no deja de tener su trascendencia y peso específico), sino superar internamente el servicio espiritual, esa lealtad a lo señorial que nos tiñe a todos en la sociedad boliviana, pero en especial a los que sufren el peso más fuerte de la relación colonial o articulación señorial. A su modo, Reinaga también enfatizó sobre este eje.

¿Hasta qué punto y de qué forma hemos sido configurados como sumisos y funcionales a las relaciones de explotación y dominación colonial y capitalista trenzadas en una sola, compleja y confusa trama? Para responder este interrogante se requiere tanto de un marxismo indianizado como de un indianismo consciente de que el capital es un factor central de la explotación y la dominación en Bolivia, porque refuerza las lógicas de colonialismo interno.

Volviendo a lo señorial en el seno de lo popular, se establece una especie de «validez universal de lo señorial» en nuestras sociedades, en las que fundamentalmente los que sufren más duramente el peso de la colonialidad son los más profusos reproductores de la misma:

> Lo que estamos discutiendo en verdad es, por un lado, la validez de lo señorial como mediación o entrelazamiento más o menos universal que se instituye por el cruzamiento de los actos constitutivos de esta sociedad [...] hemos visto que lo señorial es también un cierto sentimiento plebeyo en Bolivia por cuanto la última partícula de sangre blanca permitirá siempre al último hombre sentirse más decente y viable que el ultimo indio o sea que servirá para que, en la autoconcepción rutinaria, nadie se sienta oprimido o se sienta sólo relativamente oprimido. El indio a su turno, hablamos siempre del discurso de la rutina, deseará ser no un indio sino un español o pensará que puede serlo o sea que soñará como oprimido en lugar de identificarse como oprimido. *Este es el asiento o espíritu conservador de la historia del país, su esencia más precapitalista y general. Los perseguidos se hacen aquí cargo de la permanencia de su persecución.* (Zavaleta 1986: 134-135; énfasis mío)

Por este motivo es tan difícil el debate de lo colonial o la condición colonial, porque de alguna manera tendemos a no ver todos los aspectos de esta condición, sino sólo algún aspecto aislado para el cual rápidamente inventamos recetas para superarlo, recreando iguales o peores condiciones de reproducción de esta cadena colonial de «desprecios escalonados, en el que uno se afirma pisoteando a los de abajo». Pero además, no se hace énfasis en aquello en lo que Zavaleta tanto insistió: la vinculación entre el colonialismo interno y el desarrollo de las formas del capital en Bolivia. Aquí está el núcleo de una episteme revolucionaria en Bolivia que hoy sólo existe en germen.

Por eso es que Marx reformuló esta propuesta de inspiración hegeliana y nos atreveríamos a decir que, en toda relación de opresión, ambos polos se envilecen. Haciendo una analogía entre la prostitución y la forma específica en la que el trabajador tiene que «venderse», Marx planteó esta idea central:

> La prostitución es sólo una expresión especial de la general prostitución del trabajador, y como la prostitución es una relación en la que no sólo entra el prostituido, sino también el prostituyente –cuya ignominia es aún mayor– también el capitalista entra en esta categoría. (1997: 145)

Lo que casi nunca se plantea es esta profundidad, en la que asumimos conciencia –al menos inicial– de que en las relaciones de dominación, y más aún en las de cadenas de dominación colonial, todos nos envilecemos y enfermamos. Pero unos con privilegios y en la cúspide de este absurdo colonial –los «prostituyentes», haciendo la analogía con Marx–, y otros despreciados y pisoteados, los que se ven obligados a «prostituirse».

Salvando las diferencias de las posiciones específicas en el campo de la «articulación señorial» de esta trama colonial, y priorizando siempre las posibilidades de potenciar los esfuerzos de emanciparse de los más oprimidos en esta cadena de opresión escalonada (de sus opresores, pero también de cuanto hemos sido prostituidos por ellos), la propuesta de Esteban Ticona (2005), denominada *Taqpachani qhispiyasipxañani* (Liberémonos Todos), encuentra su sentido. Sin embargo, debemos evitar entender esta afirmación en el sentido de que todos participamos por igual en esta liberación, o que jugamos el mismo papel o que nos liberamos de lo mismo.

Los laberintos de la descolonización requieren ser pensados en su articulación estructural con la lucha contra las formas clasistas de dominación del capital, pero también contra las formas de dominación patriarcal. Si sin despatriarcalización no puede haber descolonización, tampoco puede haberla sin una lucha contra las relaciones y valores del capital. Y a esto habría que añadir que también son importantes las formas de dominación generacional, porque buena parte de las formas de dominación del capital y el patriarcado están basados en prácticas cruzadas que trenzan lógicas generacionales, patriarcales, clasistas y coloniales.

Como se ve, la lucha en Bolivia por construir prácticas emancipativas y un zócalo epistemológico mínimo que contemple un proyecto de emancipación social requiere, hoy más que nunca, que superemos las visiones unilaterales. De igual modo, se precisa mucho más que recetas estatales, o de otro tipo, que de forma simplista postulan la superación de la condición colonial o el colonialismo interno. En Bolivia, debemos avanzar con urgencia en los elementos objetivos y subjetivos de construcción mínima del socialismo comunitario.

Bibliografía

Bonfil Batalla, Guillermo (1993): *México Profundo. Una civilización negada*. México: Grijalbo.

Fanon, Frantz (1976): *Los condenados de la tierra*. México: Fondo de Cultura Económica.

García Linera, Álvaro (1994): «Naciones Originarias y Emancipación». En *Cuaderno de Discusión 5*.

— (2007): «Indianismo y Marxismo. El desencuentro de dos razones revolucionarias». En Svampa, Maristella y Stefanoni, Pablo (ed.): *Bolivia: Memoria insurgencia y Movimientos Sociales*. Buenos Aires: CLACSO, 501-526.

— (2009): *Biografía, política e intelectual*. La Paz: Le Monde Diplomatique.

González Casanova, Pablo (1976): *Sociología de la explotación*. México: Siglo xxi.

Guha, Ranajit (2007): «La prosa de contra-insurgencia». En Rivera Cusicanqui, Silvia y Barragán, Rossana (ed.): *Debates post coloniales: Una introducción a los estudios de la subalternidad*. La Paz: historias / SEPHIS Aruwiyiri, 41-86.

Hegel, George Wilhelm Friedrich (1997): *Enciclopedia de las ciencias filosóficas en compendio. Para uso de sus clases*. Madrid: Alianza.

Lucero, José Antonio (2007): «Fanon, Reinaga y los orígenes "africanos" del indianismo en los Andes». En Saavedra, José Luis (ed.): *Educación superior, interculturalidad y descolonización*. La Paz: PIEB / CEUB.

Marx, Karl (1997a): *Manuscritos de economía y filosofía*. Madrid: Alianza.

— (1997b): *Introducción general a la crítica de la economía política / 1857*. México: Siglo XXI.

Reinaga, Fausto (1967): *La intelligentsia del cholaje boliviano*. La Paz: PIB.

— (1970): *Manifiesto del Partido Indio de Bolivia*. La Paz: PIB.

— (2001): *La Revolución India*. La Paz: Fundación Amáutica Fausto Reinaga.

Rivera Cusicanqui, Silvia (1993): «La raíz: colonizadores y colonizados». En Albo, Xavier y Barrios, Raúl (coord.): *Violencias encubiertas en Bolivia*. La Paz: CIPCA / Aruwiyiri.

Spivak, Gaytri (2003): «¿Puede hablar el subalterno?». En *Revista Colombiana de Antropología* 39 (enero-diciembre): 297-364.

— (2007): «Estudios de la subalternidad: Deconstruyendo la historiografía». En Rivera Cusicanqui, Silvia y Barragán, Rossana (comp.): *Debates post coloniales: Una introducción a los estudios de la subalternidad*. La Paz: historias / SEPHIS Aruwiyiri, 291-326.

Stavenhagen, Rodolfo (1975): «Siete tesis equivocadas sobre América latina». En Feder, Ernest (ed.): *La lucha de clases de campo. Análisis estructural de la economía agrícola latinoamericana*. México: Fondo de Cultura Económica.

Tapia Mealla, Luís (2002): *La producción del conocimiento local. Historia y política en la obra de René Zavaleta Mercado*. La Paz: Muela del diablo.

Ticona, Ernesto (2005): *Lecturas para la descolonización. Taqpachani qhispiyasipxañani*. La Paz: Plural.

Zavaleta Mercado, René (1986): *Lo nacional-popular en Bolivia*. México: Siglo XXI.

DE LOS AUTORES

OMAR ACHA se doctoró por la Universidad de Buenos Aires (UBA) y por la Escuela de Altos Estudios en Ciencias Sociales (Francia). Es Investigador Independiente en el CONICET e investigador asociado en el Centro de Investigaciones Filosóficas. Integra el consejo de redacción de *Herramienta. Revista de Debate y Crítica Marxista*. Entre sus títulos destacan *Freud y el problema de la historia*, *La nueva generación intelectual. Incitaciones y ensayos* y *Un revisionismo histórico de izquierda. Y otros ensayos de política intelectual*. Su libro *Crónica sentimental de la Argentina Peronista. Sexo, inconsciente y política, 1945-1955* obtuvo el Premio Nacional de Cultura 2015. Recientemente ha publicado *Cambiar de ideas. Cuatro tentativas sobre Oscar Terán*.

ELVIRA CONCHEIRO BÓRQUEZ es doctora en Sociología por la Universidad Nacional Autónoma de México (UNAM) e investigadora definitiva del Centro de Investigaciones Interdisciplinarias en Ciencias y Humanidades (CEIICH) de la UNAM. Es autora de *Reencuentro con Marx: partido y praxis revolucionaria*, y tiene en preparación *Los comunistas del siglo XX*. Además, ha compilado *El comunismo: otras miradas desde América Latina*, *Los Congresos Comunistas. México 1919-1981*, *Marx revisitado: posiciones encontradas*, *Raquel Tibol. La crítica y la militancia* y *El regreso del topo. Karl Marx a 195 años de su nacimiento*.

LUCIO OLIVER COSTILLA es doctor en Sociología por la Universidad Nacional Autónoma de México (UNAM) y Profesor titular de la UNAM, adscrito a la Facultad de Ciencias Políticas y Sociales y al Posgrado en Estudios Latinoamericanos. Es autor de *Poder y Política en América Latina*, *El Estado ampliado en Brasil y México*, *Estado y democracia en América Latina* y *Gramsci. La otra política* y *La ecuación Estado/sociedad civil*.

DIEGO GILLER es doctor en Ciencias Sociales por la Universidad de Buenos Aires (UBA) e investigador en el Instituto del Desarrollo Humano de la Universidad Nacional de General Sarmiento (IDH-UNGS) y en el Centro Cultural de la Cooperación Floreal Gorini. Es autor de *René Zavaleta Mercado. Una revolución contra Bolívar, El valle y la patria. Marxismo, política y nación en René Zavaleta Mercado* (en prensa) y *Espectros dependentistas. De cómo los marxismos latinoamericanos merodearon el concepto de dependencia* y co-autor de *El maestro ambulante. José Martí y las pedagogías nuestroamericanas.*

JAMES DUNKERLEY es doctor por la Universidad de Oxford y Catedrático en Ciencias Políticas en Queen Mary University of London. Fue Director del Institute for the Study of the Americas. Entre otros títulos, ha publicado *Warriors and Scribes: Essays on the History and Politcs of Latin America*, *Americana: The Americas in the World, around 1850*, *Bolivia: revolution and the power of history in the present* y *Rebelión en las venas. La lucha política en Bolivia 1952-1982*. Coeditó, además, *The United States and Latin America. The New Agenda*.

JAIME ORTEGA REYNA es doctor en Estudios Latinoamericanos por la Universidad Nacional Autónoma de México (UNAM) y profesor en la Facultad de Ciencias Políticas y Sociales de la UNAM. Ha coeditado los volúmenes *Pensamiento Filosófico nuestroamericano*, *Gramsci: la otra política* y la antología del *Pensamiento social crítico en México*.

HERNÁN OUVIÑA se doctoró en Ciencias Sociales y es investigador del Instituto de Estudios de América Latina y el Caribe (IEALC) de la Facultad de Ciencias Sociales de la Universidad de Buenos Aires (UBA) y del Centro Cultural de la Cooperación Floreal Gorini. Es autor del libro *Zapatismo para principiantes* y coautor de *Gramsci y la Educación. Pedagogías de la praxis y políticas culturales en América Latina* y *Simón Rodríguez y las pedagogías emancipadoras de Nuestra América*. Actualmente dirige el proyecto de investigación UBACyT «Estado, movimientos sociales y política prefigurativa en América Latina».

Luís Tapia Mealla es doctor en Ciencia Política por el Instituto Universitario de Pesquisas de Rio de Janeiro (IUPERJ). Profesor titular y Coordinador del Doctorado en Ciencias del Desarrollo (CIDES) en la Universidad Mayor de San Andrés (UMSA), es autor de *La producción del conocimiento local. Historia y política en la obra de René Zavaleta*, *La condición multisocietal. Multiculturalidad, pluralismo, modernidad*, *La invención del núcleo común. Ciudadanía y gobierno multisocietal* , *Política salvaje* y *El estado de derecho como tiranía* (2011), entre otros. Junto a Álvaro García Linera, Raúl Prada Alcoreza, Raquel Gutiérrez Aguilar y Oscar Vega fundó el grupo *Comuna*, con el que publicó *El fantasma insomne* (1999), *El retorno de la Bolivia plebeya* (2000), *Tiempos de rebelión* (2001), *Pluriverso – Teoría política boliviana* (2001), *Democratizaciones plebeyas* (2002), *Memorias de octubre* (2004), *Horizontes y límites del estado y el poder* (2005), *La transformación pluralista del estado* (2007) y *Estado. Campo de lucha* (2010).

Jorge Viaña es profesor de Economía y Filosofía en la Universidad Mayor de San Andrés (UMSA). Es autor de *Interculturalidad como herramienta de emancipación: hacia una redefinicón de la interculturalidad y de sus usos estatales* y *Estado plurinacional y nueva fase del proceso boliviano*, y coautor, entre otros, de *La compleja trama de permanente introducción/ruptura entre movimientos sociales y el gobierno del MAS en Bolivia 2006-2007*, *Estado Plurinacional como transición a las formas de autodeterminación societal* y *Configuración y horizontes del Estado Plurinacional. Disputa de proyectos societales y formación del Bloque Histórico*.

Catálogo Almenara

Aguilar, Paula & Basile, Teresa (eds.) (2015): *Bolaño en sus cuentos*. Leiden: Almenara.

Aguilera, Carlos A. (2016): *La Patria Albina. Exilio, escritura y conversación en Lorenzo García Vega*. Leiden: Almenara.

Amar Sánchez, Ana María (2017): *Juegos de seducción y traición. Literatura y cultura de masas*. Leiden: Almenara

Barrón Rosas, León Felipe & Pacheco Chávez, Víctor Hugo (eds.) (2017): *Confluencias barrocas. Los pliegues de la modernidad en América Latina*. Leiden: Almenara.

Blanco, María Elena (2016): *Devoraciones. Ensayos de periodo especial*. Leiden: Almenara.

Burneo Salazar, Cristina (2017): *Acrobacia del cuerpo bilingüe. La poesía de Alfredo Gangotena*. Leiden: Almenara

Caballero Vázquez, Miguel & Rodríguez Carranza, Luz & Soto van der Plas, Christina (eds.) (2014): *Imágenes y realismos en América Latina*. Leiden: Almenara.

Calomarde, Nancy (2015): *El diálogo oblicuo: Orígenes y Sur, fragmentos de una escena de lectura latinoamericana, 1944-1956*. Leiden: Almenara.

Campuzano, Luisa (2016): *Las muchachas de La Habana no tienen temor de dios. Escritoras cubanas (siglos XVIII-XXI)*. Leiden: Almenara.

Casal, Julián del (2017): *Epistolario. Edición y notas de Leonardo Sarría*. Leiden: Almenara.

Churampi Ramírez, Adriana (2014): *Heraldos del Pachakuti. La Pentalogía de Manuel Scorza*. Leiden: Almenara.

Deymonnaz, Santiago (2015): *Lacan en el cuarto contiguo. Usos de la teoría en la literatura argentina de los años setenta*. Leiden: Almenara.

Díaz Infante, Duanel (2014): *Días de fuego, años de humo. Ensayos sobre la Revolución cubana*. Leiden: Almenara.

Fielbaum, Alejandro (2017): *Los bordes de la letra. Ensayos sobre teoría literaria latinoamericana en clave cosmopolita*. Leiden: Almenara.

García Vega, Lorenzo (2018): *Rabo de anti-nube. Diarios 2002-2009. Edición y prólogo de Carlos A. Aguilera*. Leiden: Almenara.

Garrandés, Alberto (2015): *El concierto de las fábulas. Discursos, historia e imaginación en la narrativa cubana de los años sesenta*. Leiden: Almenara.

Giller, Diego & Ouviña, Hernán (eds.) (2018): *Reinventar a los clásicos. Las aventuras de René Zavaleta Mercado en los marxismos latinoamericanos*. Leiden: Almenara.

González Echevarría, Roberto (2017): *La ruta de Severo Sarduy*. Leiden: Almenara.

Gotera, Johan (2016): *Deslindes del barroco. Erosión y archivo en Octavio Armand y Severo Sarduy*. Leiden: Almenara.

Hernández, Henry Eric (2017): *Mártir, líder y pachanga. El cine de peregrinaje político hacia la Revolución cubana*. Leiden: Almenara.

Inzaurralde, Gabriel (2016): *La escritura y la furia. Ensayos sobre la imaginación latinoamericana*. Leiden: Almenara.

Kraus, Anna (2018): *sin título. operaciones de lo visual en 2666 de Roberto Bolaño*. Leiden: Almenara.

Loss, Jacqueline (2018): *Soñar en ruso. El imaginario cubano-soviético*. Leiden: Almenara.

Machado, Mailyn (2016): *Fuera de revoluciones. Dos décadas de arte en Cuba*. Leiden: Almenara.

— (2018): *El circuito del arte cubano. Open Studio I*. Leiden: Almenara.

— (2018): *Los años del participacionismo. Open Studio II*. Leiden: Almenara.

— (2018): *La institución emergente. Entrevistas. Open Studio III*. Leiden: Almenara.

Medina Ríos, Jamila (2018): *Diseminaciones de Calvert Casey*. Leiden: Almenara.

Morejón Arnaiz, Idalia (2017): *Política y polémica en América Latina. Las revistas Casa de las Américas y Mundo Nuevo*. Leiden: Almenara.

Pérez-Hernández, Reinier (2014): *Indisciplinas críticas. La estrategia poscrítica en Margarita Mateo Palmer y Julio Ramos*. Leiden: Almenara.

Pérez Cano, Tania (2016): *Imposibilidad del* beatus ille. *Representaciones de la crisis ecológica en España y América Latina.* Leiden: Almenara.

Pérez Cino, Waldo (2014): *El tiempo contraído. Canon, discurso y circunstancia de la narrativa cubana (1959-2000).* Leiden: Almenara.

Quintero Herencia, Juan Carlos (2016): *La hoja de mar (:) Efecto archipiélago I.* Leiden: Almenara.

Ramos, Julio & Robbins, Dylon (eds.) (2018): *Guillén Landrián o los límites del cine documental.* Leiden: Almenara.

Rojas, Rafael (2018): *Viajes del saber. Ensayos sobre lectura y traducción en Cuba.* Leiden: Almenara.

Selimov, Alexander (2018): *Derroteros de la memoria. Pelayo y* Egilona *en el teatro ilustrado y romántico.* Leiden: Almenara.

Timmer, Nanne (ed.) (2016): *Ciudad y escritura. Imaginario de la ciudad latinoamericana a las puertas del siglo XXI.* Leiden: Almenara.

— (2018): *Cuerpos ilegales. Sujeto, poder y escritura en América Latina.* Leiden: Almenara.

Tolentino, Adriana & Tomé, Patricia (eds.) (2017): *La gran pantalla dominicana. Miradas críticas al cine actual.* Leiden: Almenara.

Vizcarra, Héctor Fernando (2015): *El enigma del texto ausente. Policial y metaficción en Latinoamérica.* Leiden: Almenara.

www.ingramcontent.com/pod-product-compliance
Lightning Source LLC
Chambersburg PA
CBHW051215300426
44116CB00006B/584